本书为国家社会科学基金项目
"韧性视阈下雄安新区人才资源重构机制与实现路径研究"
（18CGL019）的研究成果

梁林 李妍 著

韧性视阈下国家级新区
人才资源重构路径与治理策略

THE PATH OF TALENT RESOURCE RECONSTRUCTION
AND GOVERNANCE STRATEGIES IN STATE-LEVEL NEW AREAS
FROM THE PERSPECTIVE OF RESILIENCE

ZHEJIANG UNIVERSITY PRESS
浙江大学出版社
·杭州·

图书在版编目(CIP)数据

韧性视阈下国家级新区人才资源重构路径与治理策略/
梁林,李妍著. —杭州:浙江大学出版社,2023.7
ISBN 978-7-308-23281-4

Ⅰ.①韧… Ⅱ.①梁…②李… Ⅲ.①经济开发区－人才资源
开发－研究－中国 Ⅳ.①C964.2

中国版本图书馆 CIP 数据核字(2022)第 222291 号

韧性视阈下国家级新区人才资源重构路径与治理策略
RENXING SHIYU XIA GUOJIAJI XINQU RENCAI ZIYUAN CHONGGOU LUJING
YU ZHILI CELUE

梁 林 李 妍 著

策划编辑	吴伟伟
责任编辑	丁沛岚
责任校对	陈 翩
封面设计	雷建军
出版发行	浙江大学出版社
	(杭州市天目山路 148 号　邮政编码 310007)
	(网址:http://www.zjupress.com)
排　　版	浙江大千时代文化传媒有限公司
印　　刷	广东虎彩云印刷有限公司绍兴分公司
开　　本	710mm×1000mm　1/16
印　　张	18.25
字　　数	308 千
版 印 次	2023 年 7 月第 1 版　2023 年 7 月第 1 次印刷
书　　号	ISBN 978-7-308-23281-4
定　　价	78.00 元

序 一

这是一部有关国家级新区人才资源重构方面的研究著作。重构起源于计算机软件领域对 Smalltalk 的研究和使用。国内对人才学的研究大致始于 20 世纪 80 年代,沿着"人才流动—人才聚集—人才配置"的脉络展开,然而伴随着国家级新区建设与发展,外来人才聚集引发的不良效应,催生了学术界和企业界对人才资源重构问题的新思考。

近年来,随着韧性研究的蓬勃发展,学者们对社会生态系统领域中人才聚集现象有了全新认识,意识到从传统内部治理视角研究并不能完整刻画外来人才影响本地人才资源体系的全过程。因此,该书基于韧性思维,遵循"识别系统的韧性特征和脆弱源→设计韧性评价体系→针对性设置安全冗余和改进策略"的路线,将大量外来人才聚集引发的不确定性视为国家级新区人才资源重构过程中的外部冲击源,为预防和应对本地人才资源可能出现的不良效应,明晰国家级新区人才资源重构的目标需求和内在机制,从而设计国家级新区人才资源重构的实现路径和治理策略,以提高对外来人才的吸引力与包容性,实现人才资源重构。

目前,国内尚无一部系统阐述韧性视角下人才资源重构的理论研究著作,也没有一部立足于科学预测来指导国家级新区人才资源重构实践工作的应用性操作方案。多年来,随着我国现代工业化和新型城镇化进程的加快,各新区人才资源规划职能和体制建设的矛盾日益突出。因此,无论是国家还是地方都亟须着眼于未来,加快人才发展体制机制改革和政策创新,确立人才优先发展战略布局,统筹推进各类人才队伍建设,推动各新区人才资源重构进程,从而提高国家级新区核心竞争力和可持续发展能力。正是由于理论和实践的迫切需求,国家级新区人才资源重构问题愈加受到重视。

在梁林副研究员的统筹带领下,其科研团队相继承担了国家社科基金项目、河北省自然科学基金项目、河北省社科基金等多项相关课题,积累了丰富的研究经验和成果,同时参考和借鉴了国内外在人才资源、韧性等方面的理论研究和实践操作经验,形成了这部著作。

这部著作针对韧性视阈下国家级新区人才资源重构过程中所需回答的一系列重要问题进行了清晰的定位和描述,并且重点以雄安新区为例进行了解释和分析。主要涉及:国家级新区人才资源重构的内在机制等新问题阐释、国家级新区人才资源韧性监测及预警体系设计、国家级新区人才资源重构实现路径的构建;国家级新区人才资源重构分阶段治理策略等等。

这是一部韧性研究应用于社会经济与管理问题研究的范本。从国内外现有研究成果来看,韧性在社会生态系统中的应用已取得初步成果,但尚未形成明确范式和研究路径,成果较为分散,且大多是定性分析问题,这与韧性应用的成熟度以及我国社会发展情境的快速变迁不无关系。这部著作正是在这方面实现了突破,通过集成以韧性理论为代表的科学研究成果,设计了国家级新区人才资源韧性内涵、监测体系及预警方法,从时间和空间双重维度明晰了国家级新区人才资源重构机制,识别了人才资源重构中的多元主体,归纳了实现人才资源重构机制路径,并制定了人才资源重构的治理策略。

另外,近年来国家层面和各地政府均十分重视国家级新区的规划与建设。为了实现这一目标,国家和地区集中出台了大量人才规划以及配套优惠政策,对于国家级新区的建设和发展起到了关键推动作用。然而,这些政策设计中也存在着缺少精准预测的量化支撑导致的拍脑门现象。这部著作中提供的国家级新区人才趋势的量化预测模型和相关数据收集分析方法,能够作为各新区进行人才中长期规划和政策方案论证的重要借鉴和参考。从这一意义上说,这也是一部具有指导性和可操作性的应用性学术著作。

该书观点新颖、视野独特、方法科学、数据翔实,密切结合了我国当前与今后相当长一段时间内国家级新区发展中最为核心的人才资源重构问题,所取得成果具有重要的理论创新价值和广阔的实践应用前景。一方面可以给广大科研工作者、政府部门决策者和关心国家级新区发展的读者提供一个良好的、可供研讨的研究基础;另一方面也对国家级新区高效实现人才资源重构具有重要的指导价值和实践意义。

2023 年 5 月

序 二

古语云,"得人才者得天下,失人才者失天下"。人才作为知识与技术的载体,是区域创新的核心要素,也是推动区域经济建设与产业升级改造的关键驱动力。近年来,随着国家级新区的建设与发展,大量跨地域、跨城乡、跨行业的多层次人才聚集到国家级新区,在产生良性效应同时,也会对原有人才资源体系形成不确定性冲击,如何预防和应对本地人才资源可能出现的不良效应,成为国家级新区人才资源建设过程中亟须解决的现实问题。

梁林博士带领的人才学研究团队,较早开始国家级新区人才资源重构的研究工作。这部著作基于韧性视角,设计了国家级新区人才资源韧性监测体系及预警模型,运用多种理论和方法分析了国家级新区人才资源抵御外部冲击能力塑造以及人才资源重构等问题,提出了国家级新区人才资源重构实现路径和治理策略,既推进了韧性思维与管理学方法的融合,又推进了区域人才资源重构的理论研究,是人才学研究与时俱进的演进发展。

值得注意的是,从国家级新区发展定位来看,雄安新区与其他新区相比具有鲜明特殊性。2017年4月1日设立的雄安新区,对于疏解北京非首都功能,探索人口经济密集地区优化开发新模式具有重要意义。雄安新区定位于创新型城市的打造,而人才作为知识与技术的载体,是雄安新区发展的关键资源和建设创新型城市的核心驱动力。随着雄安新区的快速建设和深入发展,本地原有的人才资源无法支持雄安新区既定的发展战略,亟须引入聚集大量外来新人才,包括海外高端人才和首都地区疏解人口等,由此催生出针对雄安新区人才资源重构的新思考。因此,这部著作选取雄安新区作为主要实践案例,一方面将理论研究结论更好地应用于实践,为实践提供有益指导,另一方面对实现雄安新区人才资源重构及其治理具有较强的实际指导意义。

目前对国家级新区人才资源重构的相关研究尚不完善,《韧性视阈下国家级新区人才资源重构路径与治理策略》这部著作既有理论解读,又有实战操作。

结合韧性理论、治理理论、人才资源等相关理论已有成果,采用定性与定量相结合的方式,比较深入地论述了国家级新区人才资源韧性、人才流动预测、人才资源重构机制、人才资源重构路径及治理策略等问题,符合目前国家级新区人才资源重构的要求,属于相关研究领域中的热点问题,对国家级新区人才重构理论研究具有重要创新意义,同时研究成果对雄安新区有效聚集、配置和培养优质人才资源也具有现实指导意义。

此外,这部著作紧密围绕理论研究,进一步从政府、企业、学研、居民四个方面提出了国家级新区人才资源重构治理策略,为雄安新区以及其他国家级新区制定中长期人才规划提供了决策参考依据,对于合理地进行人才积累与培育,推动新区经济建设与创新发展具有重要战略意义。

综上,这部著作用科学的研究范式,研究了国家级新区面临的"真问题",并得到具有较高价值的管理学见解与启示,具有广阔的推广价值和应用前景。我诚挚地向读者推荐这部著作。

2023 年 5 月

前 言

FOREWORD

　　随着新一轮科技革命浪潮奔涌向前,我国"十四五"规划正在全面推开,人才实力决定科技实力、人才结构决定经济结构、人才质量决定发展质量的态势越发明显。作为国家和区域重要增长极的国家级新区来说,打造核心竞争力和抢占未来制高点的关键也在于有效吸引外来人才聚集、合理配置现有人才资源和重构整合外来与现有人才资源。特别是自2017年雄安新区设立以来,外来人才聚集引发的人才资源重构将成为国家级新区将面临的突出现实问题之一。大量跨地域、跨城乡、跨行业的多层次人才聚集到新区,在产生良性效应同时,也会对原有人才资源体系形成不确定性冲击,造成对新区人才资源规模、素质、职业领域跨度以及家庭、社会组织和阶层等结构的重大影响,引发本地人就业和居住压力加大、生活成本提高、公共管理和服务短期供给困难以及外来人才难以顺利融入等新的社会治理问题。

　　由此,催生出对国家级新区人才资源重构问题的新思考。一是如何界定人才资源重构的科学内涵。二是如何确定重构目标,以满足新区对人才资源的多目标需求。三是人才资源重构需要协调好内外部人才的关系,如何预测外来聚集人才的类型和规模,且在当前人力资源结构下,如何识别本地人才资源的脆弱性根源,为缩小与外来人才的社会距离提供依据。四是如何实现人才资源重构,需要探寻重构的内在机制,进而设计外来人才与本地人才融合发展的实现路径。

　　国家级新区人才资源重构的关键问题是面对大量外来人才聚集带来的不确定性冲击,如何预防和应对本地人才资源可能出现的不良效应,并恢复到平衡状态。韧性研究为解决这一问题提供了新视角和方法。韧性研究强调基于"识别系统的韧性特征和脆弱源→设计韧性评价体系→针对性设置安全冗余和改进策略"的路线,优化系统对外部冲击的承受、调整和保持平衡能力,从而获得重构机会。

为解决国家级新区人才资源重构过程中的理论和现实难题,本书从韧性视角出发,力求通过设计国家级新区人才资源重构的实现路径来提升人才资源韧性,从而提高新区对外来人才的吸引力与包容性,实现人才资源重构。通过采取理论研究与实证分析相结合的思路,综合文献分析、实地调研、新闻报道大数据爬取、互联网大数据、二手资料编码分析、专家研讨、问卷调查、案例研究、数学建模和仿真实验等方式,探索国家级新区人才资源重构过程中的相关问题。本书的篇章结构如下:

第一章为绪论,主要介绍本书的研究背景与意义、研究内容与方法、研究思路与过程、创新点等。

第二章为现状梳理,主要梳理了国家级新区发展和人才资源建设现状,特别是京津冀人才资源配置现状,以及雄安新区创新发展与人才需求现状。

第三章为理论基础与文献综述,主要阐述了相关概念和韧性理论、治理理论等理论基础,以及系统梳理了区域人才资源和国家级新区人才资源相关的研究。

第四章为国家级新区人才资源韧性监测预警方法设计及应用,主要阐释了国家级新区人才资源韧性化理念,并设计了国家级新区人才资源韧性监测预警模型。

第五章为国家级新区未来人口趋势预测,主要以雄安新区为例,设计雄安新区未来人口趋势预测模型,分析雄安新区未来人口变化趋势。

第六章为国家级新区人才流动预测方法设计及应用,主要结合国家级新区不同发展阶段人才流动特征和影响因素,设计了国家级新区人才流动预测模型,并以雄安新区为例开展实践检验。

第七章为国家级新区高端人才引进博弈模型构建及应用,主要通过构建混合策略纳什均衡博弈模型及委托—代理博弈模型,以雄安新区为例,分析高端人才引进的合理性及影响因素。

第八章为国家级新区人才资源与创新环境共生演化机理构建及仿真实验,主要构建了国家级新区人才资源和创新环境复合系统的共生演化模型,并以雄安新区为例开展实践检验。

第九章为国家级新区人才生态位竞合关系演化博弈及应用,主要通过构建人才竞合演化博弈模型,分析双方的演化稳定策略,从打破传统观念、错位竞争发展、压缩拓展并举和综合多元作用四方面提出优化建议,并将其应用于雄安新区。

第十章为国家级新区人才资源重构机制分析,主要从时间和空间双重维度视角,分析国家级新区人才资源重构机制,并以雄安新区为例开展实践检验。

第十一章为国家级新区人才资源重构中多元主体及关系识别,主要以雄安新区为例,运用八爪鱼数据采集器和社会网络分析法,识别人才资源重构中的多元主体并分析其关系。

第十二章为国家级新区人才资源重构实现路径及仿真实验,主要以雄安新区为例,建立人才资源重构对产学研合作效益影响的系统模型,并运用 Vensim PLE 进行仿真实验。

第十三章为国家级新区人才资源重构分阶段治理策略及应用,主要探讨了国家级新区不同发展阶段应用治理理论的可行性,提炼出不同阶段的治理策略,并以雄安新区为例,针对性提出雄安新区人才资源重构治理策略。

基于上述研究,对照相关领域的已有结论,本书的创新性成果主要体现在以下四方面。

一是设计了国家级新区人才资源韧性监测及预警方法。本书移植韧性研究的理念及应用方法,阐述了国家级新区人才资源的韧性化解释,识别出包括多样性、缓冲性、进化性和流动性的四维韧性特征,并结合国家级新区实地调研,从数据可获得性角度,归纳了人才资源韧性的测量指标。在此基础上,设计了国家级新区人才资源韧性监测体系和预警模型,并开展了国家级新区人才资源韧性分维度值、综合值及预警情况分析。

二是分析了国家级新区人才资源重构的内在机制等新问题。本书基于国家级新区发展的阶段性特征及各阶段人才流动的影响因素分析,重点以雄安新区为例,精准预测了雄安新区前两阶段的人才流动趋势,在此基础上,通过混合纳什均衡策略和委托-代理博弈模型分析了雄安新区初期高端人才引进影响因素。此外,分别构建了国家级新区人才资源与创新环境的共生演化模型、竞合演化博弈模型及时空二维度下人才资源重构的理论模型,详细剖析了国家级新区人才资源与创新环境的共生演化规律、国家级新区本地人才与外来人才间的竞合关系及国家级新区人才资源重构的自组织机制、网络驱动机制、协调机制和耦合作用机制的交互作用。

三是提出了国家级新区人才资源重构的实现路径。本书基于社会治理和协同视角,采用复杂网络分析法,重点以雄安新区为例,分析了人才资源重构的参与主体、关系结构及多元主体之间的相互作用传导路径,认为雄安新区人才资源重构的实现需要区域、组织和个体三个层次的各类型主体相互协同作用。在人才资源重构机制明晰和重构中多元主体识别的基础上,设计并开展了雄安新区产学研合作中人才资源重构过程的仿真实验。

四是制定了分阶段实现国家级新区人才资源重构的量化治理策略。本书基于动态匹配的治理群簇新视角,根据国家级新区演进的四个发展阶段——起步阶段、协同发展阶段、成熟阶段和一体化融合阶段,分别探讨了分阶段应用不同治理理论的可行性。进而,依托国内外先进新区发展案例和专家调查情况等定性经验,重点以雄安新区为例,结合人才资源韧性监测和预警数据、人口总量和人才流动趋势预测数据、人才资源重构路径仿真实验结果等定量数据,从政府、企业、学研和居民四个层面,整体性地提出了人才资源重构的分阶段治理策略。

本书具有以下特点。

一是理论的系统性。在界定相关概念的基础上,从人口趋势、人才流动、人才层次、人才资源与区域环境的平衡以及本地人才与外地人才的竞合关系等多方面、多层次上系统地梳理区域人才资源建设相关的研究脉络,重点关注韧性、重构、治理等与本书核心概念的相关研究。

二是视角的新颖性。国内外关于韧性理论的研究成果多聚焦于工程学领域、生态学领域、经济学领域、心理学领域、城市治理和应急管理等领域,而关于区域人才资源韧性的专著较少。本书移植韧性理念和方法,构建了国家级新区人才资源韧性监测预警体系,为国家级新区制定人才资源重构策略奠定了理论基础。

三是方法的创新性。既有研究国家级新区偏重对顶层设计的定性思考,也有较多数理模型等量化方法,本书构建了国家级新区人才资源重构研究的几个重要模型和方法,如设计人才资源韧性监测体系及预警模型、人才总量预测模型、人才重构趋势仿真实验等。

四是知识的实用性。本书将国家级新区人才资源重构的一般性研究与重点国家级新区雄安新区的实际应用相结合,不仅在理论上丰富完善了国家级新区人才资源重构理论方法体系,而且在实践上有助于指导雄安新区等国家级新区推动实现人才资源重构,从而提高国家级新区的核心竞争力。

本书受到国家社会科学基金项目(18CGL019)的支持和资助,是项目最终

研究成果的体现。同时,部分章节的研究也体现了国家社会科学基金项目
(20BGL297)、河北省自然基金(G2018202059)、河北省社会科学基金
(HB18GL031)、河北省软科学研究项目(215576140D)、河北省教育厅人文社
科研究重大课题攻关项目(ZD202212)、河北省科协重点调研课题
(HBKX2022B07)等项目成果的支撑。在案例资料整理、调研数据获取分析、
理论模型论证等过程中还得到了国内外多位专家学者、河北省相关管理部门以
及雄安新区管委会的大力支持与帮助。同时,在基础材料的归纳整理、部分章
节的撰写整理和格式规范完善等工作中,本团队的研究生曾建丽、朱叶珊、李
华、段世玉和李玲也先后参与,并做出了贡献。在形成初稿后,得到了南开大学
崔勋教授和河北经贸大学刘兵教授的指导。在此,一并表示衷心的感谢!

梁　林

2023 年 5 月

目 录
CONTENTS

第一章 绪 论

第一节 研究背景与研究意义

一、研究背景

国家级新区承载着我国经济发展与创新的重任,其高质量发展对其周边区域乃至全国都具有关键的先行示范、辐射带动和新增长极作用。随着国家级新区的建设与发展,大规模的人才流入将会对国家级新区人才资源造成前所未有的冲击,且人才流动伴随着人才集聚,而外来人才集聚会引致人才资源重构,这将是国家级新区面临的突出现实问题之一。大量跨地域、跨城乡、跨行业的多层次人才集聚到新区,在产生良性效应的同时,也会对原有人才资源体系形成不确定性冲击,会对国家级新区人才资源稳定、人才资源规模和素质、职业领域跨度以及家庭、社会组织和阶层等结构造成重大影响,引发本地人就业和居住压力加大、生活成本提高、公共管理和服务短期供给困难,以及外来人才顺利融入等新的社会治理问题。

以上这些问题催生出对国家级新区人才资源抵御风险能力及人才资源重构问题的新思考:一是如何基于韧性视角评估国家级新区的人才资源现状及问题? 二是如何精准预测国家级新区人才流动情况及促进本地人才与外来人才的均衡发展? 三是如何界定人才资源重构内涵、确定重构目标及设计实现路径? 四是如何制定实现人才资源重构的治理策略?

国家级新区人才资源重构的关键问题是面对大量外来人才集聚带来的不确定性冲击,如何预防和应对本地人才资源可能出现的不良效应,并恢复到平衡状态。韧性研究为解决这一问题提供了新的视角和方法。韧性研究强调基于"识别系统的韧性特征和脆弱源→设计韧性评价体系→针对性设置安全冗余和改进策略"的路线,优化系统对外部冲击的承受、调整和保持平衡能力,从而使其获得重构机会。借鉴韧性研究的路线,可以通过设计国家级新区人才资源重构的实现路径及国家级新区人才资源重构的量化治理策略来提升人才资源韧性,从而提高国家级新区对外来人才的吸引力与包容性,实现人才资源重构及人才优化发展。

因此,本书拟探究国家级新区人才资源韧性,人才流动预测及人才生态位竞合关系,人才资源重构的目标需求、内在机制及治理策略等系列问题,将韧性塑造作为国家级新区人才资源重构及促进人才优化发展的指引,在韧性框架下探寻设计国家级新区人才资源重构路径与治理策略。

二、研究意义

(一)理论意义

第一,以国家级新区发展的命脉——人才资源为切入点,引入韧性理念,探究国家级新区人才资源韧性内涵,构建韧性监测体系及预警模型,既丰富了韧性在社会生态系统研究中的应用,又对国家级新区制定人才资源重构策略具有一定的启示意义。

第二,预测了国家级新区人才流入情况、人才资源与区域发展的关系以及人才生态位竞合关系,催生了国家级新区对人才资源重构的新思考。深入研究了人才资源重构的内涵、目标需求和内在机制,拓展了国家级新区人才资源的研究领域。

第三,分析了国家级新区人才资源重构的实现路径,基于大数据设计量化方案的研究方式有利于引领政策制定由经验探索向科学量化转变。

第四,从动态阶段性和治理群簇的新视角审视国家级新区人才资源重构治理,彰显了中国特色,既为西方治理理论提供了中国研究样本,又丰富了治理群簇及其应用手段。

（二）实践意义

第一，基于韧性研究框架设计评价国家级新区人才资源现状及问题，既能增强国家级新区人才资源系统抵御外部冲击的能力，又能为相关部门制定国家级新区人才资源重构策略提供指导。

第二，国家级新区是承担国家重大发展和改革开放战略任务的综合功能平台，设计了可操作的国家级新区人才资源重构实现路径和保障策略，既能为人才建设提供现实指导，也在理念、机制、工具层面启发人才体制机制的深化改革，同时为各项规划的推进实施提供方法层面的借鉴。

第三，基于动态匹配治理群簇的思路设计国家级新区人才资源重构治理策略，一方面能扩大该理论在中国情境下的适用范围，另一方面能引导其他治理模式的制度创新。

第二节　研究内容与研究方法

一、研究内容

（一）国家级新区人才资源韧性分析

1. 界定人才资源韧性的内涵

基于演进韧性，人才资源韧性是指本地人才资源对外来集聚人才的吸纳、同化、培育和重构能力。

2. 梳理人才资源韧性的特征

基于一般系统韧性，结合国家级新区实地调研，界定国家级新区人才资源韧性的特征，并从可获得性角度，归纳人才资源韧性的测量指标。

3. 设计国家级新区人才资源韧性监测预警体系

基于韧性特征及测量指标，从多样性、缓冲性、进化性和流动性四个维度，构建人才资源韧性监测体系，以韧性值作为制定预防措施的依据，开展国家级新区的数据测算。在此基础上，为更有效地反映国家级新区人才资源存在的问题,还需建立基于韧性值的分级分类预警机制。预警模型设计既要考虑韧性四维特征之间的协调水平,也要兼顾各维度的独立发展水平,更要反映系统韧性的动态变化趋势。

(二)国家级新区人才资源相关研究

1.国家级新区人口趋势预测

基于深圳不同发展阶段的人口增长情况,采用灰色预测模型,以雄安新区为例,预测其不同发展阶段的人口增量情况。

2.国家级新区人才流动预测

基于国家级新区演化发展规律及国家级新区不同发展阶段人才流动的影响因素,设计国家级新区人才流动预测模型,并以雄安新区为例,精准预测雄安新区的人才流动情况。

3.国家级新区高端人才引进博弈分析

通过构建混合策略纳什均衡博弈模型和委托—代理博弈模型,以雄安新区为例,分析高端人才引进的影响因素。

4.国家级新区人才资源与创新环境的共生演化规律

在人才资源演化过程中,创新环境因素发挥着重要作用。通过 Matlab 仿真模拟人才资源与创新环境共生演化的趋势,分析影响二者复合系统稳定性的因素。

5.国家级新区人才生态化竞合关系分析

人才资源对国家级新区经济发展具有重要作用,外部人才集聚与本地人才培育共同促进国家级新区人才优化发展。基于竞合演化博弈分析二者之间的竞合关系,为促进国家级新区人才资源重构奠定基础。

(三)国家级新区人才资源重构机制解析

1.人才资源重构的内在机制

在人才流动相关分析的基础上,构建时间和空间维度下人才资源重构的理论模型,分析重构的作用主体、功能要素与环境因素通过协调机制、耦合作用、网络驱动作用、自组织作用促使人才资源结构高效稳定的内在机制,为开展人才资源重构中的多元主体识别和重构路径仿真的实证研究提供理论基础。

2.人才资源重构中的多元主体识别

从社会治理角度来看,人才资源重构的实现需要政府、企业、科研机构等多元参与主体的协同与合作。基于重构的分解目标,从协同学视角,构建多元主体之间的关系结构模型。此外,基于复杂网络分析多元主体的功能、等级、网络结构等作用机理,从功能完善度、结构合理度和网络通达度探索主体间相互作用的传导路径。

3.人才资源重构的实现路径

基于人才资源重构机制的明晰和重构中的多元主体识别,分析产学研合作中的人才重构协同演化机理,借助系统动力学软件 Vensim,以雄安新区为例,开展雄安新区产学研合作中人才重构过程的仿真实验,为人才重构的有效治理提供实证依据。

(四)国家级新区人才资源重构的分阶段治理策略

1.国家级新区人才资源重构分阶段治理理念

基于国家级新区演进的四个发展阶段,分别探讨不同阶段应用治理理论的可行性。在此基础上,提出与不同阶段相匹配的治理策略。

2.以雄安新区为例,针对性制定雄安新区人才资源重构策略

综合雄安新区人口及人才预测结果、高端人才引进影响因素分析、人才生态位竞合分析及人才资源重构路径的模拟与评估结果,制定实现雄安新区人才资源重构的针对性策略。

二、研究方法

本书通过收集整理已有的研究文献,综合运用多种理论构建理论分析框架,采用灰色预测模型、混合策略纳什均衡博弈模型、委托—代理博弈模型、共生演化模型、系统动力学模型等数学工具和爬虫软件、Ucinet6.0 软件、NIVIO 内容分析软件、GIS 软件、Vensim 软件、Matlab 仿真软件等关键技术软件,通过实地调研、访谈、观察、抓取新闻报道大数据等渠道进行数据采集,并通过质性分析与实证分析相结合的方式分析采集到的资料,为理论分析奠定基础。通过数据收集、模型构建和仿真实验,对国家级新区人才资源重构展开理论与实践相结合的研究。采取的研究方法如下。

第一，通过系统分析相关文献，提出人才资源韧性的内涵和特征，汇总国家级新区的统计年鉴、相关报告、汇编资料、互联网大数据等数据来源，确定韧性特征的测量指标，并选用合适的方法分别测量四维韧性特征，即采用香农—威纳指数测量多样性，采用熵权 TOPSIS 方法测量缓冲性和流动性，采用 DEA 模型测量进化性；基于已有的社会系统预警模型，构建国家级新区人才资源韧性预警模型，并划分预警区间和警示状态。

第二，基于灰色预测模型，精准预测国家级新区在不同发展阶段的人口总量情况及人才流入情况；基于混合策略纳什均衡博弈和委托—代理博弈，分析国家级新区高端人才引进的影响因素；引入 Logistic 模型及借助 Matlab 工具，分析国家级新区人才资源与创新环境互惠共生演化结果；利用竞合博弈模型，分析国家级新区外来人才与本地人才的竞合关系。

第三，通过文献分析，界定国家级新区人才资源重构的内涵；基于时间维度、空间维度的分析，构建时空二维度下的国家级新区人才资源重构的理论模型；应用爬虫软件，抓取雄安新区成立以来相关的新闻报道大数据，识别出雄安新区人才资源重构中的多元主体；基于复杂网络分析多元主体的功能、等级、网络结构等作用机理，从功能完善度、结构合理度和网络通达度探索主体间相互作用的传导路径；运用系统动力学分析工具 Vensim，构建雄安新区基于产学研合作的人才资源重构系统。

第四，通过分析国家级新区政府管理人员和人才代表的问卷调查、访谈文本数据，提取各阶段人才方面存在的问题，并辅以政府部门公开的文件、数据、网页报道等资料进行三角验证，从而制定相应的人才资源重构治理策略。

总的来说，本书研究内容及研究方法如图 1.1 所示。

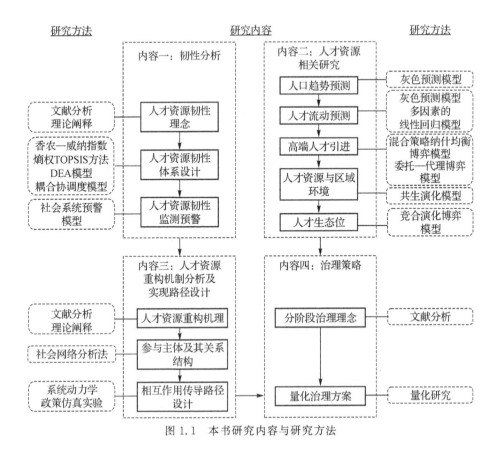

图 1.1　本书研究内容与研究方法

第三节　研究思路与研究过程

　　基于建设国家级新区的时代要求,本书将解决国家级新区当下发展的关键聚焦至如何融合外来人才与本地人才,以先进理念和国际化视野设计人才资源重构的实现路径及分阶段治理策略。本书将按照研究总体框架(见图 1.2)展开整个研究过程。

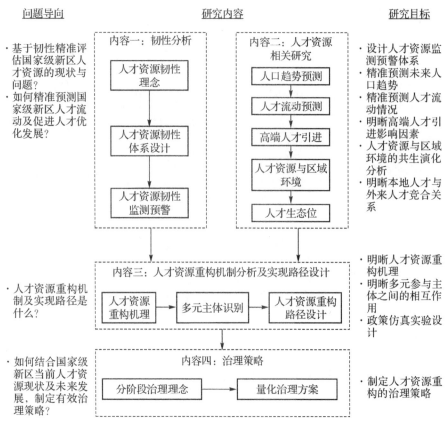

图 1.2 研究总体框架

第四节 创新点

本书的创新点主要表现在以下几个方面。

第一,基于韧性研究国家级新区人才资源现状与问题。根据韧性研究的理念及应用方法,设计了国家级新区人才资源韧性监测体系及预警模型,试图解决如何强化国家级新区人才资源抵御外部冲击能力的问题,丰富了韧性在社会生态系统领域的应用,对其他新区的人才资源重构也有所裨益。

第二,尝试运用多种理论和方法分析国家级新区人才资源重构的目标需求和内在机制等新问题。从未来国家级新区对人才的现实需求出发,提出国家级新区人才资源重构的内涵,结合复杂网络理论明晰人才资源重构中多元主体的关系结构及其传导路径,进而应用案例研究、大数据预测、政策仿真等多种方法,设计人才资源重构的实现路径,弥补了现有研究对国家级新区人才资源重构新问题理论研究的不足。

第三,以重点国家级新区雄安新区为例,设计了人才资源重构的实现路径。通过设计雄安新区人才资源重构的实现路径,试图解决如何实现雄安新区人才资源重构的问题,既弥补了现有研究对雄安新区人才资源重构关注不足的问题,又为其他新区促进人才资源优化提供了借鉴。

第四,基于国家级新区发展呈现出的动态演进特征,设计了不同阶段实现人才资源重构的治理策略。突出之处在于从动态匹配的治理群簇新视角审视国家级新区的人才资源重构治理,一方面彰显了中国特色,为西方治理理论提供了中国样本;另一方面丰富了该理论在国家级新区人才资源治理领域的应用。

第二章 现状梳理

第一节 国家级新区发展现状

作为由国务院批准设立的国家级综合功能区,国家级新区肩负着的是国家的改革开放战略以及重大发展战略。不同于一般的城市新区,国家级新区的发展规划及发展定位是国务院根据国家的整体发展战略统一确定的,并且在设立之初就被赋予了先行先试的特殊政策权限,此外还享有特殊的优惠政策。同时,国家级新区在国家战略层面也担负着重要的发展任务,如扶持重点产业的发展以及创新试点等任务,旨在通过国家级新区自身的全面创新发展促进和引领区域经济的发展,进而使得国家及区域发展战略得到协调推动并顺利实施。

一、国家级新区的发展历程

1992 年,我国第一个国家级新区上海浦东新区正式设立,在之后的 30 年内,在全国范围内又有多个国家级新区设立。截至 2019 年 12 月,在全国范围内,获得国务院批准设立的国家级新区共有 19 个。经过对这 19 个国家级新区发展历程的研究划分,从设立的时间和功能角度出发,其历程大致可以划分为三个阶段:探索期、实验期、成熟期。

探索期(1990—2009 年),国家先后在东南沿海地区设立上海浦东新区和天津滨海新区,从而激发东南沿海地区的经济活力,同时促进对外开放由南向北拓展。

实验期(2010—2013 年),国家设立国家级新区的目的开始逐渐多元化,对国家级新区的布局也不再局限于直辖市,从多方面尝试设立国家级新区,推动国家层面的区域协调发展战略。

2014 年以来，国家级新区建设步入成熟期（2014—2017 年）。在这一时期，我国在实施西部大开发、东北振兴等国家战略的基础上，再次提出多个重大战略决策，如京津冀协同发展战略等。为了承接国家的重大发展战略，这一时期国家级新区在区位布局上得到了进一步的拓展，也将承载更重要的历史使命。

截至 2019 年底，全国范围内共有 19 个国务院批准设立的国家级新区，分别是：浦东新区（上海）、滨海新区（天津）、两江新区（重庆）、舟山群岛新区（舟山）、兰州新区（兰州）、南沙新区（广州）、西咸新区（西安、咸阳）、贵安新区（贵阳、安顺）、西海岸新区（青岛）、金普新区（大连）、天府新区（成都、眉山、资阳）、湘江新区（长沙）、江北新区（南京）、福州新区（福州）、滇中新区（昆明）、哈尔滨新区（哈尔滨）、长春新区（长春）、赣江新区（南昌、九江）、雄安新区（北京、天津、保定），其中最早进行建设的是 1992 开始建设的上海浦东新区，随后在 2006 年开始进行天津滨海新区的建设（见表 2.1）。在 2017 年开始投入建设的雄安新区，有以下三个方面的含义：一是优化行政架构。国家设立相应政策性区域，不断地改革旧体制来形成新体制下的新模式。二是战略部署在国家发展阶段的体现。作为战略实施的重要环节，成立和开发都是积极响应战略部署的重要环节。国家级新区的发展目标、战略定位、具体产业规划由国务院统筹执行。三是试行优先性。国家级新区在经济发展和地位上具有优先试行的权利，尽管在发展的整体目标和部分功能方面存在限制，但是在部分政策方面的优先试行是国家级新区特有的权利。

表 2.1　国家级新区基本情况

新区名称	所在地	设立时间	规划面积/平方公里	目标定位
浦东新区	上海	1992 年 10 月	1210	科学发展的先行区，综合改革的试验区
滨海新区	天津	2006 年 5 月	2270	北方的对外开放门户，北方的国际航运和国际物流中心
两江新区	重庆	2010 年 5 月	1200	内陆地区的对外开放重要门户，同城城乡综合配套改革试验先行区
舟山群岛新区	舟山	2011 年 6 月	1440	海洋综合开放试验区，中国陆海统筹发展先行区
兰州新区	兰州	2012 年 8 月	806	西北地区重要的经济增长极

续表

新区名称	所在地	设立时间	规划面积/平方公里	目标定位
南沙新区	广州	2012年9月	803	粤港澳优质生活圈和新型城市化典范
西咸新区	西安、咸阳	2014年1月	882	西部大开发的新引擎,中国特色新型城镇化的范例
贵安新区	贵阳安顺	2014年1月	1795	西部地区重要的经济增长极,内陆开放型经济新高地
西海岸新区	青岛	2014年6月	2096	海洋经济国际合作先导区,陆海统筹发展试验区
金普新区	大连	2014年6月	2299	面向东北亚的战略高地,引领东北全面振兴的增长极
天府新区	成都、眉山、资阳	2014年10月	1578	内陆开放经济高地,统筹城乡一体化发展示范区
湘江新区	长沙	2015年4月	490	促进中部地区崛起,长江经济带内陆开放高地
江北新区	南京	2015年6月	788	自主创新先导区,新型城镇化示范区
福州新区	福州	2015年8月	800	两岸交流合作重要承载区,东南沿海重要现代产业基地
滇中新区	昆明	2015年9月	482	面向南亚东南亚辐射中心的重要支点,云南桥头堡建设重要经济增长极
哈尔滨新区	哈尔滨	2015年12月	493	中俄全面合作重要承载区,东北地区新的经济增长极
长春新区	长春	2016年2月	499	新一轮东北振兴的重要引擎
赣江新区	南昌、九江	2016年6月	465	中部地区崛起和推动长江经济带发展的重要支点
雄安新区	北京、天津、保定	2017年4月	1770	北京非首都功能集中承载地

二、国家级新区的建设成效

在对国家级新区进行建设的过程中,要先从国家发展的整体层面进行考虑,国家级新区发展的持续和稳定正向作用于整体区域发展。国家级新区的长远发展将有利于国家层面的竞争,从而反作用于城市区域范围的发展。不同于一般的城市新区,国家级新区是为实现国家的改革开放和全面深化改革的历史性重任而建设的国家级综合新区,具有特殊的政治意义,对周边区域乃至全国具有先行示范作用、辐射带动作用、新增长极作用。

通过对现有研究的分析可以发现,国家级新区的建设发展过程具有明显的时间递进序列特征。在现有的国外文献中,对国家级新区的创新发展研究主要集中在国家发展、产业集聚、区域经济演化等方面。Porter(1990)将生产要素驱动、投资驱动、创新驱动、财富驱动四个阶段作为国家发展的过程。周元等(2003)通过研究指出,国家级新区可以遵循以下四个阶段进行发展。首先是要素集聚阶段,从宣布建立国家级新区起,主要的工作是集聚资本、技术和人才等创新要素。随后是产业主导阶段,就如阶段定义的一样,产业主导阶段主要的工作是发展建设国家级新区的主导产业,加强产业集群效应是这一阶段需要完成的任务。接下来是创新突破阶段,主要的工作是完成对自身发展的突破和创新,使国家级新区的发展建设再上升一个高度,使创新升级到一个新的台阶,这一阶段可以称为国家级新区发展的"二次创业"。最后是财富集聚阶段,这一阶段也可以看作国家级新区开发建设需要实现的最终目标,从最初的人才集聚到人才创造财富,并实现财富的集聚,是国家级新区发展的终点,也是下一轮发展的起点。

基于初步的理论研究,国内学者在对国家级新区发展阶段进行研究的过程中,采用定量分析的方法进行深入划分。张克俊等(2012)认为,国家级新区的演化发展是一个动态循环的过程,并将要素集聚、产业引领、创新突破与产业转移、财富凝聚与创新要素扩散作为国家级新区发展的四个阶段。谭谊等(2012)基于对国家级新区创新能力差异性的分析和评价,对国家级新区的发展过程进行了阶段划分,即要素集聚、产业集群发展和创新驱动三个阶段。解佳龙等(2016)以生物种群的生长过程作为划分的研究切入点,将国家级新区的发展过程分为要素集聚、产业引领、创新突破、辐射联动和衰退/再创造五个阶段。

我国国家级新区在不断建设和区位布局的进一步拓展下,已经逐渐成为全面深化改革的重要推动力,对经济高质量发展以及产业战略升级形成了强大的动力。在国家的不断探索下,国家级新区的建设初见成效,主要体现在经济实力显著增强、空间格局持续优化、产业结构不断优化三个方面。其中经济实力的显著增强主要表现为:2014—2019 年,国家级新区(不含雄安新区)的地区生产总值基本呈现稳步增长的趋势,并且为中国经济总量的提升做出了突出贡献(如图 2.1 所示)。空间格局持续优化主要表现在:通过国家级新区的设立,为国家的重大战略布局和区域经济布局起到了引领示范作用,使得国家级新区的布局更加合理。产业结构不断优化主要体现在:通过不断向高端化、集约化、特色化的产业结构发展,国家级新区的发展重心也在不断向服务业以及高新技术企业发展。

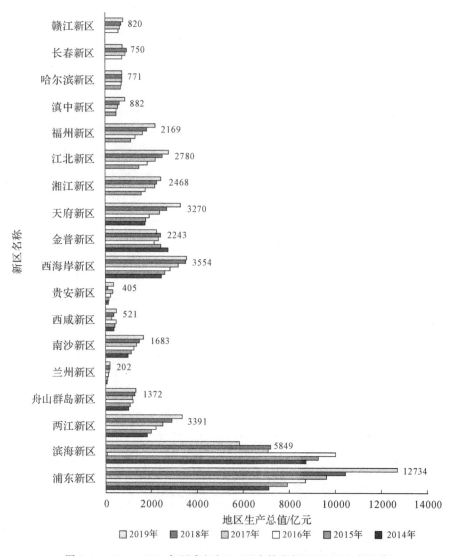

图 2.1　2014—2019 年国家级新区(不含雄安新区)地区生产总值

三、国家级新区发展面临的机遇和挑战

由于内外部环境在当前的经济建设中都在发生变化,其中高速增长向高质量增长的经济发展模式转变是当前内部环境变化的主要表现。当前外部环境的影响主要来自以美国为首的西方国家的贸易保护政策,对国家级新区提出了更高的要求。通过分析 19 个国家级新区的发展历程,可以发现强有力的优惠政策和行政手段是实现飞速发展的主要推动力。在国家级新区建设中,大量人才、资本、技术、信息等良性资源会发生快速互动,在形成良性集聚效应的同时,也会对该区域内原有的创新生态系统产生一定的冲击,由此产生对体制机制进行深化改革的新需求,例如行业企业准入、融资体系健全、立法保障更新、政府职能转变等。此外,国家间的联系以及国内各个区域之间的联系也随着经济全球化的不断发展以及区域协同发展程度的不断提高而变得愈加紧密。因此,当前国家级新区在发展中所面临的突出现实问题是,如何在难以预测和改变的外部冲击下,降低不确定性因素引发的风险,并使创新生态可持续发展保持稳定。

国家级新区作为一个承载着国家重大发展战略目标的重要平台,在新时期的发展过程中,以其特有的产业结构、发展方式、产业资源和区域优势,对国家的重大战略规划和发展起到了重要的推动作用。在我国经济发展由高速发展阶段转向高质量发展阶段的过程中,新一轮的科技革命正在逐渐兴起,在其推动下,国家级新区的发展拥有了更加开阔的环境和更加多样的路径。此外,一系列重大发展战略的出台,也为国家级新区指明了发展重点。为了推动国家级新区的发展,国家在政策、资源、产业链、供应链等方面提供了支持和保障。同时,新机遇伴随着新挑战,在经济的高速发展和科技革命不断兴起的时代背景下,技术研发和创新能力不足、以新技术为核心的新兴产业培育和发展速度较慢、体制机制创新探索不够深入等问题逐渐成为国家级新区发展过程中面临的新挑战。

第二节　京津冀人才资源配置现状

一、京津冀协同发展概述

随着珠三角及长三角地区的发展成熟,国家在保持这两个地区不断发展的前提下,开始将京津冀区域作为下一步的发展目标,京津冀也随之成为继珠三角及长三角之后的又一个新的经济增长区。陈红霞等(2009)认为国家对其发展高度重视,并且已经上升到国家的重大战略层面,京津冀三省市的发展也在国家政策的推动下进入实质性发展阶段,并逐步取得一定的成效。但是京津冀区域与珠三角、长三角相比,综合实力依旧相对较弱,究其原因,主要是由于京津冀的区域一体化程度不足。区域一体化建设是当下京津冀区域建设的关键,而人力资源一直是社会进步和经济发展的第一要素,其在区域一体化建设中起到了重要的引领作用,是区域创新发展的推动力,是京津冀区域协同发展的必要配置资源。

作为带动国家发展、引领国家实现创新战略目标的重大发展战略区域和科技创新核心区域,京津冀城市群在为社会经济发展打下良好资源基础的同时,在推动中国经济快速增长中也起到了决定性作用,同时在人力、科技、产业和区域协同创新等层面具有一定的优势(沈晓平等,2017)。人力资源作为区域发展过程中的核心要素,是推动区域经济增长的重要源泉。然而,由于区域经济发展水平不平衡、教育能力不一致、医疗水平不均衡、基础设施建设水平不一致和人力资源共享架构不完善等问题的存在,京津冀区域发展不均衡现象十分明显,发展不均衡、资源分布失衡、资源配置低下等不良因素,严重限制了京津冀的协同发展。在《京津冀协同发展战略》《京津冀人才一体化发展规划(2017—2030年)》两份文件中,都对京津冀区域人才发展的要求和目标进行了进一步的明确和说明。首先,提出要准确把握京津冀区域人力资源配置现状,从而深入探索京津冀区域人力资源配置机制,找出人力资源配置上存在的问题。然后,针对现存问题提出有效解决措施,在京津冀人力资源结构建设过程中使其更加合理,实现高效配置,以及资源配置的均衡化。

京津冀区域作为我国科技和人力资源分布最密集的地区,拥有全国10.5％的大学,33％的国家实验室和研究中心,50％的工程院院士,12.6％的国家研发人员(刘兵等,2017)。但是,区域内科研机构以及人才资源的分布都存在着严重的不均衡问题,北京占据着绝大部分的科研机构和人才资源,同时在人才资源持有量和增长率上都有着绝对的优势;相比之下,天津处在相对劣势地位,而河北则处于完全劣势地位。

二、京津冀协同发展背景下的人口流动需求

从 2015 年首次提出京津冀协同发展,到 2018 年不断建设的四年间,京津冀的发展分工在逐步细化并落到实处,城市间的人口流动速度逐年加快。人才作为信息、资本、知识以及技术等各类创新要素的主要载体,区域的发展会在一定程度上受到人口流动的影响,同时人口的流动也会对区域的城市网络结构造成影响。人口分布结构、产业布局、城市发展等都会在大规模的人口流动下受到强力冲击。因此,对区域人口流动网络进行研究分析,可以更好地对上述现象进行解释,并了解特定区域内城市间的联系,从而提升区域的综合承载力,推动区域的协同发展。

随着我国对区域人口网络研究的不断深入,国内外学者对于该领域都有着自己的见解,但是通过对现有研究进行归纳、整理和分析可以发现,研究重点开始向人口流动空间分布方面转移(董南等,2016;刘望保等,2016)。除了对迁移模式的研究(王文刚等,2017),对影响因素等的研究(张耀军等,2014)也在逐年增加,但是人口流动网络特征方面的研究依旧存在欠缺。在对京津冀区域人口流动的研究中,刘爱华(2017)研究了空间集聚,王文刚等(2017)研究了家庭迁移,陈明星等(2018)研究了人口特征,韩枫(2016)研究了影响因素。研究数据主要包括全国人口普查数据、统计年鉴数据、流动人口监测数据。但这三类数据存在数据代表性不强、数据信息滞后等问题。

三、京津冀协同发展背景下研究人才资源的必要性

京津冀协同发展战略受国家重视的程度在不断提高,逐渐上升为国家的重点发展战略,并取得了一定的实质性进展。尽管如此,京津冀地区之间的资源

配置依旧存在不均衡问题,城市间发展依旧存在巨大差异,严重制约了区域协同发展进程。在区域发展的进程中,持续性发展和协调性发展是推动国家层面转型升级的关键,补短板、抓弱项是实现持续性发展的关键动力。人才作为重要的战略资源,在区域协调层面发挥着重要作用,人才资源的有效配置将对整个区域资源的配置和区域的建设起到协调和引导作用。在政策扶持下,人才大量流动,对人才进行合理配置,使其实现和区域快速发展需求的高度匹配是区域协调发展的关键。由于区域间存在经济、社会、文化、环境等方面的差异,进行一刀切式的人才配置可行性较差,因此合理的人才资源配置对区域协同发展十分必要。

在研究区域人才资源的时候,国内学者将重点放在了以下几个方面:马海涛(2017)、王全纲等(2017)对人才流动进行了研究;张同全(2008)、王虹(2009)对人才集聚进行了研究;陈安明(2007)、李群等(2008)对人才效能进行了研究;宋鸿等(2006)对人才吸引力进行了研究;王素洁等(2008)、张静等(2016)对人才生态系统进行了研究。然而相关研究仍存在较大的进步空间,如对由人才集聚和区域人才配置导致的极化、虹吸等问题关注度不足。现如今,对区域人才资源的研究已经相对丰富,但对区域人才配置的研究仍然存在较大缺口。通过对京津冀协同发展以来,实践中出现的问题进行分析可以看出,目前存在众多影响人才资源配置的因素,而且各影响因素之间的关系盘根错节,因此需要从全局视角出发,对这些影响因素进行系统性分析。

第三节　雄安新区创新发展与人才需求现状

一、雄安新区发展概述

雄安新区于 2017 年 4 月 1 日正式成立并开始投入建设。雄安新区的建设是一项划时代的重大举措,是一项可以有效推动国家发展的、具有重要历史意义的行动。雄安新区的建设是以党中央、国务院作出的长远性决策、历史性决策。京津冀协同发展在雄安新区的不断建设完善中进入了新的发展阶段,距离建立世界级城市群的目标也越来越近。目前,我国的经济发展进入了新的阶段,亟须进行体制的深入改革和结构的转型升级。雄安新区犹如一张白纸,从零基础到建成一个新的国家级战略高地,对于雄安当地和整个国家来说都是一项重大的挑战。

雄安新区位于京津冀中的保定腹地,由雄县、容城、安新三县及其周边地区组成,拥有平稳的地质条件、优良的生态环境以及明显的区位优势。总体来说,相较于其他新区,雄安新区还没有进行深层次的开发,拥有极大的发展空间。雄安新区是国家继深圳经济特区、上海浦东新区之后建设的又一个历史性新区,自成立以来,一直是社会关注的重点话题。雄安新区的建设规划、智慧城市设计、机构设置、政策制定、产业升级、民生就业、体制机制创新、群众工作等方面都进展顺利,为新区未来的建设发展打下了良好的基础。这些工作所取得的成效将会成为雄安新区发展建设中的初代细胞,为雄安新区之后的建设发展提供基本的保障。

雄县、容城、安新三县及其周边是雄安新区的主要规划范围。在雄安新区的建设过程中,起步区规划选择的是部分特定区域,初步设定为 100 平方公里。随着建设进度的推进,中期建设区域将达到 200 平方公里。从长期发展来看,建设区域将限定在 2000 平方公里。2017 年 4 月,京津冀协同发展专家咨询委员会主任徐匡迪表示,在雄安新区的选址过程中,综合考虑了各种因素,地质条件、交通情况、城市建设成本是主要考虑因素,在经过多方面、多角度的比较和探讨后,最终确定了雄安新区的选址(李金磊,2017)。雄安新区现有的规划范围拥有众多优势:首先,雄安新区有着明显的地理优势,周边交通便捷,现在已经拥有多条城际和高速铁路,并且还有多条道路处在规划建设当中;其次,现在的雄安新区犹如一张白纸,拥有无限的开发空间,并且该地区人口密度相对较低,可以充分满足建设高标准、高起点国家级新区的需求。

我国根据社会经济发展的特定阶段需求设立雄安新区,不同于传统的国家级新区,雄安新区具有先行先试的特殊政策权限,承担的主要任务是国家重点产业发展及创新试点。雄安新区的发展具有阶段性特征,整个发展进程是动态的。在不同发展阶段,雄安新区对各类要素的需求也是不尽相同的。在雄安新区发展的不同阶段,始终存在人才、资本、技术等多种创新要素,同时这些创新要素也处于一个相对无序的环境中,因此对各个要素之间主要关系的把握,并针对现状设计治理策略等是亟待解决的问题。而在雄安新区内进行区域行政权力的重构和区域空间框架的试行将是雄安新区建设的又一重要功能。借助雄安新区的重构可以更准确地了解体制机制中存在的问题;通过雄安新区的政策试行,能够对我国全面深化改革起到促进作用,对国家重大发展战略具有推动作用。与此同时,在区域发展战略实施过程中,可以有效推动长江经济带与雄安新区的融合,也会促进粤港澳大湾区的建设,并推动长三角一带区域一体化发展战略的实行,同时促进京津冀区域的协同发展和"一带一路"建设,从而形成一批新的经济增长点。

在《京津冀协同发展规划纲要》中,京津冀协同发展战略的核心是对北京非首都功能的有序疏散。疏散可分为分散疏散和集中疏散。在集中疏散的过程中,首先需要解决的问题是寻找一个能够承受北京非首都功能的场所。中国区域经济学会副会长兼中国社科院工业经济研究所研究员陈耀表示,雄安新区建设的首要任务是解决京津冀在协同发展中存在的发展不均衡、布局不合理、空间不足等问题,来解决北京的大城市病问题,使北京的非首都功能实现"走出去"(李金磊,2017)。作为北京非首都功能"走出去"的承载地、目的地,雄安新区可以有效实现北京非首都功能的疏散。《京津冀协同发展规划纲要》在发布之初就指出,进行对外疏散的重点对象是一些第三产业,如区域性的物流基地、高消耗产业等;除了第三产业外,需要进行对外疏散的对象还包括其他四类产业,如一些企业总部、社会公共性服务产业、部分事业性服务机构,以及部分行政性服务机构。北京是我国新兴产业、尖端产业的首要集聚地,集聚了全国最多的创新型资源和要素,在疏散之后,以大数据、物联网和云计算为代表的新兴产业将在雄安新区集聚。

雄安新区将会建设成为一个资源承载力强、具有广阔开发空间、绿色宜居的国家级新区,届时也将会吸引更多的央企和高校迁往入驻。北京需要疏散的是其非首都功能,作为一个集政治、文化、科技创新、国际交流四大中心于一体的城市,不能将北京所有的社会服务产业都疏散出去,仍然需要一系列与之配套的社会服务功能和产业。学校、科研机构、医院是集聚承载力不可或缺的组成部分,所以在雄安新区建设初期,部分医院、中小学甚至高校会在此建立分部,一些与其相关的产业、机构部门,以及部分央企也会在雄安新区建立分部或直接迁往新区(李金磊,2017)。虽然建立雄安新区是为了疏散北京的非首都功能,但是在建设过程中不能仅根据行政命令,对全部问题采取一刀切的解决方法。在建设实施过程中,也要始终注意市场的变化,尊重市场,尊重经济发展规律,更多地发挥市场的作用,根据市场变化情况和经济发展规律进行资源配置,在此基础上,配合政府的相关政策,更好地建设发展雄安新区。在央企迁移过程中,雄安新区需要考虑诸多问题,比如总部、分部、产业基地的建设位置、协调性等,并不是任何企业都可以随意迁入的,在迁移过程中要考虑到整个国家的行政需求和经济需求,还要考虑到自身的发展需求和市场需求。

雄安新区建成后将成为能够与上海浦东新区和深圳经济特区相媲美的又一大国际级经济特区,是肩负着打造新时代高质量发展城市新样板重任的重大战略,是千年大计。雄安新区在规划建设过程中也具有自身的特色。第一,发展阶段不同。深圳特区作为国家成立的第一个特区,于改革开放初期成立。浦东新区于国家发展阶段成立,这一阶段经济发展拉动区域发展,大量外资要素推动区域经济增长,人口增长产生巨大红利。雄安新区成立于国家布局结构的调整期,处在经济由高速增长向高质量发展转型的重要阶段,创新在雄安新区的发展过程中显得尤为重要。第二,定位不同。不同于前期成立的新区,雄安新区的定位是北京非首都功能的集中承载地,推动京津冀成为世界级创新城市群的空间层集中载体,是京津冀协同发展的战略支撑点。第三,主要技术支撑与发展模式不同。雄安新区的发展模式是以自主研发和技术创新为起点,并以高端服务业和高技术产业为主进行发展建设。第四,地理区位不同。深圳经济特区和上海浦东新区独具特色的门户区位和中心区位,使得这两个新区在发展中可以依托香港、上海等国际性城市的推动力。而雄安新区则是典型的内陆地区,和中心城市北京之间存在着一定的地理距离。雄安新区在发展中面临着全新的环境与条件,前期新区的发展无法提供可复制的经验。因此,创新是推动新区发展和实现超越的核心要素。

2017 年 2 月 23 日,习近平总书记在河北省安新县进行实地考察、主持召开河北雄安新区规划建设工作座谈会时明确指出:"规划建设雄安新区,要在党中央领导下,坚持稳中求进工作总基调,牢固树立和贯彻落实新发展理念,适应把握引领经济发展新常态,以推进供给侧结构性改革为主线,坚持世界眼光、国际标准、中国特色、高点定位,坚持生态优先、绿色发展,坚持以人民为中心、注重保障和改善民生,坚持保护弘扬中华优秀传统文化、延续历史文脉,建设绿色生态宜居新城区、创新驱动发展引领区、协调发展示范区、开放发展先行区,努力打造贯彻落实新发展理念的创新发展示范区。"①为完成创新发展示范区的

① 《中共中央、国务院决定设立河北雄安新区》,《人民日报》2017 年 4 月 1 日。

建立,在雄安新区的建设中,整体布局要合理化。首先,需要建设新区的五大功能区,即生态区、农业区、工业区、办公区、文化区,同时功能区之间要保持相互沟通,建立相互依托的关系,彼此的距离不可相隔太远。其次,对于雄安新区的建设发展来说,并不是将雄安新区完全地打造成建设区,除了建设区之外,规划区和控制区也必不可少。

雄安新区设立的主要目的是建立我国创新驱动发展的先进区域,以“创新支持体系”作为其全方位建设的核心要素。在雄安新区建设过程中,主要目标为引入、培养、整合现有的全部创新要素,在新区建设中践行创新理念,对此具体需要从三个方面做出相应的努力:首先,建立国家创新服务平台。创新服务平台的建立不但可以实现创新要素的充分整合,也可以充分激发创新活动的潜能。因此,建立面向全国的创新服务平台,实现以京津冀为基础为全国创新发展助力,将成为推动我国千年大计成功实施的基础性工作,是具有基础性、先导性、战略性的重要任务目标。例如通过建设信息服务共享平台、科研成功转化平台等,更好地推动新区的创新发展,成为雄安新区创新发展的“基础弹药”。其次,加强创新发展区域生产要素建设。创新从来不是闭门造车,是需要多主体进行互动合作的,除了依赖于创新主体自身能力外,还依赖于创新主体之间的合作关系。因此,为加速创新的产生与发展,必须加强建设相应的制度和文化,营造一个良好的合作氛围,对区域内外主体的合作起到一个激发作用,从而降低创新成本。最后,建设高品质的生活空间。区域创新发展的第一生产力是人才,因此,雄安新区建设的关注点应该是宜居性、人性化和生活化。汲取以往国家级新区建设的经验,将基础设施建设作为雄安新区建设中不可缺少的部分,尽量避免生活服务建设长期滞后情况的发生。构建高品质的生活空间,切实保障雄安新区千年大计的顺利实现。

陈耀表示,雄安新区县域经济的主要组成部分是相对传统的产业和小企业。在未来规划中,对环保不达标、污染环境的企业应予以关闭处理;对发展设计与雄安新区未来发展的主导产业相结合的、具有较高技术含量的高端企业给予优惠政策。对雄安新区现存产业的去留与否,遵循“适者生存、不适者淘汰”的原则,适合未来规划的留下来,不适合的调整、迁出或关闭处理。但是对于建材、冶炼、化工、造纸等会造成环境污染的企业,肯定会给予关闭处理(李金磊,2017)。在上述要求中可以发现,雄安新区在现阶段的产业建设过程中,正在积蓄力量引入高端高新技术产业,实现新区的产业布局和产业升级。作为雄安新区的七项重要任务之一,在雄安新区的规划建设和产业技术创新实施过程中,都指出要"发展高端高新技术产业,积极吸收集聚创新要素和资源",强调"培育新动能"。

《京津冀协同发展规划纲要》提出,一般制造业、依托专业市场的服务业、事业单位和公共服务业这四种类型的产业需要进行疏散。高新技术产业和现代化服务业的迁入,可以推动雄安新区成为财富创造中心,将商贸、物流、银行等一系列现代服务企业集聚起来进行集中建设,可以打造出既为本区域提供服务,又可以给全国甚至全世界提供现代化服务的现代服务集聚区。高素质人才的引进、企业的创新发展才是推动高新技术产业发展的关键前提因素。吸引高新技术企业到雄安新区发展,首先需要提升自身条件,具体包括以下四个方面:一是要有培养人才的组织。需要能够提供高新技术产业人才的高等院校,以及能够培养专业技术人才的职业技术学院。比如美国斯坦福大学源源不断地为硅谷输送人才和提供技术,使其成为美国高新技术产业的王国。二是要有支撑配套条件。高新技术要发展,需要产业的相互配合,比如融资机构、基金和中介服务机构等,还需要提供一些国家实验室、研发中心和检验监测中心等公共技术平台。三是要有政策上的鼓励。对于到雄安新区发展的高新技术人才,要予以政策上的支持和鼓励,从待遇、事业、感情三方面将人才留住,将待遇提升到一个新的台阶,如为高新技术人才提供廉租房、经济适用房,提供更多的发展机会,给予更多关怀和鼓励。四是吸引高新技术产业,并助力高新技术产业成果在雄安新区进行转化。为了实现高新技术产业的入驻,并帮助高新技术产业成果实现转化,一方面需要坚持与北京中关村的紧密对接,使位于北京城区的高科技机构向雄安新区迁移,在雄安新区进行高新技术研发和成果转化,通过向雄安新区输送人才和技术,推动雄安新区的高新技术产业建设。另一方面,通过与深圳等沿海发达城市的对接,参考学习这些城市的发展经验,吸引高新技术产业到雄安新区发展。例如,深圳作为创新型城市,拥有大量成熟且先进的高新技术,每年的专利发明数量位居世界前列,同时也为全球的高新技术发展提供了许多创新源泉,因此与深圳等沿海发达城市的对接将有利于雄安新区的发展。

随着雄安新区的建立,房地产行业也掀起了新的浪潮,许多房地产投资者在雄安新区找到了新的发展机遇。京津冀协同发展专家咨询委员会副主任邬贺铨表示,雄安新区的房地产政策将会发生改革,将雄安新区作为国家房地产改革试验区，开辟出一条房地产建设、发展、管理的新路线。雄安新区的房地产政策不能继续走老路，要开辟一条全新的、符合国家长期发展的新道路，具体的发展模式仍在探讨之中。总体来说，雄安新区房地产政策的核心理念就是"房是用来住的，不是用来炒的"，要将房地产的发展打造成"功能上以居住为主，形式上以出租为主"的模式，大量的公租房将会投入建设和使用，以此来吸引和留住人才，同时减轻人才吸引和留用人才的负担，实现雄安新区引进的各类人才能够有房可住，不会存在住房压力（李金磊，2017）。

习近平总书记在雄安新区建设规划中强调指出，先植绿、后建城，是雄安新区建设的一个新理念。良好生态环境是雄安新区的重要价值体现。① 高标准和严要求是雄安新区建设中始终需要坚持的理念，雄安新区将智慧、绿色等作为新区建设的特点，致力于将其打造成汇聚高新技术、人工智能的智慧新区。

在城市发展的绿色建设方面，需要从三个方面进行规划：一是绿色空间布局。环境绿色是城市绿色的表征，生态建设是环境绿色的重要推动力。基于此，在城市绿色的建构规划部分，生态建设要摆在重要位置。二是绿色建筑。建筑是城市建设的一部分，建筑的节能、环保同样是绿色城市的重要组成部分。三是绿色产业。产业是推动城市发展的重要部分，雄安地处白洋淀，白洋淀作为国家级景区，其水环境在产业发展过程中不能受到污染。保护好产业所在地的水环境，对整个区域的用水安全至关重要。雄安新区在产业发展过程中要绿色先行，不能以获取短期利益为目的，出现破坏环境的行为。四是绿色生活。新区建设的最终目的是实现人民群众的幸福生活。在绿色城市的布局之下，将绿色理念贯穿于生活各个方面，如出行、消费等，这也是雄安新区建设的重要部分。

智慧新区应从多个领域进行智慧建设，将智慧建设深入规划、管理、应用等各个领域。区域建设是在探索中前进的，需要先试点再摸索，在探索过程中可能需要借鉴部分国外经验，从而更好地建成智慧新区。

创新需要学习，学习的主体便是人才。需要何种人才才能够达到建设新区的目的，这些人才具体如何引进，又如何配置，需要我们深入探讨。

---

① 《习近平在京津冀三省市考察并主持召开京津冀协同发展座谈会》，中国共产党新闻网，2019 年 1 月 18 日，http://jhsjk.people.cn/article/30577658。

二、雄安新区建设过程中对人才的需求

(一)雄安新区与人才引进

2017 年 2 月 23 日,习近平总书记在河北省安新县进行实地考察、主持召开河北雄安新区规划建设工作座谈会时强调:"规划建设雄安新区要突出七个方面的重点任务:一是建设绿色智慧新城,建成国际一流、绿色、现代、智慧城市。二是打造优美生态环境,构建蓝绿交织、清新明亮、水城共融的生态城市。三是发展高端高新技术产业,积极吸纳和集聚创新要素资源,培育新动能。四是提供优质公共服务,建设优质公共设施,创建城市管理新样板。五是构建快捷高效交通网,打造绿色交通体系。六是推进体制机制改革,发挥市场在资源配置中的决定性作用和更好发挥政府作用,激发市场活力。七是扩大全方位对外开放,打造扩大开放新高地和对外合作新平台。"①其中发展高端高新产业,积极吸纳和集聚创新要素资源,培育新动能,对雄安新区人才引进政策做出了明确的指引。任务提出后,引进高端人才成为雄安新区建设的首要任务。为了吸引各类高端人才和高端团队入驻,2017 年 5 月 6 日,河北省人社系统提出将实行"一人一策""特事特办",提供个性化、人性化服务。高端人才是否前往新的地区就业,不仅取决于该地区给予的工资待遇水平,更取决于这个地区的公共服务水平、基础设施完善程度、幸福指数、城市活力以及人才管理政策的优惠程度。

依据 Barbour(2002)提出的职业结构与产业结构一致性原理,再通过对雄安新区产业结构的分析可以看出,雄安新区城镇化水平较低,产业布局以第二产业为主,人才资源主要集中在加工制造业,高端人才资源十分匮乏。对雄安新区人才资源进行层次划分,可以看出,中低层次的人力资源仍是雄安新区人力资源的主力军,导致雄安新区的人才资源存储量、人才资源配置结构与高质量的发展规划严重不匹配。为了满足发展规划需求,引进大量的高端人才刻不容缓。因此,各个层级政府积极出台政策引进人才,提出要依靠个性化服务、人性化服务来吸引广大创新型人才和创新型团队到雄安新区发展,坚持特事特

---

① 《中共中央、国务院决定设立河北雄安新区》,《人民日报》2017 年 4 月 2 日。

办、一人一策的办事风格。作为雄安新区发展建设中的指导方针即"创新引才育才机制",指出要做到坚持总体发展战略,实现"以事业招人,以公平选人,以机制用人,以服务留人"。为了推动雄安新区的进一步发展,根据发展协议和发展政策框架,在雄安新区的全球人才服务中心建设中,国家外国专家局、河北省外国专家局将会提供必要的支持,促使国内外各类高端人才能够成功引进雄安新区,同时引导国内外知名人力资源服务机构入驻雄安新区。此外,国务院侨务办公室借助自身优势,向海外侨胞宣传雄安新区,呼吁更多海外高科技人才参与雄安新区规划建设,做好招商引资和智力支持工作。北京市政府已经表示,雄安新区将纳入北京的城市空间格局。在雄安新区承载北京非首都功能,以及各行各业的人才、机构向雄安新区迁移的过程中,人才的输入和引进仍然是新区建设的核心问题。在产业建设方面,新一代的信息技术产业、生物医药产业、高端服务产业等将作为优先发展产业,帮助雄安新区打造第一批高端高新重点产业。在企业建设方面,雄安新区在引进重点企业的过程中,严格审核、严控入区,在第一批审核后有 48 家企业获得入驻雄安新区的资格。在教育层面,由于在教育资源的转移过程中,涉及学校整体的迁移、教育资源的转移等多方面问题,雄安新区一直在探索一条可以让科研、教学、人才甚至产业、资本融合发展的创新之路,建设具备全新创新建设模式的教育基地。与此同时,为了加速雄安新区的人才培养、人才引进,雄安政府也积极与同济大学和浙江大学等一流高校对接,针对人才培养问题进行深入交流。雄安新区也注重时尚层面的人才建设,已经在容城成功举办两届国际服装文化节。在城市数字化建设层面,中国移动通信集团公司表示将会与雄安新区开展全面合作,充分发挥通信、互联网方面的人才优势和技术优势,按照党中央对雄安新区的发展决策部署和打造高质量雄安新区的要求,将雄安新区打造成数字化、智能化城市,同时改造提升传统产业,为城市智能建设、高新产业发展等提供数字化支撑。

《河北省人口发展规划(2018—2035 年)》提出,通过出台并实施符合雄安新区发展建设的人口政策,构建创新人才管理机制,营造符合雄安新区发展、支撑雄安新区建设的人口环境,并在此基础上促进京津冀的人口协调发展。

(二)雄安新区人才资源现状

雄安新区选址的确定历时三年之久。早在 2014 年 10 月,国家政府就开始为雄安新区选址。雄安新区有两大基本功能:一是促进京津冀一体化;二是承载北京的非首都功能。雄安新区的设立促进了京津冀区域的协同发展,其将成为新型城镇化发展的先进示范区,推动全国新型城镇的发展,同时也会对协调南北经济发展起到积极作用。国外媒体报道时称,雄安新区的建设不是简单地复制浦东新区的建设发展模式,也不是一个简单的新型城镇化建设,雄安新区代表着中国未来城市的发展方向。雄安新区的建设是逐步有序进行的,也将为高新技术产业和中国制造业带来新的发展机遇。雄安新区承载着多重功能定位,既是绿色宜居的工业园区,又是京津冀协同发展的示范园区,还是创新驱动发展的实验引领先行区等。这些功能是无法单独依靠本地居民实现的,需要借助大量高端人才的共同努力才有可能建设完成,因此需要引进高端人才进行新区建设。

在雄安新区的整个建设规划中,2017 年是雄安新区的规划年,2018—2020年是雄安新区的起步阶段,也是雄安新区的重点建设年。在雄安新区建设的起步阶段,工作任务较重,要完成雄安新区的合理规划工作,完善各项基础设施,持续推进创新要素的转移等各项工作;需要对雄安新区开展的各项工作进行全面排查;需要对雄安新区建设中的各项事宜进行管理整顿,使新区正常运行。为保障上述各项工作的顺利进行,在工作开展以及雄安新区建设中,需要城市规划、地理测绘、产业、生态环境建设、大数据等多方面的人才。同时这些外来人才的流入,也将催生雄安新区对于人才资源重构的新思考,也就是对于流入的人才资源将如何进行重构,这也是雄安新区面临的一个重要问题(刘兵等,2018)。目前,雄安新区人才结构、配置水平和数量与发展规划严重不匹配,如何合理进行人才配置需要深入探讨。

成立至今,雄安新区建设已进入重要阶段,人才需求存在巨大缺口。作为经济发展以及创新发展的重要推动力,人才在雄安新区的创新性发展过程中必不可少,特别是大量具备专业知识和技术能力的专业性人才。但是,雄安新区如今存在着高端人才少、人才质量较低、人才素质较差、人才结构不合理等显著问题。

人才问题不是近期才发现并提出的,而是一直以来都备受政府及各方关注的问题。2018 年 4 月 10 日,雄安新区管委会、河北省人力资源和社会保障厅提出了吸引"四个依赖"的总体要求,即"创新引才育才机制",主要是指"以事业招人,以公平选人,以机制用人,以服务留人"。同年 4 月 20 日,中共中央、国务院在对《河北雄安新区规划纲要》的答复中强调,要实行开放便捷的人才引进制度,集聚高端人才,培育创新研发氛围。这说明社会各界对雄安新区的人才问题非常关注。因此,当前的关键问题就是如何大量引进和培养高质量人才,在人才质量提升以后,如何合理配置大量集聚的人才,从而推动经济发展,促进整个雄安新区的长足建设。

虽然雄县、容城、安新三县在人口数量方面都占有优势,但在人才培养质量、学科素养、高端人才储备,以及人才培养结构方面等均存在较多不足。在人才培养质量和学科素养方面,受过高等教育的人口比例在这三个县中均处于偏低水平,当地高中毕业生升入高校的比例也处在较低水平。这体现出雄安新区当地人口的平均受教育程度偏低,人才培养质量和学科素养水平也较低。同时,高等教育资源和科研资源的匮乏,也是导致三县人才短缺的主要因素之一,不同阶段的师资尤其是优秀教师均极度匮乏,当前的教学水平是无法匹配现阶段经济与社会高速发展对人才的需求的。这既体现出人力资源的现实供给和实际需要之间的巨大不对称,也体现出雄安新区对更高层次人才培养的紧迫需要。在高端人才储备方面,受三县文化教育水平相对落后、产业结构失衡、基础设施不健全等影响,当地高层次人才严重短缺,高端人才储备更无从谈起。在人才培养结构和专业素质方面,由于该地区劳动力的主要成员是农民、低端产业的从业者和服务人员,区域内部存在人力资源结构不合理、技术转化与应用能力不强、社会保障水平滞后等问题,从而导致文化水平较低、专业素养较低的现象在这些劳动者中普遍存在。在容城县的传统服装制造业中,虽然其制造工艺已经达到国内领先水平,但人力资源质量却处在相对较低的层次,7万多名从业人员中仅有2000余名中高级专业技术人员。所以,雄安新区当前所面临的高端人才匮乏、人才储备不足和人才结构不合理等状况,都使其无法适应未来工业与城市化发展的需求,迫切需要引入高素质专业人才。

2020年,在雄安新区举行的紧缺人才培养会议上,首次发布了《2020年雄安新区急需紧缺人才目录》。大会共邀请了雄安新区80家,以及京津冀区域110家重要企事业单位共同参加,经过各方商讨后出台了该人才目录。在本目录中,重点是分类并汇总了雄安新区建设中急需和紧缺的人员。按照专业需求进行分类后,教育、建设、金融服务、医学、计算机技术等学科的人才需求比重相对较大。实施《2020年雄安新区急需紧缺人才目录》是雄安新区发展的重要工作之一。该目录从行业、专业、岗位、薪资待遇等方面对急需的紧缺人才信息进行了汇总,从而可以较为清晰地反映当前阶段雄安新区的人才需求情况。

最为紧缺的人才主要是管理人才、专技人才和技能人才,具体可细分为建造业、制造业、教育业、医疗卫生等 10 个类别。若按行业对人才紧缺程度进行划分,医药卫生行业首当其冲,教育培训行业紧随其后,排名第三至五位的分别是规划建筑行业、通信电子行业和计算机互联网行业;从岗位类别来看,人才紧缺最严重的前五位是技术人员类、文化教育类、网络信息类、医药医学类、市场营销类;从专业要求来看,人才紧缺最严重的前五位是临床医学、计算机、经济金融、土木工程、教育学。从薪酬待遇来看,总体水平较 2019 年实现较大提升,人均月薪达到 5000 元以上。

雄安新区的人才需求总体呈现以下五个特点。

第一,基础建设、城市交通、环境保护等行业人才需求量不断增大。中国雄安集团总部及子公司发布施工项目经理、森林管护等需求岗位 178 个,需要各类人才 789 人,占需求总量的 17.4%,比 2019 年高出 12 个百分点。作为基础设施承建单位的中建八局、中铁十二局等 15 家央企,发布项目工程师、土建工程师等需求岗位 97 个,需求人才 364 人,分别比 2019 年增长 4% 和 7%。

第二,对高新技术行业的人才需求旺盛。与 2019 年的数据对比,中国雄安集团数字城市公司等高新企业发布的人才需求职位和需求数量均提高了 8%,并增加了 AI 分布式计算机工程师、BIM 工程师等前沿岗位。生物、医疗和新能源等行业的人才需求岗位和需求数量也有明显提升。

第三,在公共服务领域,人才的紧缺程度一直很高。新区及三县 28 家医疗、教育机构发布需求岗位 242 个、需求人才 2100 人,分别占需求总量的 22% 和 31%。

第四,三县产业的转化升级正在推进,当地劳动力安排与转移就业已成为阶段性的攻坚方向。与 2019 年的数据对比,服装、箱包、机械制造等当地传统工业的生产单位、岗位和人才需求数量均出现了减少态势;人才需求岗位数据显示,面向雄安新区当地人才引进和需要本地户口的岗位比重由 0.44% 上升至 22.82%。

第五,人才的巨大需求量也体现在对基础性服务人才的需求上。职业培训机构、人力资源企业、食品制造企业等岗位的需求量日益增大,充分体现出雄安新区的生产建设秩序正在走向标准化和成熟化,中高端人员和低端人员均呈现出了较为健康、全面和自由的流动趋势。

雄安新区党工委、管委会等相关部门的相关负责人表示,人才是第一要素资源,是核心竞争力。自新区建设至今,新区党工委、管委会一直高度重视人才的建设工作,紧密围绕自身建设和区域发展需要,坚持高标准、高定位,立足当前,着眼考虑长远的发展需要创新引领,多措并举,为适应高质量发展需要,全力打造人才特区。

为加快集聚支撑疏解创新创业新人才,雄安新区提出了"雄才计划"。"雄才计划"是雄安新区发展和人才建设中持续开展、不断推进的一项重要工程,将是当前乃至未来一定时期内,雄安新区进行人才建设的首要任务。"雄才计划"并不是一项简单的工作计划,而是包含了 10 个专项计划的一揽子计划,这 10 个计划分别为:高层次人才引进计划、产业人才集聚计划、高技能人才培养计划、民生人才支持计划、青年人才创新创业计划、金融人才发展计划、"名校"入驻计划、干部人才交流计划、薪火计划和人才素质提升计划。这 10 个计划覆盖了人才引进、人才培养、人才服务的各个方面,重点突出、覆盖范围广。

随着雄安新区的不断发展,新区的各项建设正在有序开展,但是新区在当前依旧处于建设和发展的边缘化时期,这种状态也将持续一段时间。在此期间,需要引进的第一类专业人才是适应大规模开发建设的,具备城市规划、建筑设计、建筑施工等方面知识的专业化人才。随着雄安新区各个区域的陆续建成,第二类人才亟待引进,即具备安全监测、城市管理、综合执法、社区服务等方面知识的专业管理类人才。随着雄安新区的不断建设完善,新区建设的核心诉求也需要得到满足,新区的建设目标是构建高端高新产业,因此第三类人才主要是指新一代信息技术产业、高新服务行业、现代生命科学行业中的研发和建设人才。在对三类人才进行界定时,需要明确的一个概念是,对于新人才的定义,并不是单指精通高精尖技术的高端人才,而是各类人才。一个社会要想得到良好的运行和发展,最根本的是要集聚各类人才。各类人才各司其职,各显神通,共同努力,才能促进雄安新区的建设发展。

《2020 年雄安新区急需紧缺人才目录》的推出和"雄才计划"的提出,目的都是为支撑、引领新区规划建设、产业发展、城市管理等工作,引进、培养一批专业人才,建成符合新区发展需求的,规模大、功能突出的领军人才队伍,带动、引领新区实现建设进步。

在引进人才时,我们不仅要考虑到国内的人才,也需要对海外人才予以充分重视。海外人才作为人才的重要组成部分,同样需要其为建设创新型雄安新区提供技术和知识层面的支持。与国内的创业者和国外的投资者相比较,海外人才兼具国内和国外的文化和语言背景，具有更好的交流与技术能力。但是，也存在着客观的问题，即长期的海外经验，可能使海外人才对国内现状和商业运作模式不清楚、不了解。如何妥善安置海外人员，也是人才配置的一个问题。全新政策引领下的雄安新区，对海外人才而言，既是机遇又是挑战，归国后的巨大发展空间，为国家的长足创新性发展做出贡献的民族自豪感，将对海外人才产生强大吸引力。合理处理海外人才的引进和配置问题，是雄安新区实现长足发展的重要组成部分。

人才引进与人才安置的切实落实，需要在考虑雄县、容城和安新三县的自然环境和具体情况的同时，突出各县的优势和补齐劣势，对各县进行针对性的规划建设，对人才配置进行统筹安排布局。在结合相关方实际调查的基础上，进行进一步的研究和探讨，整体统筹，具体细分，安排布局，实现人才和区域特色的高效融合，推动各地区和整体区域的协调发展。

综上，雄安新区未来需要从以下层面进行人才引进和配置的考量：一是创新型人才。科技强国，创新兴国。雄安新区从创立之始就确定了建设创新型新区的目标。要想在未来全球性竞争中拔得头筹，创新是唯一出路。超前的创新意识需要创新型人才的支持，创新型人才在认知层具有领先优势，无论是理论基础还是实践操作，创新型人才都具备绝对优势。二是综合性人才。显然，仅仅依靠创新不足以实现雄安新区的长足、高速发展，如何将创造性的想法落实，需要高质量的综合性人才。高质量的综合性人才不仅要求能够在某一方面有所建树，而且需要对不同层面的知识有所涉猎，这样才不至于一条腿走路，从而实现各方面的发展相互协调，创造更高的价值，促进雄安新区高效快速发展。三是专业性人才。由于雄安新区的建设和发展具有阶段性特点，因此在每个发展阶段，雄安新区建设的侧重点都有所不同，对人才的要求也有所不同。建设初期，最需要的是规划型和管理型人才，合理的规划和管理能够为后期的发展打下基础。因此，在不同发展阶段，要有针对性地引进满足相应特点的人才，以达到人才高效配置和推动雄安新区高质量发展的目的。四是国际性人才和开放型人才。在人才引进方面，不能存在局限性。在考虑国内人才的同时，也要考虑海外人才。海外人才在接受新事物、新思想方面与国内人才存在一定的差异。我们要善于借鉴，学习海外人才的开放性思维和观念，同时利用海外人才特有的知识储备和能力，最大限度地发挥其价值，促进雄安新区的发展。

第三章　理论基础与文献综述

第一节　相关概念界定

一、人才

人才是一个被长期讨论但至今仍然存在争议的概念，最早出现在古老的《易经》中。在《辞海》中，人才指的是有才识学问的人，或者德才兼备的人。魏浩等（2012）将传统人才的类别归纳为三类，分别是生产性人才、学术性人才、社会文化部门的人才。首先，对于直接进行生产的生产性人才，可以分为企业家、工程师、发明家以及其他技术型人才，这些人才主要参与实际产品和服务的生产过程；其次，对于学术性人才，可分为科学家、学者以及学生，他们在大学或者研究中心等机构进行科学研究，为科学与学术作出相应的贡献；最后，对于社会文化部门的人才，大致可分为作家、医生、护士、音乐家和画家等。罗洪铁（2000）所定义的人才具有以下特征：个人素质良好，经过努力不断创造劳动成果，能够对社会的发展起到促进作用。夏建刚等（2003）通过整理分析相关资料，认为人才指的是一部分拥有相对较高的素质，能够进行开创性的劳动，取得进步，推动社会发展的一类人。《国家中长期人才发展规划纲要（2010—2020 年）》所定义的人才是指在专业上具备一定程度的技能或知识，自身拥有创造性，并能够创造价值，推动社会进步，为社会作贡献的一类人，本书采用了这一定义。

二、人才资源

作为国家发展和区域进步的第一资源，人才资源一直是国家和社会重点关注的部分。自实行创新驱动发展战略以来,以成都、武汉等为代表的新一线城市相继爆发"抢人大战",为了吸引人才流入,各地相继出台各类人才引进政策,住房补贴、购房补助、生活补贴、创业帮扶等政策层出不穷,但是不难看出,这些政策主要是依靠物质条件的驱动。随着社会经济水平的提高,在当今社会,人们的工作收入不断增加,人口素质也发生了相对较大的变化。除了高工资水平,吸引人才还包括适宜居住的生活环境和高标准的社会服务水平等隐性层面上的因素。人才选择就业地区,是在不同城市之间衡量经济、社会、自然环境等多种因素的综合结果。本书的人才资源,是将人才作为一种对区域发展最为关键的特殊资源来看待,并将其作为本书的主要研究对象。

三、韧性

Alexander(2013)从语源学角度证实,韧性(resilience)起源于拉丁语单词"resilio",表"反弹(bounce to back)"之意,蔡建明等(2012)将其翻译为弹性,张茜等(2014)将其翻译为恢复力,朱华桂(2013)将其翻译为抗逆力,并通过对法语和英语借鉴,演化成目前的形式。本书基于演进韧性,提出人才资源韧性,具体是指本地人才资源体系吸纳、同化、培育和重构外来集聚人才的能力。

四、重构

重构的概念最初起源于计算机软件领域,是指通过调整程序代码改善软件的质量、性能,使其程序的设计模式和架构更趋合理,提高软件的扩展性和维护性。随着重构概念在学术界的不断发展,目前被广泛应用于价值网络、企业战略等多种学科的多个研究方向。从人才资源的角度出发,本书对重构进行了重新定义:区域人才资源重构是指在外来人才集聚驱动下,政府、企业、科研单位、中介机构、个人等多元主体通过系统性、协同化和制度化的手段密切合作,从总量、结构、职业领域和空间分布等方面实现本地人才资源的自组织和再配置的过程。

五、治理

Wilk 等(2016)认为治理"governance"的起源需要追溯到古典拉丁语和古

希腊语中的掌舵"gouvernail"一词,其内在含义是一种指导、控制以及操纵的行为方法,主要用于对国家公共事务相关的宪法和法律问题进行处理,或者用于对各利益不同的行业和特定机构进行管理和控制。Bernardi 等(2016)认为治理危机"crisis in governance"一词最早是由世界银行于 1989 年在其报告《撒哈拉以南:从危机到可持续发展》中提出的,用来描述发展中国家和后殖民国家的政治局势,从而将治理引入现代社会科学中。Feldman 等(2006)指出,"治理"在学术界具有里程碑意义的应用,《国际社会科学杂志》于 1998 年 3 月发表了题为"治理"的特刊。俞可平(2000)较为认可全球治理委员会在《我们的全球伙伴关系》研究报告中提出的治理的含义,即各种公共或私营部门管理相关事项和一系列方法的总和,是协调不同利益矛盾,协调推动各方有序开展事务,以及落实实施方案的连续过程。

国内外学者对治理的内涵进行了诸多研究。Rhodes(1996)总结了六种形式的治理:最小国家治理、公司管理治理、新公共管理治理、"善治"治理、社会控制体系治理和自组织网络治理。Hirst(2000)总结了治理的五个类型:善治、国际机构领域的治理、公司治理、与新公共管理战略相关的治理、协调网络治理。斯托克(1999)总结了当时的治理概念,得出治理的五个要点:治理包括多元主体;治理具有边界和责任的不确定性;治理具有权力依赖性;治理形成自治网络;治理意味着办好事情的能力,并不限于政府权力。国内很多学者研究了治理的内涵,王诗宗(2009)认为治理必然预示着国家(政府)和社会关系的调整,用来处理原有政治和社会结构的不可修复性,提倡政府之外的权力主体。应松年(2014)认为治理必须重视宪法和法律的执行和监督,强调善治,实现治理主体多元化,治理主体具有平等性、协同性和参与性。本书将基于治理理论提出雄安新区人才资源重构的治理策略。

第二节　区域人才资源相关研究

一、人才学理论概述

随着研究的深入发展,我国的人才研究学科框架已逐渐成熟。其中叶忠海

(2009)等学者在人才基础问题研究和实际应用研究方面进行了深入探索,并取得了一定的成果。相比于国内学者对人才学的研究,国外学者对人才流动理论的研究已经相对成熟。国外学者对人才学的研究是从 William Petty 开始的,他最先从经济学的视角阐述人口迁移的现象。之后随着推拉理论、效率性流动理论和选择性理论的相继提出,学者们对人才学的研究也不断深入,这些理论阐述了影响人才流动的各种因素,包括内部因素和外部因素。如何对人口是否有必要流动进行判断,以及合理预测人口流动的发展变化趋势,是目前相关部门在人才管理过程中需要解决的问题。通过对国外经典理论的学习,我国学者赵曙明(2004)从人力资本的理论视角,冯子标等(2004)从经济效益的理论视角,牛冲槐等(2006)从人才聚集效应的理论视角,研究了区域人才流动。大多数学者在研究影响人才流动的因素时主要从三个层面展开,即环境层面、组织层面和个人层面,具体的影响因素可以概括为宏观经济发展、国家政策、社会文化环境、产业构造、市场环境、地理位置、收入水平、职业发展前景等(魏浩等,2012;潘朝晖等,2012;郭鑫鑫等,2018;许家云等,2016;Zhou et al.,2018)。

叶忠海(2019)基于人才学理论视角,指出人才学作为“当采学科”,是社会需要和科学发展逻辑交汇的产物,并阐述了人才学学派的特征。钟祖荣(2019)回溯了我国 40 年来人才学研究的发展,认为人才学理论对人才战略和政策的制定产生了重要作用,并指出了人才学研究与经济社会发展、科学技术发展、研究成果积累和相关人才培养的关系,他认为“人才是指产生良好的个人素质并能够发扬该素质的人”。张波(2018)基于人才的定义,运用包括定量研究法和空间分析法在内的四种研究方法,从两个方面论述了高端人才的测量标准、理论谱系和研究特点,包括理论方面和实践方面,并对未来有关高端人才的研究做了预测,判断了人才学学科未来的发展方向。李维平(2010)分析了近年来人才基本定义的发展历程,发现了原有理论的不足之处,并提出了有关人才概念的新理解。他认为加强理论研究要从定义做起,这样才能推动人才学发展。黄大路(2009)总结了中国特色人才学理论体系的研究对象、路径、结构和理论基础,以及学科特征等方面的内容。

二、人才资源

刘兵等(2017)认为人才资源是由外部人才的不断流入和内部人才的持续

培养共同完成的,通过这两种方式可以促进区域人才资源的优化配置。人才资源在区域经济建设和发展中起着关键的作用。Čadil 等(2014)表示经济的增长水平和发展情况将直接影响区域的人才总量和人才结构,如果内部人才的能力、水平均不高,就不能匹配区域发展过程中越来越高的人才需求,也就不能把人才资本转化发展成经济发展的动力。如果人力资源的发展情况与该区域的经济发展水平及结构不相符,就会导致经济增速变缓。当人力资源的存量水平、配置结构与发展需求之间的关系无法达到平衡状态时,会导致大量的投资、人才、资金等流入该区域并发生集聚的现象。随着社会经济的快速发展,我国大部分省市都已经意识到人才的重要性,并开启了"抢人大战",在各项政策的全力推动下,各省市都出现了大量人才涌进的现象,那么在大量外来人才集聚的情况下,如何实现组织内部的协调发展,当地人才又将如何发展,这些问题亟待政府妥善解决。不可否认,在人才资源集聚的情况下,竞争是不可避免的,进而激发人才的学习意识。因此,通过有效的引导,可以实现区域内整体人才能力和水平的提升。

此外,李刚等(2005)表示人才资源与产业集聚之间存在直接关系,二者相互驱动、相互促进,人才资源能够对产业集聚产生反馈作用。人才资源也会促进区域传统产业的升级改造,实现产业科技生态链的创新建设。此外,需要通过定向培养和再教育,不断提高本地人才的能力和素质,实现本地人才与产业同步发展。但是,人才资源交互也会使外来人才和本地人才之间产生更加复杂和特殊的关系,甚至可能出现在生活、工作、发展机会等方面的资源抢夺问题,同时会使相关部门对外来人才和本地人才相关战略和政策制定产生全新的思考。雄安新区作为国家发展过程中具有深远历史意义的国家级新区,必然会吸引大批的人才迁入,人才资源集聚虽然有利于其打造国家级的人才新区,然而,外来人才与本地人才关系的调整也是非常重要的,这对雄安新区的发展具有重要意义。

(一)人才资源与区域发展的关系

邓睦军等(2017)表示在经济新常态的背景下,人才资源要从原来的要素驱动和投资驱动,转变为创新驱动。人才资源的集聚有利于推动区域经济发展,增强区域创新能力,改善区域创新环境。同样,良好的区域创新环境对人才资源的引进具有正向促进作用,能够形成人才资源集聚现象。人才资源与区域创新环境共生共荣于区域发展生态圈中,其协同发展是一个复杂动态的过程。

为提高城市创新能力,改善区域创新环境,达到促进区域发展的目的,2017年以来,全国主要二线城市出现"抢人大战",各省市纷纷出台户籍、财税补贴、住房优惠政策,如江苏省免除个人所得税、湖北省武汉市通过"八折购房"留住大学生、四川省成都市实施"本科生凭毕业证落户"等。但是,总体来看,一线城市中只有小部分的人才资源迁移到二线城市,没有形成人才资源集聚现象,这主要是因为二线城市的市场、产业、基础设施、创新潜力等区域创新环境难以满足人才资源的要求。因此,只有人才资源与区域创新环境协同发展,才能推进区域经济高质量发展。

越来越多的学者强调良好的区域创新环境是吸引人才资源的关键要素,人才资源与区域创新环境协同演进方面的文献主要研究以下内容。

1. 区域创新环境如何吸引人才资源

Storper(1995)表示区域创新环境主要是指经济、技术、文化、法律、政策等因素,在创新主体所在的环境中相互作用、相互影响、相互渗透形成网络关系。区域创新环境能够通过各种方式影响人才资源优化,Frenzen(2008)研究发现,人才资源的集聚不仅受到福利待遇的影响,还受到科技成果区域认知度的影响;封笑笑等(2017)指出从区域层面来看,区域创新环境的优劣会影响人才资源在区域内部创新的热情,在某种程度上决定了创新要素投入水平的高低;李婧等(2018)认为人才资源的集聚更倾向于受物质以外的社会环境因素的影响,并通过空间计量经济模型测算得出区域创新环境是影响人才资源规模的关键因素,指出营造有利于人才引进和减少人才流失的区域创新环境,是提升区域整体能力的重要路径。

2. 人才资源如何促进区域创新环境改善

区域创新环境和人才资源是相互作用、相互促进的。一方面,区域创新环境在一定程度上作用并影响人才资源的集聚;另一方面,人才资源的集聚也能推动区域创新发展,并起主导作用。人才资源集聚通过规模经济、知识溢出效应、技术溢出效应、创新效应等来改善区域创新环境质量,主要表现为促进区域经济发展、提高区域的创新能力。Freeman(2006)指出人才资源供应量的变化影响国家经济绩效;Oketch(2005)指出具有高等教育的人才资源与经济增长之间存在双向互动关系;Costantini等(2007)认为人才资源在区域可持续发展中居于核心地位;Cooke(2013)研究了中国人才资源对创新的影响,指出经济提升进步的重要因素就是关于人才资源的开发,同时也是科技、政治、文化发展的关键;Almeida 等(1999)指出科技水平是衡量世界各国竞争力的重要标志,人才资源是一个国家获得科技发展的必要条件;Collings 等(2009)表示大量人才资源的规模化集聚会促进产业创新,提升创新效率;芮雪琴等(2015)搭建了人才资源与区域创新环境的模型,通过研究分析得出在区域创新环境不断发展的过程中,人才资源规模会在一定程度上对其产生影响,也就是说,如果人才资源规模出现不平衡性,那么就会对区域创新环境产生不利影响。

3. 协同理论相关研究

Ansoff(1987)首次提出了协同的概念,指出协同就是各自独立的系统在一定的机制影响下,共享系统内的信息并协调运作,最终达成系统整体发展的目标。协同度指的是在系统发展过程中,系统整体和其各组成部分之间的和谐程度,能够反映并决定系统从无序状态到有序状态的变化趋势。从定义区分的角度来看,有序度指的是在整个复合系统中各个子系统在发展过程中的协调程度,而协同度的定义是系统整体的协调程度。在此基础上,孟庆松、韩文秀(2000)设计搭建了计算复合系统协同度的数学模型。现有文献将协同学相关理论应用于人才资源的有关研究中,罗兴鹏等(2015)运用协同学理论,进行了人才资源发展与区域战略实施的互动耦合研究;李鹏等(2011)运用复合系统协同度模型,进行了人才资源集聚与区域安全发展的协调性研究。

综上所述,目前关于人才资源与区域创新环境的研究,主要存在以下不足:第一,缺少分析人才资源与区域创新环境的系统观点。从系统论角度来看,人才资源和区域创新环境都由众多要素构成,同属于复杂系统,而复杂系统的特征是自组织性、自适应性。因此,有必要用系统的观点研究人才资源与区域创新环境的协同演进关系。然而,国内外文献主要集中于分析其中一方对另一方的影响,忽略了人才资源与区域创新环境之间的协调发展。第二,缺乏动态描述两者关系的方法。协同理论的实证研究进一步拓展和丰富了人才资源的研究,为实证分析提供了广阔的思路,然而上述研究主要侧重于截面数据的静态测算,在动态测算及评价方面,只是对截面静态数据进行简单平均,通过对比不同时序的截面数据来实现。可见,上述协同测度模型没有充分考虑系统变化的速度特征,难以展现两者协同演化的动态变化综合效度。

(二)共生视角下人才资源与区域创新环境的关系

唐朝永等(2015)认为,人才资源系统是一个开放演进的系统,在一定时空条件下,人才资源之间是相互联系的,通过彼此连接形成网络,进而达到人才资源聚集效应中"1+1>2"的目的,无论是正向机制还是负向机制的作用,都能实现人才资源系统的不断演化。在人才资源系统发展演变的过程中,区域创新环境扮演着不可或缺的角色,包括区域创新的硬环境和软环境。薛捷(2015)表示对不同的人才群体来说,不同的区域创新环境要素发挥着不同的作用,区域内部的创新潜力和区域外部的创新市场环境对人才资源的集聚产生更强的作用。陈劲等(2014)表示有限理性是演化的先决条件,每个人都会做出实现自身利益最大化的选择,人才资源系统通过不断发展进化,达到稳定平衡状态。演化经济学家参考了生物共生领域的相关思想、理论知识以及研究分析方法,对社会经济的问题进行研究,原因在于这一领域的理论在分析演化过程、演化特征与演化机理等方面具备优势。如果把人才资源看作生态环境中的一个种群,那么人才资源与区域创新环境就会构成一个复杂多变的系统,相互促进、相互制约。一方面,人才资源处在多变的区域环境中,只有对区域创新环境的变化及时适应,不断发展演化,才能保证其长期的生存与发展;另一方面,区域创新环境由于人才资源的参与,不断改变,实现创新环境的改善和提高,从而使得二者不断地进行信息交流与互动,产生共生效应。人才资源和区域创新环境的复合系统具有生物种群进化的三个特征:自适应性、开放性和自组织性。因此,可以从共生演化的角度出发,分析人才资源与区域创新环境之间的演化关系。

　　然而,利用共生演化的视角对人才资源和区域创新环境进行分析的文献较少,即使是内容方向相近或类似的研究文献,在研究中也主要围绕人才资源和区域创新环境或经济增长的关系展开,具体研究内容可以分为四类:第一类,Ha等(2016)、Bina等(2011)着重分析人才资源对区域创新环境或经济增长的影响;第二类,Zhou等(2018)、Arrieta等(2017)突出强调区域创新环境或经济增长对人才资源集聚的作用;第三类,Reiner等(2016)、Bénassy等(2013)侧重于分析二者之间的相互影响关系,并认为通过制定政策可吸引人才资源;第四类,运用演化的理论,季小立等(2010)研究了区域创新核心竞争力对人才资源的演化作用,苏屹等(2016)主张人才资源系统是一个开放的系统,描述了两种人才资源集聚的交替演化过程,一种是劣势化人才资源的集聚,另一种是组织化人才资源的集聚。这些文献存在以下不足:一是都选择运用均衡分析法进行研究,无论是定量分析层面还是定性分析层面,已有的文献都将研究重点放在人才资源和区域创新环境二者因果关系的分析上,对于在均衡发展过程中与达到均衡结果时二者之间的关系分析得较少,也未重点分析总结人才资源与区域创新环境相互作用演化的本质和特征;二是虽然有部分演化经济学领域的学者意识到了这一问题,并做了修正,把人才资源引入演化分析的框架中,找出人才资源系统的演化本质和特征,着重论述了区域创新环境对人才资源的重要作用,但没有把人才资源和区域创新环境引入共生演化的框架中研究二者之间的共生关系。

三、人才流动

国内外学者对人才流动的研究大致可以分为经济发展、自然环境和社会公共服务三个层面。这些研究主要基于两个视角:一个是单因素影响视角,另一个是多因素复合影响视角。

从单一影响因素层面进行分析,可以再次细分为三个视角,即经济发展影响视角、社会公共服务影响视角、自然环境影响视角。从经济发展影响视角来看,赵曙明(2004)等通过对人才流动决策模型的构建,指出在人才流动决策行为中,经济因素起到了至关重要的作用。王顺(2004)指出人均 GDP 是决定一个地区人民生活水平和质量的关键指标,是经济发展中影响人才环境建设最直接、最根本的指标,人均 GDP 是动态的和可比较的。Kerr 等(2016)、Jiang 等(2018)认为,发达国家的收入水平是国际人才流动的主要影响因素。汪志红(2016)采用 Price-Mueller 员工流失模型,通过应用该模型的基本原理,对影响人才流动的各项因素进行了分析、识别和提取,研究数据主要来自珠三角地区的 854 家企业,通过分析得出不同类型的人才关注薪酬的程度是不同的,一般人才和技能型人才对薪酬福利的关注度较高。Hanson(2005)研究分析了美国多个州郡的数据资料,指出如果出现住房价格太高的现象,该地区劳动力的效用值就会降低,人才的劳动获得感不高,不利于该地区出现人才集聚。张秀艳等(2003)认为,人才的合理流动能够提高人力资源配置的合理化程度,会在一定程度上推动创新发展,人才流动的溢出效应也会使社会生产力的发展更加全面。有的学者基于社会公共服务影响因素视角开展研究分析,如王全纲等(2017)等针对全世界范围内的高端人才展开研究,归纳总结并分析了影响这一人才群体流动和集聚的因素,提出引起高端人才流动的主要因素是社会综合环境。陈杰等(2018)分析并总结了国家政策、团队环境、生活环境以及工作环境等各项因素作用并影响人才流动的结果,并基于分析结果建立了线性回归模型以呈现海外人才的流动意向,随后调查了广东省的相关数据,并以此为检测样例,代入回归模型进行分析,得出人才环境会在很大程度上作用于人才的流入和流出,优越的环境能够最大限度地留住人才,降低人才流失的可能性。此外,政策、生活环境等因素也会对人才的省际、省内流动产生单方面的影响。张平等(2016)认为,当经济水平不断提高并且达到一定程度时,劳动力消费偏好的性质将发生明显变化,在人才流入的影响因素中,工资、物价水平等经济因素的影响将越来越弱,教育水平、文化程度、卫生条件和医疗条件等社会因素对人才流入的影响将越来越显著。有学者将自然环境作为影响因素展开研究,如黄梅等(2009)等学者认为自然环境作为影响因素,对人才流入和人才引进有着至关重要的作用。温婷等(2016)认为对人才流动产生影响的自然环境因素不仅包括山地、湖泊、海洋等非生物环境,还包括生物族群和森林等生物环境。

从多因素复合影响的视角来看,殷凤春(2016)认为有多个因素影响人才流动,主要包括宏观层面和微观层面,宏观层面指的是政治因素、国家相关法律法规和经济社会环境,微观层面指的是地区的物价程度、薪酬水平、房价和晋升空间等。周均旭等(2010)等学者通过对佛山的实地调查,运用聚类分析、影响因素分析等方法,得出人才流动和区域对人才的吸引力受外界环境因素的影响,如宏观经济环境、社会文化环境和政治环境,又受到微观经济收入、补助政策、薪酬体系等方面因素的影响。

通过对现有研究的总结分析,可以发现,国内外大多数学者得出的结论是,人才流动的影响因素既来源于内部,也与外界相关,其中内部因素主要包括人才自身的发展潜力和职业喜好,外部因素主要包括经济因素和环境因素,环境因素又包含社会环境因素和自然环境因素。在影响人才流动的过程中,单个因素的变化会给其他因素带来一定的影响。但是现有的研究大多是从定性的角度对各影响因素进行分析判断,从定量的角度进行分析的研究依旧非常欠缺,对人才流动的量化预测分析大多是从单一影响因素视角下进行的静态分析,对人才流动的复合影响因素的动态分析依旧是目前的研究缺口。探究其背后的原因,环境因素主要包括自然环境条件、经济层面环境和社会整体环境,受这些因素影响的人才流入和流出是一个复杂多变的过程,很难量化,拥有高动态、不能线性表述、阶次程度高、回溯渠道多等特点,不能清楚地反映这些因素发挥影响的作用过程和机制。而王舜淋等(2017)、王进富等(2018)认为系统动力学这一理论对研究复杂系统很有帮助,该理论首先对目标研究对象进行一个定性分析,然后再做定量分析,无论处于何种情境都能有效预测研究对象的发展趋势,通过改变不同的决策变量,完成相应的政策规划仿真实验。

马海涛(2017)认为人才流动的合理性对区域的协调管理具有不可忽视的影响。徐倪妮等(2019)认为从人才流动出发,以人才合理流动为导向,促使资源的合理有效分配,使区域的发展过程更加顺利。但是区域经济发展"东快西慢"的发展格局,在一定程度上导致了我国人才的分配不均,以及区域人才流动的失衡。除了政治—经济因素外,自然环境、社会环境等多个因素也会对人才流动的变化和走向产生影响,各种因素均存在着一定的不确定性,因此合理预判人才流动趋势相对较难。

通过以上研究可以看出,制约区域人才流动的瓶颈在于区域人才市场配置功能与行政管理功能能否相互协调,政府与人才市场在密切合作下又能否实现互补,这将有利于形成良性的人才市场。为了促进市场人才的流动,推动市场人才的建设,适应市场在不同阶段所面临的各种变化,例如市场体制机制,以及人才的发展机遇,需要形成动态的治理策略,根据现状进行调整,合理分配行政力量,最大限度地提高人才配置效率。

四、人才配置

人才配置是指基于现有的社会经济制度,从质量和数量两个层面使社会上人才的需求和供给达到平衡。协调人才供给和需求的过程就是人们常说的人才竞争与人才流动的过程。之所以对人才进行配置主要出于以下几个目的:一是通过配置,使人才出现一定的竞争优势;二是促进人才的自主发展,进而使人才在区域内自由流动。Ariss等(2014)表示区域人才配置是一个循序渐进的过程,通过对区域内部各种资源的有效配置,创造更多的经济价值以及更高的社会效益。梁林等(2015)引入物理学领域的概念,从"外聚+内养"的角度提出人才配置的概念,他们将人才集聚定义为,在一定的时间和空间下,通过合理配置人才资源,使人才集中在特定空间形成竞争优势。李青(2018)将区域人才在流动的基础上,数量、结构与区域社会、经济、产业发展相匹配并耦合发展,促进各种资源要素整合,充分发挥人才价值,最终推动经济社会发展进步的过程称为人才配置。人才培育则是指企业为了提高人才的能力、促进人才的成长,结合人才的自身特性和能力,为其提供良好且适宜的环境,推动人才发展的过程。在影响人才配置的不同层次因素划分方面,本书借鉴了霍福广(1997)的"个人—社会组织—社会"横向社会结构理论,以及 Oviatt 等(1999)的"社会—组织—个体"三层次思想,进行文章框架的构建。此外,商华等(2017)研究了企业人力资源价值的流动,认为其影响因素包含三个层面,分别是人才、组织和环境。张再生(2000)、魏浩等(2012)认为人才流动与宏观因素和微观因素均有关系,宏观因素包括地区的自然环境、文化背景和政策法律等,微观因素包括行业种类、单位企业情况、职位标准以及人才对自身工作的满意程度。

(一)区域人才配置概述

国内外学者很早就开始了对人才的研究,且研究内容涉及的范围也很广,研究方向主要包括人才流动、人才集聚等,但是在人才配置方面的研究却相对较少,即使是进行人才配置方面研究的学者,也大多是通过定性研究的方式进行研究,较少从定量研究的角度分析人才配置。

1. 区域人才配置

区域人才配置的研究,围绕人才配置的影响因素、运作机制和评价体系等内容展开,并且已经取得了一定的研究成果。在运作机制的相关研究中,桂昭明(2010)认为,政府部门实行的宏观层面上的调控,能够在一定程度上确保市场的各个主体公平公正地进行竞争,利用中介组织为该机制提供服务,能够推动人才合理流动,使人才资源的配置更有效、更合理。宋本江(2011)针对我国稀缺人才分布不均衡、人才流失严重的现状,提出重新构筑人才配置的相应机制,即市场配置与政府的行政调控共同发力,确保稀缺人才的分配科学合理。在研究影响人才配置的有关因素过程中,刘兵等(2017)通过文本内容分析的方式,分析了人才配置模式的合理性对促进京津冀协同发展的意义,从而得到影响京津冀人才配置的因素主要涉及区域环境、组织氛围和个人意愿三个层面上的十几个影响因素,并通过对人才配置进行综合聚类分析得出三种模式:追赶型模式、发展型模式和进取型模式。在区域人才配置效率评价体系的研究中,彭皓玥等(2008)采用了数据包络分析(DEA)方法,对各个地区配置人才的效率展开计量分析,提出了科技人才结构组成优化、在政府宏观调节和控制下市场机制发挥和相关机制完善三个主要影响因素。牛冲槐等(2013)通过建立衡量科技人才集聚效果的指标体系及其灰色关联投影模型,分析了我国中部六省的人才集聚情况,并对科技人才集聚的效益进行了评价分析。

通过对现有文献进行梳理分析可以发现,现有研究比较注重人才配置机制方面的研究,并且研究方法和研究方向主要是定性研究和对人才配置效率的静态评价,对于人才治理和人才配置方面的定量研究相对薄弱。

2. 区域人才配置机制

Oviatt(1999)从社会、组织和个人三个层次研究了人才配置机制。Murphy 等(1991)在对人才配置和经济增长的相互作用机制进行研究后,发现人才配置和经济发展之间具有相互影响关系,人才配置的合理性对经济增长具有重要的现实意义。Guo 等(2012)通过研究组织与组织、组织与地方政府之间的演化博弈模型,分析了区域人才集聚系统的演化机制。关艳蓉等(2007)提出在经济改革的背景下人才资源配置的机制问题逐渐突显,人才配置对经济的可持续发展起到至关重要的作用,为保障经济的可持续发展,实现人才资源的有效配置是当前亟待解决的问题。通过深入剖析我国人才配置机制存在的问题,为解决当下日益凸显的问题,需要政府、市场、企业等多方共同商议相应对策。荣志远(2007)通过分析甘肃省人才资源市场配置现状,提出从加强人才市场建设和优化人才资源市场化配置的制度环境两方面,改善甘肃省人才资源市场配置机制。张红(2008)认为我国创新型人才的配置效率之所以低,是因为管理机制的效用不高,他站在管理机制效用的角度,搭建了一个效用模型来对管理机制进行描述分析,并根据对模型测度结果的分析,提出了相关策略和相应的实施措施。宋本江(2011)就我国稀缺性人才分布失衡、人才流失严重等问题展开了研究,为实现稀缺性人才资源的科学配置,指出可以结合市场和行政两个层面的调控配置,通过这样的人才配置机制来保障其顺利实现。

3. 区域人才配置效率及其评价方法

区域人才配置效率的高低可以从时空双重维度来审视。随着时间的推移,人才的区域配置呈现出空间上的变化,通过分析区域人才配置效率的时空格局,揭示区域人才配置效率的演化机制及其影响因素,可预测区域未来人才流动趋势。在区域人才配置评价方法方面,本书共梳理总结出八种方法:模糊数学法、主成分分析法、灰色关联投影模型、数据包络分析法(DEA)、超效率 DEA 法、层次分析法、BP 人工神经网络评价法、熵权赋值法等,见表 3.1。

吕凤军(2013)应用模糊数学方法,构建了以职业核心能力为基础的企业高技能人才评级数学模型,计算出每位人才的模糊综合评价值。瞿群臻等(2013)

以长三角为典型,采用横截面数据进行研究,运用主成分分析法测算长三角城市的人才集聚程度,并据此对各个城市进行聚类分析。牛冲槐等(2013)分析了我国中部六省的人才集聚情况,并对科技人才集聚的效益强度进行了评价分析。陆建芳等(2012)运用 DEA 方法测度了技术创新资源配置效率。彭皓玥等(2008)采用 DEA 方法对研究问题进行分析,通过收集信息探究我国不同地区的科技人才配置效率,发现对科技人才配置效率产生影响的因素主要有三个,分别是科技人才群体结构的优化、政府宏观管理下的市场机制以及其他相关机制。郭露等(2016)通过超效率 DEA 方法,测度了连续 11 年中部六省的工业生态效率。唐果等(2010)利用层次分析法,分析了影响宁波高层次人才流出区域的因素,并分析了这些因素的等级程度,进一步发现宁波高层次人才流出的主要原因,并提出了解决方法。王玉梅等(2013)通过使用 BP 人工神经网络方法,评价分析了组织知识创新与创新人才素质提高的协同发展情况。张立新等(2016)使用熵值赋权法和非整秩秩和比法(WRSR),测定了山东省 17 个地市的科技人才生态环境水平。

表 3.1　区域人才配置效率评价方法梳理

作者	研究内容	研究方法
吕凤军(2013)	人才的模糊综合评价值	模糊数学方法
瞿群臻等(2013)	城市人才集聚水平	主成分分析法
牛冲槐等(2013)	科技型人才集聚效应强度	灰色关联投影模型
陆建芳等(2012)	技术创新资源配置效率评价	DEA 方法
彭皓玥等(2008)	科技人才配置效率	DEA 法
郭露等(2016)	工业生态效率	超效率 DEA 法
唐果等(2010)	高层次人才外流动因	层次分析法
王玉梅等(2013)	协同发展状况评价	BP 人工神经网络方法
张立新等(2016)	科技人才生态环境评价	熵值赋权法、非整秩秩和比法(wrsr)

4. 区域人才配置的影响因素

本书主要是从三个层面对京津冀区域人才配置的作用因素展开分析,分别是区域环境、组织和个人意愿层面。

第一,区域环境层面。王崇曦等(2007)发现,地区的市政建设环境会影响人才配置,该影响因素由多个部分组成,包括基础设施建设、国家政策法规、地方规章制度、人文社科环境和生活环境。朱杏珍(2002)提出,要想使人才集聚的程度和作用效果更加明显,首先要对制度环境进行改造,建设机制包括以下几种:法律层面的机制、精神方面的激励机制和包括信息机制在内的人才集聚机制和其他相关机制。牛冲槐等(2008)以硅谷和中关村为研究对象,对比二者的人才集聚效应以及相关环境的异同,提出人才的生活环境和工作环境在很大程度上会对人才发挥自身能力产生影响。孙其军等(2008)研究认为,对北京CBD人才集聚产生影响的众多因素中,首要因素是人才市场,第二重要的是经济总体环境。

第二,组织方面。Klein等(2000)指出位于组织中的人会产生复杂的行为,会受到外部环境的影响,人才的流入和流出也属于人的行为,因此也会受到组织环境的影响。潘朝晖等(2012)研究分析发现,在科技管理人才出现流动的影响因素中,企业因素是中心影响因素,另外还包括经济因素和政治因素。牛冲槐等(2008)研究发现,组织的内部因素在很大程度上会对人才的去留产生一定的影响,组织的结构体系、用人制度、人际交往关系和职位问题都是内部因素。梁林等(2015)基于"外部集聚"和"内部培育"双功能角度研究分析了影响组织层次的人才配置因素。

第三,个体意愿方面。刘兵等(2013)提出了主动型意愿和被动型意愿的概念,并指出人才是可以自发地进行流动的,这主要受到人才自身偏好和自身发展计划的影响。宋鸿等(2006)提出区域对人才的吸引力在一定程度上反映出人才的需求,并会影响人才的数量,越是具有吸引力的区域越能够吸引更多的人才,反之则会导致人才流失。周均旭等(2010)认为人才的基本意图决定了人才的集聚程度。

根据文献回顾,国内外学者大多从单一层次进行研究,很少有研究将区域、组织和个人三个层面放在一个系统内考虑。另外,现有研究基本上都是围绕区域人才集聚的影响因素展开分析,而关于区域内部对人才的培养,特别是针对京津冀三省市人才流动以及人才配置的相关问题研究较少,并且研究的深度也不够。现有的研究的不足之处在于过于局限,只在经验化的视角看问题并且停留于定性论证的层次,不能形成系统的理论体系。虽然京津冀人才资源的流动和人才配置可以借鉴一部分研究,但这些研究的针对性不强,无法直接应用到具体的实施过程中。考虑到人才配置的复杂过程,需要研究分析京津冀人才配置的核心影响要素,并构建作用机制,使提出的建议更具目的性和有效性。

5. 人才配置与区域发展

Ariss等(2014)表示从目前我国的发展阶段来看,现在正是转型的关键时期,新的发展动力的出现取决于区域的协调均衡发展以及发展过程中薄弱环节的建设,这样才能实现全面协调可持续发展。人才占据资源的首要地位,合理配置人才对区域协调发展具有重要作用。然而,在我国区域人才配置的过程中,传统的人才管理体制机制已经不能满足区域发展的需求,因此二者之间的矛盾日益突出。此外,侯爱军等(2015)发现各个地区的条件是有差别的,如经济状况和经济发展速度方面、社会服务方面和地理环境方面,这导致了我国人才分布不均,使得人才短缺和人才饱和同时发生,造成较低的人才配置效率,不能最大限度地促进人才发挥对我国经济发展的推动能力。

6. 人才配置与区域创新

实际上,区域创新的最终目的是人才的革新。人才是生产理论知识的中心环节,是技术的来源,能够有效促进区域发展。合理分配人才指的是,基于区域目前的经济发展水平和财力物力水平,采取科学有效的方法合理配置人才资源,推动人才自由流动现象的产生,这对区域创新系统的良性发展起着不可或缺的作用。人才的合理配置可以有效促进区域创新生态系统的良性发展,将人才合理且恰当地进行分配,有利于区域创新的实现和发展,推动经济水平不断提升。一方面,人才的恰当有效配置能够对科技成果的创新起到推动作用,保障区域创新生态系统的发展,同时推动人才协作交流机制的建设;另一方面,区域创新生态系统的建设对人才的恰当配置、人才结构的良好改善、人才发展环境的改良、人才培养机制的改善、人才配置的优化等都具有积极的促进作用。

五、人才生态位

(一)生态位

谢炳庚等(2015)认为生态位是指生物个体在环境中发挥的功能和所处的地位,包含"态"和"势",处在自然环境和社会环境中的所有生物单元都具有态和势两方面的特征属性。"态"指的是生物单元呈现出来的状态,是生物过去一些活动与环境发生作用并积累的结果,这些活动包括生长发育、学习、经济发展等;"势"是指生物单元作用或支配环境的能力,如环境中的生存能力和竞争力等。生态位理论能够揭示区域间资源分配的规模和发展状况,为科技人才资源配置提供指导,具有实践意义。因而区域的各方面评价都会运用该理论,并运用仿生态学知识进行相关方面的生态位排名。商华等(2014)通过建立生态位模型,动态地评价了辽宁省的人力资源状况。胡晓辉等(2012)以浙江省 11 市为例,通过生态位理论和方法构建城市科技竞争力生态位,从而给各个城市的科技竞争力进行排名。程乾等(2015)运用生态位理论构建了多个维度的指标体系,比较长三角地区城市文化旅游创业产业竞争力。周彬等(2014)运用生态学理论知识,从包含旅游资源和环境等在内的多个方面,构建了生态旅游潜力生态位评价指标体系,评价了黑龙江省中俄界河生态旅游潜力。

(二)人才生态位

"生态位"一词最早出现在生态学领域的研究中,由 Johnson 在 1910 年提出。他认为"位于相同地方的不同群体能够在同一个生态环境中占据不同的生态位",但他并没有对该词的概念做明确的界定。之后又有学者相继提出了"空间生态位""多维超体积生态位""功能生态位"等概念,极大地丰富了生态位的定义,之后的学者大多围绕上述概念进行定义。人才生态位的定义是结合人才学领域和生态学领域的知识提出的。桂学斌(2005)经过研究分析,从微观视角定义了人才生态位,即人才的一种地位与环境的关系,由于人才之间的学历水平、能力水平和素质等各不相同,造成人才在生态环境中占据不同的地位,拥有不同的地区位置关系和人际关系。王新心(2018)经过研究分析,将人才生态位,定义为不同能力人才所占据的区域内的不同位置。区域内的人才生态位是否能够满足人才需求,对于该区域的人才结构、人才配置效率、人才流入与流出等问题有着极大影响。

1. 生态位维度

生态位维度是指作用于一个生物单位的生态因子数量,主要包括环境水平、资源条件和自我能力。通过寻找人才生态位形成的前提,我们得知,如果该区域的人才发展需求不能由生态位维度来满足,那么人才之间就会存在生态位重叠。在生态位维度的主要条件方面,环境水平包括人才周围的生存环境、当前社会环境、区域经济水平和国家相关政策等;资源条件主要包括信息资源、教育资源、进步机会和社会资源等;自身能力包括人才的受教育程度、人际交往能力、创新发展能力和自身发展潜能等。我国学者区分定义了生态环境的基础生态位和现实生态位，那么相应的人才生态位就可以根据上述定义分为理想生态位和现实生态位。作用于环境内生物单位的生态因子的值是被限制的，而这些限定的值直接影响理想生态位。大部分情况下，由于处在竞争环境中，可能会受到虚假信息或者信息传递不畅、环境资源有限等因素影响，导致理想生态位也会受到其他因素的影响，对该区域的人才发展起负向作用。

2. 人才生态位类型

根据人才生态位的相关理论，人才与人才之间会争夺人才生态环境里的时间和空间等资源。由于区域内部的资源是有限的，因此在争夺资源的过程中人才之间会制约彼此的发展，这就是人才之间的竞争。人才之间争夺相同的区域环境资源，人才生态位会出现一部分重叠，即人才之间存在竞争。要想实现人才在竞争环境中长期稳定共存是有一定难度的，因此，只有竞争的平衡被打破或者双方的生态位不再重叠，人才之间的竞争才会结束，这时将会有一部分人才由于竞争能力低于另一部分而被替代。根据相关理论，可以将本地人才和外来人才之间的关系分为以下类型。

(1)完全重叠型生态位

外来人才和本地人才的生态位一模一样，双方发展所需要的资源完全相同。在这种情况下，竞争会非常激烈，表现为人才的流动不通畅，导致外来人才流入该区域的数量不足以出现人才集聚。

(2)包裹型生态位

外来人才和本地人才其中一方的生态位完全包含在另一方的生态位中，竞争优势的大小将决定包含或者被包含。如果相对于外来人才来说，本地人才的竞争优势更大，那么更多的生态位和资源将会被本地人才占据，进而排挤外来人才，导致外来人才最终流出区域内部。如果外来人才拥有更强的竞争能力，那么本地人才的生态位空间将会被挤占，导致区域中本地人才消失，进而产生所有资源被外来人才占有的情况。双方之间也可能出现"共生"，即同时在区域内占有资源，这种"共生"的存在形式是竞争能力低的一方成为另一方的下属。

(3)部分重叠型生态位

外来人才和本地人才的生态位存在重叠，但只有某些生态位空间是重叠的，这意味着双方之间的竞争仅围绕出现重叠的生态空间内的某些资源开展。

在重叠的生态位空间中,各自的竞争力会直接影响最终的竞争结果,竞争力强的一方会拥有更多优势,占据重叠的生态位空间。对于不重叠的生态位空间,双方不会有竞争,每一方都会占据自己的生态位。如果外来人才在整体生态位空间中拥有竞争优势,那么处于劣势的本地人才将会面临两种选择:一是接受竞争结果,安于竞争劣势的现状;二是退出与外来人才的竞争,离开该生态位区域,然后根据自己的竞争优势选择更有利于自身发展的空间,进入新的区域。

（4）相互独立型生态位

本地人才和外来人才的生态位之间没有任何重叠,双方的生态位是完全独立的。在这种情况下,二者各自占据自己的生态位空间,不会发生竞争。但这种生态位关系过于理想,现实中很难存在。

综上所述,生态位完全重叠和完全独立的情况都比较极端,很难出现,所以比较常见的生态位关系是包裹型生态位和部分重叠型生态位。当一方完全包裹在另一方的生态位中时,被包裹的人才即劣势一方将会根据自身优势去寻找适合自己的新的发展环境,或者选择成为优势一方的下属。当外地人才与本地人才的生态位出现部分重叠时,如果本地人才选择接受处于劣势的现实,就会导致本地人才不能发挥出自身的全部价值,工作满意度不高,影响工作效率;如果本地人才退出竞争区域,就会出现人才外流的现象,不利于该区域的长远发展。对于外来人才而言,部分重叠型生态位可能会降低外来人才流入该区域的积极性,影响人才集聚现象的形成。由此看来,无论哪种生态位类型都会使人才的发展受到限制,用马斯洛的需求理论来解释这种状况,就是当人才的生理、发展等需求得不到满足,自我实现的需要也无法满足,导致人才的创新能力不强、工作效率不高。因此当处于以上两种生态位类型时,本地人才和外地人才需要考虑选择竞争还是合作。

（三）基于生态位视角的人才结构建设与人才发展研究

目前许多学者运用生态位相关理论对人才结构的建设和人才发展进行研究。陈雄辉等(2011)采用建立 N 维超体积模型的方法,提出创新人才主要受四种因素影响,这四种因素分别是时间、空间、资源和自身因素;刘冬梅等(2010)提出了构建科技人才生态位模型的方法,并利用这一模型探讨了科技人才流动和生态位之间的联系;王昕旭(2015)运用博弈论的知识对科技人才的引进和流失预防进行了研究。人才之间的竞争实际上就是为了谋求各自利益进行博弈的过程。资源的有限性,导致了竞争与合作,竞争是为了实现资源的优化配置,而合作能够促进双方进行资源共享,彼此之间的优势相互补充,竞争与合作是人才发展中最主要的两种关系。演化博弈论源于生物进化理论,摒弃了博弈论完全理性的假设(王文宾,2009)。彭艳芝等(2011)、郭本海等(2015)研究发现演化博弈模型已被应用于城市网络内部、发达程度不同县级间土地供应等的竞合关系研究中;Lin 等(2013)构建了创新型人才生态位竞合模型并对其生态位宽度、维度和重叠度进行了分析;王国红等(2015)构建了协同创新演化博弈模型,并对其竞合演化关系进行了探究;Gao 等(2018)利用演化博弈模型和系统动力学的方法构架了政府和投资者的博弈模型,并模拟了行为策略的发展。Jian 等(2013)通过模拟企业创新人才生态系统的稳定性演化,分析了企业创新型人才与组织和环境之间的相关作用。鉴于此,演化博弈模型为探讨人才之间的竞合关系提供了新方法与新思路。

目前,生态位理论较少用于科技人才资源配置效率的研究,区域科技人才资源配置效率是一个相对概念,是在集聚科技人才过程中与其他地区相比具有的优势程度。这种优势程度类似生态系统中物种之间的竞争关系,即生态位。黄江明等(2016)发现可以用生态位理论研究区域科技人才资源配置效率,动态地反映区域科技人才资源配置效率能力。用生态位的"态"揭示区域科技人才资源配置的空间分布特征,用生态位的"势"反映区域科技人才资源配置效率的时间变化走势,判别全国各省分别属于哪个生态位,并识别出影响科技人才资源配置效率生态位高低的原因,从而采取相应的策略以提高各区域的科技人才资源配置效率生态位,为各区域科技人才资源整合提供理论指导。

六、人才资源重构

(一)多元主体视角下的人才资源重构

重构的概念最初起源于计算机软件领域,但是随着学术界的不断引用,目前被广泛应用于价值网络、企业战略等多种学科的多个研究方向。现有的研究虽然也有涉及人才资源重构的,但是对国家级新区人才资源重构问题的研究依旧存在一定的欠缺。叶丽(2014)以重庆市为研究对象,研究了该城市重新构建协同创新人力资源体系的相关问题,认为可以从人力资源总量、服务组织和制度政策三个方面具体展开。王军旗(2017)研究了有关"城市回流"人才对新的农村人力资源结构的重要影响,得出"城市回流"人才对农村的经营人才和生产人才结构优化具有积极的指导作用。黄俏(2009)在从产业结构角度分析人力资源重构时,主要探究了人力资本重构的制约因素,并且基于此,继续研究分析并解决了人力资本的现有存量和人才配置不均衡以及产业结构调整导致的人力资本配置不合理的问题。在从组织层面分析人力资源重构时,赵曙明(2011)提出,由于经济转型的影响,企业必须重新构建内部的人力资源管理体系。

国家级新区作为一个相对完整的生态系统,不仅需要多学科的地理空间集聚,而且需要多学科之间的动态连接,从而构建网络化的结构。通过以上分析,本书从人才资源理论角度出发,基于多学科、多视角对重构进行了重新定义:人才资源区域重构是在外来人才资源集聚的驱动下,由政府、市场、企业、科研机构和个人等多个主体共同参与形成的系统协同网络关系,从而实现国家级新区人才资源的有序配置、合理流动、有效集聚。

(二)国家级新区人才资源重构

曾红颖等(2018)研究发现,国家级新区人才资源的结构是在不断变化的,同时许多发达地区也在不同程度地对本地区的人才资源进行重构,例如美国的硅谷、日本的筑波科技城,虽然构建、成长的渠道不同,但是都在实践中取得了成功,成为国家级新区人才资源重构的成功案例样本。美国硅谷的人才集聚与重构,由市场、高校、企业和人才个体等多元主体依靠组织作用实现,其中市场发挥了主要的作用。而在国家级新区人才资源重构中,以政府的强制推动为主导,市场的作用是在后续人才资源重构中逐渐发挥。通过分析成功实验案例样本可以发现,国家级新区的人才资源重构并不是依靠单一影响因素可以实现的,而是需要多元主体的合力驱动。本书涉及的多元主体是指国家级新区人才资源重构中发挥作用的主体。

因此,探究多元主体的类别和相互作用关系是实现国家级新区人才资源重构的关键。魏巍等(2009)表示社会网络分析方法为解决这一问题提供了新视角。社会网络是指由于资源有限,组织和个人之间会因为资源而相互依存,并由此形成一定的关联。对行动者之间的关系进行分析时,常常采用社会网络分析方法。在分析过程中,把不同的事件看成不同的节点,节点之间通过多种方式进行连接。其中,节点可以是个人、组织、集合等多种事物,连接线表示的关系可以是家庭关系、交易关系、资源流动关系、信息流通关系等。社会网络分析方法在当前的社会研究中具有普遍适用性,如基于这一方法,马海涛(2017)对城市创新网络进行了研究,霍明等(2016)对社会治理主体进行了研究,刘国巍(2015)对产学研合作关系进行了相关研究。而且,因为该方法在主体关系研究方面已取得阶段性成果,在分析人才资源重构中多元主体关系时借助社会网络分析方法完全可行。

1. 国家级新区人才资源重构的重要性

作为国家级新区科技创新和经济发展的主要动力,人才资源还是技术和知识在传播中的主要载体。在区域建设中,应该重视人才对区域创新和社会发展的重要引领作用,充分珍惜人才、尊重人才。区域人才资源的重构一般发生在区域经济发展停滞、产业结构失衡、区域内部人才资源存量与资源配置结构不匹配等问题出现时。在经济转型、产业调整的过程中,由于国家级新区人才流动与人才集聚现象的发生,人才资源的存量也会随之发生改变,从而使得国家级新区内部的人才出现更新和重组。若不重构人才资源,便无法适应产业的升级改造,降低国家级新区的人才竞争力,阻碍产业优化与经济发展。目前,对于国家级新区人才资源的研究,主要是沿着国家级新区外部人才的涌入、国家级新区内部人才集聚及集聚效应的脉络展开,很少对下一阶段的人才资源重构进行理论探索。因此,研究国家级新区人才资源重构过程中的内在作用机制,可以为提高国家级新区人才资源配置效率、制定适合国家级新区发展的人才政策提供理论依据,对国家级新区经济的产业升级改造和经济发展进步有着一定程度的促进推动作用。根据以上理论知识,在各新区建设的过程中,资源配置水平、人才资源存量水平、经济发展要求等因素的变化以及相互之间的不匹配程度都会导致人才资源发生数量、结构、空间格局等方面的重构。

2. 国家级新区人才资源重构的内涵

本书所指的区域是指经济功能上尽可能完整,并没有划分不同层次的地区,是一个泛化的概念。王佃利等(2016)表示新区域的建设和发展是一个多维度的复杂过程,比如高新区和开发区的建设,是一个涉及区域和社会空间多维度重构的复杂过程。雷振东等(2007)指出重构是系统科学的方法论,是指对出现分异而不能正常运行的系统进行重新架构进而实现系统良性运转的一种方法论。

综上所述,本书将国家级新区人才资源的重构定义为:政府、企业、科研单位、高校等多元主体在外来人员的驱动下,通过系统化、协同化的手段进行密切合作,从人才、结构、空间等方面对人才进行再组织和再配置的过程。

3. 不同视角的国家级新区人才资源重构

近年来,以国家级新区作为研究范畴的研究成果不断涌现。国内外关于国家级新区创新生态系统、人才生态系统、人才流动和集聚等的相关研究持续升温,并逐渐向国家级新区重构演进。国家级新区重构是国家级新区不断发展、不断提升的基础,贯穿于整个发展过程,尤其是国家级新区的人才资源重构。

基于不同视角,国家级新区人才资源的重构,既可以认为是一个动态的过程,也可以认为是一个系统。从动态视角来看,国家级新区人才资源重构的过程既有内部组织演化,也有与外部环境的动态适应和发展,因此可以认为国家级新区人才资源重构是一个动态演化和发展的过程。基于系统论视角,认为有参与人的系统一定是一个复杂的系统,人才社会系统论认为人才资源系统可以大到一个行业、一个地区甚至一个国家,人才组织系统论认为人才资源系统也可以小到特定组织内部的人才资源。在国家级新区协同发展的过程中,最重要的是国家级新区人才资源系统、社会经济系统和环境生态系统的协调均衡发展。国家级新区人才资源系统是一个多层次的、复杂的、动态的系统,其中人才资源的重构可以看作是国家级新区人才资源系统的功能单元。因此,国家级新区人才资源重构是一个具有复杂结构的系统。

七、人才治理

国家级新区人才治理一直是政府乃至社会各个阶层共同关注的问题。党的十九大报告中提出要构建共建、共治、共享的社会治理格局,对社会治理的制定和建设需要继续加强,完善党委领导、政府负责、社会协调、公众参与、法律保障的社会治理体系,提高社会治理的社会化、法治化水平,以及社会治理的智能化和专业化。《国家中长期人才发展规划纲要(2010—2020)》(2010)、《关于深化人才发展体制机制改革的意见(2016)》都提出要"构建科学、规范、开放、包容、高效的人才发展治理体系",表明了国家对国家级新区人才管理和创新人才管理模式的态度,以及国家为进行创新人才管理采取的相应措施。邱志强(2016)、刘忠艳(2016)表示面对日益复杂的人才治理现状,单纯依靠政府是无法满足人才治理需求的,加快建设政府、市场、社会组织、用人单位和人才多主体的协同治理模式是人才治理的关键所在。

国家级新区人才治理问题已经引起了学术界的广泛关注,并开展了大量富有成效的研究。我国学者从人才治理思想、人才治理路径、人才治理机制和人才治理结构等方面进行了一定程度的探索。在对人才治理思想方面进行探究的过程中,孙锐(2015)基于习近平总书记对人才治理工作的重要指示精神,提出要建立能够满足中国目前实际发展需求的,具有中国特色的相关人才战略和人才治理体系,遵循人才治理的基本规律,着手解决人才体制机制问题,力求在促进人才治理工作的创新发展方面有迹可循。针对人才治理路径的探索,张锋(2016)提出要坚持全面深化人才体制改革,实施更加开放包容的人才政策,在治理过程中遵循人才发展的客观规律,通过打造人才制度优势,最终实现国家人才治理体系和治理能力的现代化。在对人才治理机制方面进行探究的过程中,刘忠艳(2016)指出要想达成人才治理目标,必须先明晰治理主体之间的内在关系机理。在人才治理结构方面,吴坚(2011)指出宏观人才资源治理结构包括三个基本观点:一是该治理结构所运用的理论是多中心治理;二是该结构的必要规则是自我治理的三个层次;三是该结构的功能性目标是建立人才秩序、提高人才效率和收益、促进经济社会发展。

第三节　韧性理论相关研究

一、韧性理论概述

Alexander(2013)从语源学角度出发,证实了韧性(resilience)起源于拉丁语单词"resilio",表"反弹(bounce to back)"之意,蔡建明等(2012)将其翻译为"弹性",张茜等(2014)将其翻译为恢复力,朱华桂(2013)将其翻译为"抗逆力",后来通过对法语和英语借鉴,演化成目前的说法。加拿大生态学家 Holling(1973)在 20 世纪 70 年代对韧性进行了突破性研究,首次描述了自然系统的多平衡态现象,并在系统生态学领域中应用韧性思想来表现系统承受各类变化的能力。

之后,又有不少学者对韧性的定义作了进一步的丰富完善,从一开始的工程韧性到生态韧性,然后到演进韧性,标志着不同领域的学者对韧性理解的逐步加深。其中,Fingleton 等(2012)、Martin 等(2015)认为工程韧性指的是只追求系统的稳定状态,强调系统抵御外部冲击的能力和受到冲击后系统恢复稳定状态的速度。Simmie 等(2010)、Martin 等(2015)认为韧性是系统在冲击扰动中保持原状的能力。Fingleton 等(2012)、Reggiani(2013)认为与工程韧性不同,生态韧性追求多重平衡状态,强调的是系统从之前的均衡稳定状态到进入新的均衡稳定状态所能承受的冲击,此观点认为韧性可以表征系统从一个稳态进入另一个稳态所能吸收的扰动量。Folke(2006)综合 Holling(1973)等学者的研究成果,指出人和生态系统之间是存在互动关系的,并由此提出了"社会—生态"韧性的概念。他认为不断变化的系统是不必保持平衡状态的,这种摒弃平衡状态的韧性观点又被称作演进韧性。李连刚(2019)认为演进韧性注重系统的动态非均衡演化和适应学习能力,该韧性观点把韧性看作一个演化的过程,并可以通过创新发展出新的演化路径。陈玉梅等(2017)认为韧性可以概括为系统适应外部环境变化的能力,快速吸收、适应和恢复的能力,以及学习能力。简言之,韧性是一种能力,即面对危机时抵抗和控制干扰、适应变化和恢复运作的能力,它使系统能够在危机时刻继续运作并保持潜在的发展能力。

综上所述,韧性理论经过了三种观念的发展,分别是工程韧性、生态韧性和演进韧性,这三次观念的发展使韧性的概念得到了很大的丰富。

二、韧性的应用领域

"韧性"概念的定义角度和界定方式会因研究领域的不同而存在差异,因此,关于"韧性"的概念,有不少学者进行了深入探讨。目前,韧性已经在多个领域得到广泛应用,如:韧性最初在心理学、生态学、工程学等领域得到大量应用,现在已经在国家、区域、城市、社区、乡村等不同层面都得到了应用,并且扩展到了组织行为、灾害学、创业、经济学、行政管理等多个学科领域。本书梳理了有关文献,整理得到了韧性在不同领域的内涵,详见表3.2。

表 3.2 韧性在不同领域的内涵

划分依据	应用领域	作者	韧性内涵
按层次划分	国家	周嘉豪等（2020）	国家韧性是指一个国家为了适应国内及国际情况的变化,应对各种危机与挑战的能力,其特征包括适应性、可持续性、抗压性与生命力
	区域	梁林等（2020）	国家级新区创新生态系统韧性是指新区在面对外部环境的冲击和扰动时,通过自学习、自适应等方式快速恢复到初始或更高功能状态的能力
	城市	邵亦文等（2015）	城市韧性是指城市系统和区域通过对不确定性干扰的合理准备、缓冲和应对,最终实现公共安全、社会秩序和经济建设等正常运行的能力
	社区	彭翀等（2017）	社区韧性是许多能力的集合体,也是社区力量提高和适应灾难的过程,可以成为社区发展的目标
	乡村	胡霄等（2021）	乡村韧性是乡村地域系统在面临内外部扰动时,所具有的抵御、缓冲冲击,适应外部变化并可持续发展的能力
按学科领域划分	心理学	Borman（2004）	心理韧性是指个体虽然处于压力和逆境中,仍然能适应外部环境变化的能力
	组织行为学	Kahn等（2018）	组织弹性是指组织在逆境中吸收压力、保持或改善功能的能力
	创新创业	Duchek（2018）	创业韧性是指创业者能够预测潜在的威胁、有效应对紧急事件以及适应变化并变得更强大的能力
	灾害学	Bank（2009）	灾害韧性是指遭受灾害影响的系统、社区或社会,能迅速有效地承受、吸收和忍耐灾害的影响,并从中恢复的能力
	行政管理	潘小娟等（2019）	行政韧性是指面对突然的干扰时,行政系统能够抵抗压力、调整和恢复秩序的管理能力
	区域经济学	李连刚（2019）	区域经济韧性是系统抵抗冲击的影响,避免偏离发展轨迹或通过适应和恢复达成经济可持续发展的能力,是一个不断演化的过程
	电力学	阮前途等（2020）	电网韧性是指能够完全、迅速、准确感知电网运作状况,联合电网内外部资源,事先预测、准备、防御各种故障,快速恢复重要电力负荷,并能自我学习和持续提升的能力

(一)灾害韧性

2005 年,世界减灾大会将韧性列入灾害管理议程,同时提出了"灾害响应"这一概念。灾害学是韧性理论较早涉足的领域,目前已取得了丰硕成果。Mayunga(2017)指出,联合国国际减灾战略认为灾害韧性是系统在负面事件干扰下,及时抵御、缓冲并从灾害中恢复的能力。Jiang 等(2021)认为灾害韧性是旅游组织在灾害情境下的一种动态能力。李亚等(2017)构建了我国的城市灾害韧性评价指标体系,该体系涉及经济、社会、环境、社区、基础设施和组织六个层面。

(二)心理韧性

在 20 世纪上半叶,开始有学者研究心理韧性,主要探讨遭遇逆境或承受压力对儿童成长的不利影响。20 世纪 70 年代,学者们发现压力或逆境并不必然引发个体的心理或行为问题,在一些情况下,甚至能够促使个体产生更强的抗压力。近些年来,随着积极心理学理论的不断发展,人们开始应用积极心理学研究心理韧性,将其看作能够增强个体适应压力或对抗逆境的潜在能力。

对于心理韧性的定义,总结有关心理韧性的研究文献,主要有四个视角:结果视角、过程视角、品质视角和能力视角。结果视角下的韧性是个体应对逆境事件的结果,如 Werner(1993)认为心理韧性是指一个人的心理能够不受逆境的影响,并始终保持良好的心理状态;Masten(2001)认为心理韧性是一种结果,是指个体能够适应逆境并在逆境中实现发展。过程视角下的心理韧性是一个动态变化的过程,如 Luthar 等(2000)认为心理韧性是个体处于负面事件中,但仍能适应环境的动态变化过程;Tusaie 等(2004)认为心理韧性是个体处于逆境的时候,能够从中恢复和成功应对的过程;Olsson 等(2003)认为心理韧性是个体面对逆境时选择策略战胜逆境的过程;王永等(2013)认为心理韧性是个体能够很好地适应逆境、威胁等突发事件的过程。品质视角下的心理韧性是个人的一种特质,如 Werner(1995)认为心理韧性是一个人具备的适应负面环境的特质;Block(1980)认为心理韧性是一个人具有的战胜逆境的特质。能力视角下的心理韧性是个体的一种能力,如 Rutter(1993)认为心理韧性是个体在受到逆境打击后能够从中恢复的能力;Lazarus(1993)认为心理韧性是个体适应外界不断变化的环境、从不利环境中恢复的能力;Masten(2016)认为心理韧性是个体能够成功克服逆境的能力。

（三）团队韧性

近几年，在动态复杂环境下，关于团队韧性的研究逐渐增多，这凸显了团队尽管身处逆境仍然能够蓬勃发展的现象。现有关于团队韧性的研究，主要集中在团队韧性的内涵和团队韧性的特征，以及团队韧性的作用三个方面。

1. 团队韧性的内涵

国外学者主要从能力、过程、结果、状态和品质五个视角对团队韧性的概念进行了界定。一是能力视角。West 等（2009）认为团队韧性可为团队提供从失败、挫折、冲突或团队可能遇到的其他任何福祉威胁中反弹的能力。Stoverink 等（2020）将团队韧性定义为团队从逆境导致的损失中反弹的能力。Alliger 等（2015）将团队韧性定义为团队承受和克服压力的能力，这种能力能够帮助团队从可能危及其凝聚力和绩效的挑战中恢复过来。Sharma 等（2016）将团队韧性定义为团队在不利条件下反弹并保持稳定的能力。Meneghel 等（2016）将团队韧性定义为从失败、挫折、冲突或任何其他的他们可能经历的、对幸福的威胁中恢复的能力。二是过程视角。Bennett 等（2010）将团队韧性定义为团队在面临风险或逆境时实现积极适应的过程。Morgan 等（2013）认为团队韧性是一种动态的、社会心理过程，当群体中的成员集体遇到压力时，可以防止他们遭受压力所带来的负面影响，它包含团队成员运用自身资源和集体资源去积极适应压力的过程。三是结果视角。Stephens 等（2013）认为团队韧性是团队能够承受一些挑战引起的压力，不仅能够恢复正常的功能，而且还能从逆境中学习和成长，从而变得比以前更强大。四是状态视角。Maynard 等（2016）将团队韧性视为一种受团队适应能力影响的紧急状态。Bowers 等（2017）将团队韧性视为一种二阶紧急状态，暗示了潜在的动态特性。五是品质视角。Degbey 等（2020）以虚拟团队为例，将韧性视为虚拟工作团队的重要品质。而 Chapman 等（2020）认为团队韧性是指团队抵御不利事件（即可能给独立团队造成损失或使其崩溃的事件）或从中恢复的能力，并将其概念化为由准备、适应和反思过程引起的紧急团队状态，并通过在遭受逆境后团队功能的持续性、恢复性或增长轨迹来证明。

国内对团队韧性的研究相对国外起步较晚，且国内是以团队弹性着手进行研究的。李林英等（2011）通过对团队心理资本的研究，探讨了心理资本的产生、内涵以及角度,将团队弹性定义成团队在遇到突发事件时回弹和恢复的能力,这对于总是面对高难度挑战的团队来说是非常重要的。他们认为,弹性是可以创造发展的能力,它能够帮助团队克服逆境、解决问题。梁社红等(2013)以救援团队为主要研究对象,将团队弹性定义为在处理突发危机事件时,团队成员的心理健康水平和生理功能仍然能维持在稳定状态的团队特性。肖余春等(2014)认为团队弹性是一种能力,是团队在遇到危机、遭受压力等负面情况时所体现出的抵抗压力的能力、从逆境中恢复的能力、再组织能力和更新能力。项高悦等(2016)把团队弹性作为团队心理资本的一个角度,定义为团队在面对逆境时能够快速恢复的能力。具体表现为:能在负面的情境中承受压力的挑战,使团队内部功能保持稳定,找到合理的方法,不断吸收经验,最终将压力转化为团队发展的动力。

2. 团队韧性的特征

现有的关于团队韧性的测量指标,不同学者有不同的理解。有的学者侧重于从团队成员心理因素的角度出发,对团队韧性进行测量。Blatt(2009)认为团队韧性的特征变量包括集体效率、创造力、凝聚力、社会支持和信任。有的学者依附于组织对团队韧性进行测量,如 Mafabi 等(2012)使用适应力(对需求的响应能力)、竞争力(有效率和效益)和价值(自身信誉)三个维度对团队韧性进行表征。近几年,有学者以团队为对象,提出了团队韧性的维度。如 Morgan 等(2013)以精英团队为例,通过对访谈数据进行比对分析,将团队韧性划分为团队结构(塑造团队规范和角色的定位)、掌握方式(共享的态度和行为)、社会资本(团队中存在高质量的互动和关怀关系)、集体效能感(一个团队在执行任务时拥有共同的信念)。Mcewen 等(2018)提出了工作团队韧性的八个相关维度:稳健性、一种自我照顾的文化、毅力、积极性、机智的策略、适应成功、适应能力、归属感。

3. 团队韧性的作用

Luthans 等(2007)经过研究得出,在团队经受过逆境后,韧性能够使团队恢复到逆境之前正常的绩效或得到更高的绩效。出现这种现象的原因是团队韧性的自适应机制使团队具有创造性与灵活性,将遇到的困难与逆境看作团队学习和发展的机会。Stephens 等(2013)指出,团队韧性使团队能够承受一些挑战引起的压力,不仅能够恢复正常的功能,而且还能从逆境中学习和成长,从而变得比以前更强大。Morgan 等(2013)指出团队韧性已经被证明是一个积极的团队层面的能力,能帮助团队从潜在的压力情况中修复和反弹。Alliger 等(2015)指出许多团队可以应对最初的一两个挑战,但只有有弹性的团队才能随着时间的推移始终保持绩效和士气,而且有弹性的团队能够保持团队健康和资源,快速恢复,并显示持续的活力。Meneghel 等(2016)指出韧性强的团队不太可能经历逆境的负面影响,并且能够在逆境中茁壮成长。

（四）组织韧性

近年来,韧性也被引入组织管理领域,以提高组织抵御风险的能力。目前关于组织韧性的研究主要集中于内涵、核心能力、特征、研究情境、影响因素、分析框架和测度方法等方面。

1. 组织韧性的内涵

组织韧性内涵研究主要基于两个视角:静态观和动态观。基于静态观视角的学者将组织韧性视为一种结果或特质,如王勇等(2019)认为组织韧性是组织面对逆境事件的冲击时,所具备的适应新环境的理想特质;Sahebjamnia 等(2018)认为组织韧性是组织在遭遇负面事件的打击时,仍能积极适应,恢复到原来的状态。基于动态观视角的学者将组织韧性视为一种能力或过程,如朱瑜等(2014)认为组织复原力是一种主动应对危机的过程,即组织面对困境时,通过整合各方面资源积极应对,并危中寻机,构建适应未来发展的新能力;Kahn 等(2018)认为组织韧性是指组织在逆境中吸收压力、保持或改善功能的能力;Ma 等(2018)指出组织韧性是一种能力,使组织能够在意外的、有时甚至是灾难性的事件和更广义的动荡环境中生存、适应、恢复乃至繁荣发展;单宇等(2021)认为,组织韧性是指组织在不利事件的冲击下能够恢复和反弹,并在反思改进过程中逆势成长的能力;路江涌等(2021)从"过程观"角度出发,认为组织韧性是指组织利用自身资源和能力,对危机进行防御、响应及恢复、赶超的过程,同时能够对应危机,采取一系列行动;Mccarthy 等(2017)认为,组织韧性是组织为了应对突然出现的负面情境,而调整自身配置结构的循序渐进的动态进化过程;冯海燕(2021)将企业韧性定义为组织从重大突发事件和长期逆境中恢复稳态和超越原状的能力。而张公一等(2020)归纳了现有研究对组织韧性内涵的阐述,将组织韧性概括为以发展能力或动态过程为视角的动态观和以特质或结果为视角的静态观。

2. 组织韧性的核心能力

现有对组织韧性核心能力的研究主要分为准备能力、抵御和适应能力、反应和发展能力三类。准备能力是组织在危机发生前所拥有的属性。现有研究主要从组织应对扰动事件所需拥有或开发的资源或能力角度,来分析组织韧性的准备能力。Liu 等(2018)指出准备能力是组织识别瓶颈和潜在风险的能力,这使其能够在危机发生之前采取有效措施。Andersson 等(2019)指出组织韧性需要更多地关注预测能力,是组织的战略能力储备,通过感知早期事件来避免意想不到的事情发生,防止意外发生或阻止不良事件发生。抵御和适应能力是组织在危机发生时所拥有的属性。现有研究主要从组织在应对扰动事件时,吸收冲击、保持稳定、抵御破坏和适应变化等角度,来分析组织韧性的抵御和适应能力。Parker 等(2018)认为组织韧性是一种动态能力,是指组织从冲击中保持稳定并吸收、适应干扰的能力。Barasa 等(2018)指出组织韧性是组织在面临危机时,为继续实现其目标而表现出的抵御冲击、适应和变革的能力。Sabahi 等(2020)指出组织韧性的适应能力能够降低面临突发干扰的可能性,通过保持对结构和功能的控制来抵御干扰的蔓延,并通过及时有效的反应计划进行适应和响应,使组织恢复到稳定状态。反应和发展能力是组织在某一冲击事件发生后所拥有的属性。现有研究主要从组织发生扰动事件后,恢复稳定平衡、应对变化、重新配置资源达到新的或多重平衡等角度,来分析组织韧性的反应和发展能力。Desjardine 等(2019)指出组织韧性是在危机情况下持续存在,在面临长期压力、变化和不确定性的情况下改变其结构和运作方式,以及实现发展和维护现有组织的能力。Burnard 等(2018)认为组织韧性包含在受到干扰影响后的调整和变化能力,它由应对干扰的组织改变、学习和重新配置其资源能力,以及管理不断变化环境的能力所决定。Jiang 等(2019)指出组织韧性是组织坚持和承受外部环境变化、更好地应对不确定性、减轻和应对变化造成的负面影响,以及为更好的未来绩效而反弹到新状态的能力。

3. 组织韧性的特征

Wicker 等(2013)认为社区组织韧性具有健壮性、冗余性、智能性和快速性四个特征。Kantur 等(2012)指出组织韧性存在稳健性、敏捷性和凝聚性。诸彦含等(2019)基于心理学路径和系统学路径,发现组织韧性存在适应性、恢复性和重塑性。汤敏等(2019)基于"持续进化"视角,指出组织韧性具有适应性和动态性特征。

4. 组织韧性的研究情境

组织韧性的研究情境大多为狭义视角,该情境是由难以预测、短而剧烈的"黑天鹅"事件组成,主要包括突发事件、危机管理、自然灾害等。Herbane(2018)根据英国 265 家中小企业的数据,研究在危机管理情境下,中小企业的创业愿望和应对危机的迫切需要是如何并存的。Tisch 等(2018)调查了新西兰的 38 名奶农,研究由于气候变化导致的极端天气事件对农业部门的影响。也有少部分学者主张广义视角,他们认为组织韧性的研究还包含动态的、积累的、长期的情境因素,主要包括日常挑战、环境变化等"灰犀牛"事件。Ma 等(2018)认为,组织韧性不仅强调在不断加剧的自然灾害、流行病等艰难环境中生存、适应和成长,而且能够在日益增长的不确定环境中维护组织稳定和安全。Andersson 等(2019)基于纵向定性案例,通过研究平时组织中很难预料到的事情,研究如何通过平衡组织结构,培养组织韧性建立风险意识、对合作的偏好、敏捷性和即兴创作特征。

5. 组织韧性的影响因素

学者们主要从组织、个人、外部环境等层面,探究组织韧性的影响因素。组织层面的管理能力、组织变革等都会对组织韧性产生促进作用,Sincorá 等(2018)根据调查,发现组织分析能力和业务流程管理成熟度对组织韧性的绩效结果具有积极影响,而且组织分析能力对业务流程管理成熟度和组织韧性绩效结果的关系有正向调节作用。个人层面的领导者韧性、人力资源管理韧性均会对组织韧性产生影响,Morales 等(2019)对墨西哥华雷斯市"边境加工"行业的159 家制造公司进行了抽样调查,发现领导韧性可以解释组织变革对组织韧性发展的作用,而且领导韧性对组织文化、组织能力和管理运营有很大影响,而这三个因素是与组织韧性发展直接相关的适应能力的驱动因素。Bouaziz 等(2018)对有韧性的公司高层管理人员进行了问卷调查,得出战略性人力资源管理实践对组织韧性的稳健性、敏捷性和完整性有积极影响,但随着时间的推移,效果会有所不同。也有学者研究了外部环境、创业韧性等对组织韧性的影响,如 Gover 等(2018)对社区医院在最近一次大规模变革过程中雇用的 39 名员工进行了调查,运用扎根理论数据分析方法得出人员、组织变革背景、组织流程和外部环境四个层次都可以对组织韧性产生增强或抑制作用,具体取决于组织和情境环境。Branicki 等(2018)通过对英国 19 个中小企业的调查,得出创业韧性为中小企业的组织韧性提供了基础。

6. 组织韧性的分析框架与测度方法

一方面,学者们主要依据现有理论,构建组织韧性的分析框架,如诸彦含等(2020)依托应激理论,构建了组织韧性在应激框架下的作用过程模型,探究组织韧性在组织应激反应中,影响预测与评估、行动、学习三种具体应激行为的作用过程,以及进一步产生的稳定或发展的应激结果;诸彦含等(2019)应用资源保护理论,通过建构保护性资源展现了韧性由于组织层面不同而有不同的产生路径,同时提出有关干预策略。也有学者根据研究对象的特征对现有理论进行改进,构建更具针对性的组织韧性分析框架,如张进等(2019)参照Frankenberger 提出的社区能力集体行动框架,根据公立医院特殊的韧性特征,提出了公立医院组织韧性的集体行动框架。少数学者通过对现有研究的总结,提出了研究组织韧性的系统框架,张公一等(2020)认为韧性可以作为研究"组织—情境"主客体关系的理论依据,通过引用"I—P—O"范式,将梳理、界定总结组织韧性的定义内涵、情境画面、研究对象、影响因素、应对危机的知识整合成一个系统框架。另一方面,学者们主要基于概念内涵、特征等多维度测度组织的韧性水平。王勇等(2019)构建的组织韧性评价指标包括四个维度,分别是应变能力、计划能力、情境意识和韧性承诺。Patriarca 等(2017)从监控、响应、学习和预测四个维度,来衡量复杂社会技术系统中的组织韧性。也有学者通过挖掘公开财务数据,间接测度组织韧性。Desjardine 等(2019)从反映组织韧性稳定性的损失严重性、反映组织韧性灵活性的恢复时间两个维度来计量组织韧性。Lv 等(2019)从长期销售增长、财务波动两个维度衡量组织韧性,其中长期销售增长能够体现绩效提升机制,财务波动能够体现绩效保障机制。

(五)创业韧性

近几年,韧性在创业领域也有广泛应用。目前创业韧性的相关研究主要聚焦于创业韧性的内涵、影响因素和积极效果三个方面。

1. 创业韧性的内涵

Ortiz 等(2016)较早关注创业韧性这一概念,他们认为创业韧性是个体在创业时面对困难、压力以及突发状况仍能实施有效运作的能力。赵富强等(2021)借鉴心理学领域对韧性的界定,将创业韧性定义为在面对不利情境时,个体不仅可以从中恢复到稳态,还能超越稳态进入积极心理状态。

2. 创业韧性的影响因素

已有研究从个人因素和情境因素探究了创业韧性的影响因素。Bullough 等(2013)认为自我效能感会影响创业韧性。Ayala 等(2014)认为灵活性、动机、毅力和乐观等会提高创业韧性。Duchek(2018)认为激情(个人因素)和社会支持(情感因素)会影响创业韧性。张秀娥等(2020)探讨了个人因素(创业经验)和情境因素(社会支持)对创业韧性的影响。

3. 创业韧性的积极效果

Bullough 等(2013)、Bullough 等(2014)分别探索了经济危机背景下和战争背景下,创业韧性的积极作用。Fatoki(2018)认为韧性可以用来解释为什么一些创业者能够比其他人更好地应对商业环境带来的威胁和挑战。刘凤等(2020)探究了灾害情境下韧性对个体创业意愿的影响。Corner 等(2017)认为失败学习实际上是收集失败信息并对其进行加工和处理,拥有高创业韧性的创业者在遭遇失败后,能够及时中止负面情绪,转而更加积极地获取信息。

(六)区域韧性

近年来,城市和区域研究中开始引入韧性的概念,如 Palekiene 等(2015)、Christopherson 等(2010)等学者关于区域韧性的研究使城市区域研究的内容与视野更加广阔。学者们关于区域韧性的研究集中于区域韧性内涵与研究方法两个方面。

1. 区域韧性的内涵

国内的研究尚处于概念的梳理与探讨阶段。Guan 等(2018)认为区域韧性是对外部负面事件的抵抗、恢复、重新定位和更新的过程。Rizzi 等(2018)认为区域韧性是区域层面对外部冲击与扰动的自组织和自适应能力。Brown 等(2020)提出区域韧性不仅仅包括"短期"的应对冲击能力,也包括"长期"的摆脱锁定效应与发展新增长路径的能力,前者被总结为适应性,而后者被解释为适应能力。

2. 区域韧性的研究方法

国内对区域韧性的研究主要采用以下方法:有学者采用了文献述评方法,如彭翀等(2015)较为深入地探讨了国内外区域弹性的理论与实践研究进展;Peng 等(2017)研究了形成区域韧性的原因以及区域韧性的作用机制。有学者采用了实证研究方法,如张岩等(2012)应用 DEA 方法评估了中国各地区的区域韧性。部分学者采用案例分析的方法展开研究,如符文颖等(2013)通过分析相关案例,研究了后危机时代珠三角地区电子产业集群的发展和转型,指出积累人力资本和科学技术对区域经济的升级转型有重要的正面作用。

三、韧性评价体系

国内外学者进行了一系列关于系统韧性概念及其评价体系、评价方法的探索性研究。自从韧性研究联盟提出面临干扰保持结构功能的自控力、自组织、自学习和自适应是韧性的本质特征后,最值得关注的是洛克菲勒基金会和奥雅纳工程顾问提出的韧性指标体系,包含了四个维度,分别是基础设施与生态系统、经济与社会、领导与策略、健康与福祉,强调城市中多种系统和耦合系统的累积和持续韧性(Mcinroy et al., 2010)。Wildavsky(1988)提出了包括动态平衡、兼容性、高流动、扁平化、缓冲力、冗余度的系统韧性指标。Ahern(2011)提出了衡量城市韧性的多个指标,包括多功能性、冗余度和模块化、生态社会多样性、多尺度的网络连接、有适应能力的规划和设计。Schlör等(2018)提出了包括生产力、基础设施、生活质量、公平和环境可持续性的城市韧性指标;Burton(2015)提出了包括社会、制度、经济和基础设施的社区韧性指标。Hudec等(2018)基于社会、经济和社区管理能力三个层面,评价了斯洛伐克应对金融危机的城市韧性差异。Du等(2019)基于抵抗能力、恢复能力两个维度,评价了珠三角城市群的经济韧性。黄浪等(2016)提出了系统安全韧性的塑造与评估方法。国内许多学者尝试将韧性与中国实际相结合,如孙阳等(2017)提出了包括生态环境、市政设施、经济和社会发展四维度的城市韧性指标体系;余中元等(2014)提出包括风险、敏感性、应对能力三维度的社会生态系统脆弱性指标体系;谭俊涛等(2020)通过改进Martin等学者的敏感指数和平均增长率方法来测度经济维持性和恢复性,以反映中国区域经济韧性;梁林等(2020)提出了包括多样性、进化性、缓冲性和流动性四维度的新区创新生态系统韧性指标。

此外,现有学者关于区域韧性的衡量,主要采用两种测算方法:一种是指标体系法,早期Briguglio等(2006)采用构建一篮子指标体系的方法来测度经济韧性,一些智库如CLES、ARUP等也采用了这一测算方法;Mcinroy等(2010)、Index(2014)分别构建了多种指标体系来评估区域经济韧性。由于指标体系法存在缺陷,近年来有不少学者开始选择另一种方法来测度区域韧性,即分析区域应对冲击反应程度的核心变量,如 Davies(2011)、Brakman 等(2015)尝试使用失业人数和 GDP 来测算 2008 年金融危机后欧洲国家的区域韧性;Van 等(2017)选用全球各国贸易量的下降来代表金融危机后各国的经济韧性。

第四节 治理理论相关研究

一、治理理论概述

(一)治理群簇理论

李维安等(2014)在治理群簇理论研究以及政策实际应用层面取得了明显的成效,但大部分是基于单一理论中的某一学说或者方法而得到的。目前,治理群簇在人才流动治理方向上的理论研究较少,王诗宗(2010)认为主要是因为对该理论的研究方法还不够成熟,处于发展完善的阶段,尚未形成统一范式。如果不能全面了解治理群簇的相关知识会产生一系列的不良影响,例如,对治理群簇认识的片面性不利于理解其复杂结构和适用原则,也会降低在中国情境中选择治理理论进行制度创新的可能性。

国家级新区的发展进程和生物生命的进化有着非常相似的特质,能够明显地界定出几个发展阶段。前文所提到的可以把国家级新区的发展阶段分为起步、协同发展、成熟和一体化融合四个阶段,我们也可以从这四个阶段入手,探究使用治理理论解决问题的可行性。

第一,起步阶段——单边政府的"强制"。在此阶段,大量人才涌入国家级新区,此时政府就要担负起较大的责任,合理地进行管理。科层治理结合约束机制和激励机制,再加上规定、层级、威信等工具的使用,对权力进行区分,实现分层级承担责任的模式。但该模式的缺点在于没有把市场调节资源的作用考虑进去。科层治理适用于强政府职能的情境,与起步阶段的治理要求相对匹配。

第二,协同发展阶段——双边政府的"竞合互动"。在此阶段,政府扮演着十分重要的角色,政府的各个部门通过协调合作对资源进行分配,实现职能互补,发挥更大的作用。协作治理的关键在于政府作为主体整合区域内资源,并通过各部门的协调分工,按照区域内各个成员的具体情况,合理分配资源,但是各部门主体之间的矛盾会影响治理的效率。协同治理能够有效协调"双边政府",促使区域主体合理配置资源,能够满足此阶段的治理要求。

第三,成熟阶段——区域内部的"网络化"。在此阶段,人才主要呈现环形流动和柔性流动的走向,发挥主体的自组织能力是现阶段重点考虑的问题。李维安等(2014)指出网络化治理侧重于改善区域资源占有者的构造和制度设计,增强了社会组织的相关作用关系,导致政府在处理事务时必然会受到外部因素的影响。区域内部的网络化治理使区域内的多个主体参与到治理当中,是协调多元治理的有效方法,能够达到此阶段的治理目的。

第四,一体化融合阶段——复杂治理问题的"整合"。在此阶段,人才流动最大的特点是自由,人才不仅在流动速度方面加快,流动区域的范围也进一步扩大,因此通过治理人才主体来解决跨层、跨区域流动便成为此阶段最重要的课题。该阶段强调对问题的整体性治理,通过整合不同层级的组织,克服区域发展过程中的整体化问题,能够有效治理跨部门、跨阶层、跨地区等难以治理的难题,但实施过程中会出现垂直治理和水平治理的矛盾。

(二)科层治理理论

1. 科层治理的内涵

20世纪初,德国社会学家马克斯·韦伯(Max Weber)通过对"现代理性"进行研究,得出并阐述了"科层组织"的组织形态。为满足现代社会工业发展的需要,科层治理理论经历了不断的发展。全钟燮(2008)认为,科层治理理论被每个国家应用到本国的行政事务治理中,通过与组织目标相关的规章制度来确保顺利发挥组织的管理职能。曾凡军(2010)将科层治理定义为一种运用等级、威信、分工、规定等工具合理划分权力并分层负责的治理模式,科层治理把法律权威看作治理的基础,坚持政府利益至上,是提高政府治理能力专业化程度的治理模式。韦伯(1997)认为国家官僚科层治理是中立的、客观与公正的,同时也是公平与具有效率的。Henderson(1947)提出,通过治理系统的自主性追求行使权力的中立性;独立的不掺杂主观意识的专业精神,运用权力体现治理的客观与公正;合理的规章制度和计量的理性,体现治理的公平与效率。金成晓

(2002)认为企业科层治理是包括股东、董事会、管理人员和职工的一种制度安排,能够规范企业法人财产相关方的责、权、利。或者说,它是企业内部不同权力机构之间彼此制约的制度。

2. 科层治理的特征与机制

曾凡军等(2010)研究指出科层治理具有以下特征:权力责任分化明确,结构严谨,功能分类;上令下行,职位分等;工具主义倾向,专业技术化;等级森严,纪律严明,规则取向;合理,适用,稳定,追求严密;非人性化管理,以效率为本等。韦伯(1997)归纳总结的科层治理的特征主要为:强调权力的集中性,突出纪律、稳固、精准等规则,根据已经设立的规章制度限制行为,通过职务等级造成权威影响,最终形成集体行动。

在科层治理的机制方面,曾凡军等(2010)提出了科层治理的约束机制和激励机制。他们把权力按照金字塔的形状进行切分,横向上看,部门的职能不同,权力也就不同,明确界定各部门的职能边界和责任边界,各司其职,不逃避责任也不越位管理;纵向上看,根据职位的不同,授予不同的权力,职位完全是因为部门管理需要而设立,而不是因为人才设立。不少西方国家接受科层治理理论,是因为该理论的结构和模式与它们的制度相匹配,按照目标分割权力,奠定了部门间协同合作的基础,减少政府治理的不稳定性,进而提高治理效率。

金成晓(2002)认为完整的企业科层治理作用机制主要包括三个部分:一是对决策机构(董事会)的监督。为避免产生信息不对称导致的逆向选择行为,在企业进行专用性资产投资之前,企业的各个经济主体都要评估投资对象。二是对执行机构(经理层)的监督。为防止道德风险行为的发生,需要持续监督企业的经营状况和管理人的行为。三是监督机构自身的监督管理问题。通过对财务状况的判定,针对不同的信号,对监督机构是否采取有差别的惩罚性或纠正性的行为措施进行观察。

3. 科层治理的优势与弊端

回顾历史,我们可以发现,科层治理具有专业性、正规化、非主观人格性和现代化等特征,使用法律的威信进行管理,通过构建的规则制度体系应对所有权变化,在社会较为简单和不确定程度较低的前提下,实行科层治理可以实现目标协作的自发性,能够达到较高的环境线性治理效果,增强组织运转速度,使组织社会的秩序更加稳定。Ouchi(1980)指出,部门治理的好处是通过一种不成文的契约关系,使得部门成员接受部门治理的目标并自发地为之努力,避免偏离目标的行为发生,避免出现机会主义。但是科层治理对政府的要求较高,前提是政府和法律拥有足够的威信,并且绩效能够实现评估,否则科层治理就会失败。

大多数学者认为科层治理在现代社会存在弊端,社会学家 Merton(1940)指出,科层治理存在部分"反功能",他表示"反功能"是组织的自我保护机制,属于结构组成的一部分,他认为"反功能"对整体系统的效率起到负面的作用。通过对科层治理的研究,Osborn(1957)、Meyer(1985)等人发现科层治理的逻辑是不断膨胀的,存在"问题—组织—问题—更多组织"的模式。布劳等(2001)认为,科层治理的膨胀导致运作程序甚至比需要解决的问题本身还要复杂。法国的组织社会学家克罗齐埃(2002)不满意科层治理的效率,认为科层治理的非人性化管理、判断决策的集中化、等级地位的独立性这三方面导致了科层治理的"反功能"。叶敏(2018)指出,流动社会给科层治理带来的问题使政府碎片化程度更加严重,具体表现形式是治理体系的碎片化、政府协同能力的弱化、管理人员的复杂性、激励机制出现故障和政府官员的不积极行为。网络管理在一定程度上是一种创新,它帮助政府组织体系实现了内部协同运转。曾凡军(2010)认为,在等级森严的层级治理下,自我膨胀、过度僵化和技术官僚化的治理、政府职能和权力的划分、管辖权和边界的模糊性造成了一些难以解决的问题。政府内部的层级治理结构、信息封闭、职能分散和专业度尤其是整合程度不完善,导致出现各种碎片化现象,如政府职能碎片化、部门权力碎片化和组织服务碎片化,它虽然保障了组织层级的稳定性,但同时也导致横向协同与交流渠道被阻断。

（三）协同治理理论

1. 协同治理的概念内涵

协同治理理论是协同理论和治理理论相结合的产物。Haken(2012)指出,协同是指各个子系统听从序参量的支配协同合作,充分发挥自组织作用,使整体系统正常运作,形成系统不存在新结构和特征。也有学者认为,治理是指在合作与竞争的过程中,包括政府部门和非政府部门在内的公共部门主体使用部门权力(Rhodes,2010),共同管理公共事务(陈振明,2003),该过程中包含公共威信、管理规则、治理方法和机制(俞可平,2001)。

学界基本上对协同治理的定义达成了共识,认为协同治理强调协同关系和多主体参与。从组织的角度和治理的过程出发,有学者认为协同是指"两个或者多个组织构建的互补互利的模式,进而实现各个组织共同的目标"(Emerson et al.,2012)。奥斯特罗姆(2012)认为,多个主体协同治理意在结合公共体系和私人体系,建议政府适当释放自身的权力,提高其他治理主体在社会上的地位,如公民、自治组织和企业,进而撬动社会资源,构建政府、自治组织、志愿团体、企业、公民等构成的治理主体体制,实现多元协同共治。Emerson 等(2012)认为,协同治理作为治理下的一种形态,可以跨越多主体的边界,使公共部门、公众和各级政府共同对公共事务进行决策性管理。

2. 协同治理的核心内容

在协同理论与治理理论相结合的情况下,协同治理理论的内容可以概括为以下四点:第一,子系统的自组织性与序参量的支配性。张康之(2015)提出,在组织系统中,主体进行治理的目的均是完成治理目标,在该目标的驱动下制定各项规则规范是子系统的行为,而这些规则就是序参量,它维持着整个系统的运行秩序,并支配子系统的行为,不断增强子系统的自组织性,有条不紊地进行组织治理活动,处理治理过程中遇到的问题,最终实现治理目标。第二,治理主体多元化。Plotnikof(2015)认为,社会的公共事务越来越繁杂,除了原来的政府和事业单位这两个治理主体,企业、公民志愿者和非营利组织也纷纷参与到治理当中,他们既是社会公共事务整体系统的子系统,又是处理公共事务的治理主体。于江等(2015)认为多个主体协作完成社会公共事务的治理,可以有效解决效率低下和服务质量差等问题,克服单中心治理模式的弊端,优化治理体系,最大限度地提高治理能力。第三,治理资源的协同性。Emerson 等(2012)、张立荣等(2008)指出,由于各治理主体所处的领域不同,拥有的治理资源也不同,治理主体通过资源互补进行资源的整合,促进治理的协同效果,确保系统内部的自组织运转良好,进而实现治理目标。第四,治理方式的权变性。郑巧等(2008)指出,系统内的治理主体应用权变理论,使用不同的治理方法,多个主体合作处理系统中繁杂的问题,实现有效治理。治理方式的权变性帮助主体根据现实选择最有效的治理方法,采取行动实现治理目标。

3. 协同治理的相关机制

随着研究不断深入,学者们开始进一步探究协同治理的相关机制。Ring 等(1994)对协同治理的机制进行了研究,将协同治理过程概括为"协商—承诺—执行—评价"模式。Wood 等(1991)在"前期—过程—结果"框架下,将协同治理的运行机制概括为问题设置、方向设置、协同实施"三步走"模式。这两个模式均认为协同发生在一个循环的闭合过程中,因此其分析方法都是平面线性的方法。而在 Gash(2008)的研究中,对协同治理进行理论化模式建构成为主要内容。他认为协同治理的效果受多因素影响,主要有合作或冲突的历史行为、利益相关者参与的动机、权力和资源、领导能力和结构设计,在协作过程中至关重要的因素包括面对面交流、建立信任、给出承诺和达成共识。郑巧等(2008)构建了包含背景、要素、动力、循环过程在内的立体协同治理机制框架,是目前学界较为完整的一套分析方法。

对于治理机制的划分,臧雪文等(2019)认为多元协同治理包括三类,分别是政府机制、非政府机制、非正式机制。各类人和组织的愿望,需要通过这些机制来得以实现。多元治理机制划分为政策、契约和关系三类。政府最常使用的治理机制是政策,主要体现在政策指引、资源激励和规划引领等方面。契约是最常使用的治理机制,被看作市场活动中交易和合作的基础,以及政府与生态主体合作的基础,比如政府设立基金和政府采购等活动。关系是一种非常规化的治理机制,其发挥作用的主要方法是双方在利益的驱使下,为寻求更长远的发展,在长期的交往联系与合作中产生信任。关系治理被视为契约治理的辅助剂,是对契约治理的补充完善。契约治理在物流智能化方面会经常遇到问题,关系治理为解决此类不确定性提供了有效途径。

4. 协同治理理论的应用

协同治理理论在物流管理、政府管理、医院管理、公共文化服务管理、社会治理等多方面得到了有效运用。

在物流管理方面,张元春(2021)通过对多中心协同治理理论的梳理与对智能物流生态系统概念的界定,以及不同生命周期情况下智能物流无人机生态系统和智能物流仓储系统受研究方法影响程度的案例进行分析总结,得出智能物流生态系统在萌芽阶段的主要治理方式为契约治理,扩张阶段发挥主要作用的是政策治理,领导阶段发挥主要作用的是关系治理。

在政府管理方面,李冬(2012)表示,通过对协同治理理论的分析可知,政府的投资项目可以采用协同治理理论,并对其内在含义、结构、特征、目标和审计进行了分析。通过对政府协同治理模式的分析,提出了新的评价模型和评价指标体系,即协同治理审计评价模型和协同治理审计评价指标体系,并提出了一种将内部协同审计与外部协同审计相结合的监督模式。刘仕宇等(2021)借助

SCP 范式,同时引入目标管理、策略选择和多元主体协同治理理论展开讨论,对政府在获取公共服务时,不同购买内容结构对参与主体在策略选择上的影响进行了重点分析。在以上研究基础上,对参与主体策略行为是否会影响最终绩效进行分析,得出多元主体参与的协同治理机制尚未在我国形成,整体治理结构不完善,造成以上问题的主要原因是政策法规不健全。绩效因为不同的策略选择行为会有所侧重,同时对策略产生正反馈。当下社会整体福利会因为二元协同治理机制而产生损失。

在医院管理方面,王婷等(2021)基于协同治理理论,以江苏省人民医院门诊部实践为例,对医院门诊的管理模式进行了探索与实践,对门诊治理过程、效果进行了梳理与分析,发现采用"内—外"双循环门诊服务工作模式,使门诊服务质量显著提高、业务量稳步增长、患者满意度不断提升。

在公共文化服务管理方面,金莹等(2021)使用协同治理理论分析了公共文化云服务模式的逻辑和治理因素,进一步提出构建多方主体协同治理格局,该格局目标在于满足人民的文化需求,丰富协同治理的理论,并以平等为前提条件,增加投入公共数字文化资源,提高系统的资源整合能力,使线上线下的融合程度更高,完善"群众点单"的渠道。

在社会治理方面,张树旺等(2016)从基层社会治理应用诊断网格化管理出现的问题展开研究,把三水白坭案例作为研究对象,基于具体的经济、政治和文化背景分析其社会基础,从治理理念的改革完善、主体的特性、治理体系运行路线、舆论表达机制、共同认知的达成机制、政府与社会的关系等方面分析总结基层社会多主体协调治理的内在运行机制与治理效果。

(四)网络化治理理论

1. 网络化治理的概念内涵

网络化治理的概念最早由 Johnson 等(1994)提出,指政府部门和社区力量之间采取面对面的协作方法而建立的网状管理系统。随后,不同学者对网络化治理的定义、内涵、基本特征等进行了不同的阐释和讨论。罗西瑙(2001)认为网络化治理的主体不一定是政府,网络化治理的实现,不仅需要依靠国家强制力,活动领域内的管理机制和共同目标的支持也是必不可少的。Torfing(2005)将网络化治理定义为一个相对稳定的现象,会通过在水平方向上的相互连接、相互依赖,对行动者们的行为产生一定的相互治理的作用。此外,网络化治理在某种程度上是具有自律性的,处于一个理想的、规范的、受管制的框架中。她还根据政府主体在治理过程中的地位和介入方式对网络化治理的模式进行了更加具体的划分。此外,戈德史密斯等(2008)通过依赖合作伙伴的关系对网络化治理进行了定义,认为网络化治理是平衡种类繁多的且具有创新性的商业关系的一种治理模式,此外还可以通过平衡非政府组织来提高公共价值。此外,他们还对网络化治理的优劣势、网络框架的设计、网络化治理的未来发展方向等研究内容进行了详细的探讨。

　　学术界在网络化治理概念的界定上已基本达成共识。实际上,西方学者普遍认同网络化治理概念的核心是多元主体互动下的治理过程。在此研究背景下,我国学者针对产生于西方的网络化治理,提出网络化治理的目的是通过政府部门内部及其与非政府部门之间的合作,分享公共权力,对公共事务进行共同管理,进而增进公共利益的过程(陈振明,2005)。此外,根据相关文献梳理,现有研究对网络化治理概念界定的侧重点不同。有些学者直接引用戈德史密斯等(2008)的概念,将网络化治理理解为治理理念实施时具体化的操作。也存在部分学者直接将网络化治理看作一种治理,有的侧重治理主体的平等合作关系,有的突出强调主体间的互动关系。陈剩勇等(2012)将网络化治理视为对传统官僚制度和市场治理价值缺失的一种反思。总体来说,尽管国内学者对网络化治理概念表述的侧重点存在差异,但大多聚焦在资源的共享、主体的多元化、多主体之间的互动及协同、存在的公共价值等方面。

　　2. 网络化治理的理论基础

　　网络化治理在理论和实践层面的内容十分丰富。在理论基础层面,政策网络理论在网络化治理理论研究中发挥着十分重要的作用。20世纪70年代,碎片化、社会去中心化和部门化充斥于西方国家的政策主体中,在这一趋势背景下,政策网络理论将网络引入政策科学的研究引起了许多学者的广泛关注。不同的机制组成了国家治理,其中包含市场、官僚和政策网络。如今,在官僚治理和市场治理双重失灵的情况下,平等和协商是否仍然是政策网络的特征是人们关注的重点,同时该研究也为网络化治理理论的后续发展提供了理论基础。田华文(2017)指出,政策网络(policy network)研究路径是国内进行网络化治理研究的一个主要来源。有的则将其视为一种具有政策网络理念和治理内涵的"网络治理",如孙柏瑛等(2008)提出的"政策网络治理"。还有一些学者认为,网络化治理的理论基础是多中心治理理论的兴起。在管理主义中,单中心思想是一种长期存在的内含思想,为批判这类思想,奥斯特罗姆夫妇提出了著名的多中心治理理论,该理论以自主治理为基础,并且主张多服务和多权力中心并存,政府不具有绝对的领导权是其另一个重要特点,主要承担制定总体战略目标和导向的任务。多中心治理是对治理过程中多个主体之间互动与合作的理论论证和实践构想,为分析网络化治理提供了有益的理论框架。何植民等(2009)指出,协商民主理论作为一种通过协商进行政治决策的理论,也符合网络化治理所强调的充分发挥公众在治理中的作用的价值理念,为网络化治理的实现提供了一种有效的运行模式。

3. 网络化治理理论的应用

学者们的研究重点聚焦于网络化治理的具体应用,包括"棘手问题"网络化治理、社会治理的网络化治理和地方政府网络化治理等。在地方政府网络化治理方面,具体主要以实证研究的方式对地方政府网络化治理开展研究,以此种方式增加网络化治理理论的可信度。姚引良等(2010)以多元主体合作为视角,展开对地方政府网络化治理的研究,研究表明在地方政府网络化治理过程中,政府的合作能力、合作态度、资源投入的力度及其持续性强度都会对研究主体产生显著影响;同时,政府的支持和公众的参与也会给研究主体带来积极的正面影响。王力立等(2015)则聚焦于地方政府网络化治理协同这一行为,通过研究得出环境因素、相互依赖、信任的伙伴能力、政府回应性、公众要求以及公共服务质量都和协同行为存在正相关关系。

在网络化治理成为顺应社会发展潮流的主流模式的背景下,有些学者提出,治理机制的创新、渠道的拓宽和理念的转变是由网络化管理向网络化治理转变的有效路径。一些学者从宏观层面对社会治理的创新进行分析,一些学者则从微观层面对基层社会的治理转变开展研究。陈潭(2016)研究发现,大数据下的治理信息技术是网络化治理由僵化向活跃转变的突破口,由单向度管理逐步向协同化治理过渡,网络化实现管理向治理的转变,在系统的整体规划下,可以实现从被动响应管理到主动预见服务的转变。

考虑到"棘手问题"的复杂性和跨区域性,郭佳良(2020)在网络化治理框架下对其进行了研究,"棘手问题"主要存在于水资源管理、社会安全、公共卫生、生态环境治理等所有公共行政领域中。在此框架下,其他学者也针对非政府组织、突发公共卫生事件、生态环境、公共危机决策等方面进行了理论构建。刘霞等(2005)通过分析单一决策主体特征下的公共危机决策系统,发现了其中的局限性,并借助网络化治理这一构架建构了公共危机决策网络化治理结构模型。该模型有助于弥补信息缺陷、提高组织危机反应能力和突破公共危机管理能力限制。在区域环境治理领域,马捷等(2010)通过分析各区域之间水资源共享经常存在冲突的问题,提出应该从横向和纵向两个结构层面建立共享网络形态,从而形成适合中国水资源治理现状的复杂网络化治理结构。韩兆柱(2018)借助网络化治理视角,对京津冀生态治理下地方政府之间的合作路径进行了探究,为跨区域生态环境的治理提供了新的方向。孙玉栋等(2020)基于新冠疫情在全球蔓延这一背景,对传统公共卫生治理体系进行了系统性分析。并针对分析后发现的治理体系中存在的滞后性和碎片化问题,最后借助网络化治理理念,建议在治理的主体、结构、机制和过程四个方面构建政府领导下的、作用于突发公共卫生事件的网络化治理体系。韩兆柱等(2020)针对新冠疫情期间慈善组织存在的公信力缺失问题,提出了网络化治理路径。

(五)整体性治理理论

1. 整体性治理的概念内涵

在 20 世纪末,由于传统官僚制一直强调专业化分工,新公共管理将关注点集中于市场化竞争下的政府碎片化治理,西方国家在此条件下兴起了新一轮政府再造改革运动——整体性治理。Stoker(2002)提出,整体性治理强调以公众需求为价值理念,依托政府的层级、功能和部门之间的相互作用,为公众提供衔接紧密且完整的公共服务。Leat 等(2002)在横向和纵向上将思想和行动相互协调并且达成一致,目的是避免政策不一致导致的冲突,充分利用稀缺性资源,聚集利益相关方,提供紧密衔接下的整体性公共服务。Christensen 等(2006)基于对政治层面和行政领导层面关系特征的分析,将整体性治理下的改革措施分为等级式治理和协商性治理。等级性治理是政府推动的自上而下的改革措施,或是借助横向和纵向两维度互相作用,使中央权力得到恢复甚至强化;协商式治理突出强调公共机构自带的差异性,在共同协商条件下采用非等级命令的方式来推动政府改革,从而实现政府组织或者是机构层面的职能整合。

2. 整体性治理的核心内容

整体性治理的内容包括解决碎片化治理存在的困境,对现有资源进行协调和整合,通过协作形式和整合运行机制进行组织创新。治理层面,重视获取公众和消费者需求、政府数据以及信息服务现代化的应用和作用情况。胡海波

(2021)认为,整体性治理通过信息交互,解决传统的存在于政府公共行政部门的碎片化情况,通过解决信息孤岛问题,提高信息在部门之间的效率性应用,达到信息整合的目的。高建华(2010)提出,整体性理论中,可通过构建完整的法律协调机制来加强政府组织中法律制度的协调性和整合性,使法律为政府层面的相关组织有效运行提供保障。除此之外,文化变革的有效性强调形成政府组织信任条件下的凝聚力,从而有效提升政府之间的协作水平。整体性治理强调要重视公众的需求和是否真的解决了问题,要做到以公众的需求为导向,以解决问题为政府行动的出发点。Pollitt(2003)提出从整体性治理的角度看,强调的是对资源的整合和利用,通过对政府和社会的横向协调和纵向协调,使得不同政策之间相互破坏和对抗的现象消失,从而为公众提供更加高效且持续的公共服务产品,而不是碎片化产品。

　　整合、信任、协调三者的综合运用会对整体性治理的实现机制产生非常重要的影响,其中的协调机制是指在信息、认知和决策方面相互介入与参与,以价值协同、信共享和诱导动员等协同机制来实现整个合作网络和行动者之间的关系协调。胡象明等(2010)指出,协调机制是缓和主体冲突,提升网络结构凝聚力,通过成功塑造共同目标的方式提升协同治理效果的机制。整合机制既指同层次的治理整合或者是不同层次的治理整合,也可以指功能内部或与其他功能的协调,还可以指公共部门内部或是超越组织边界的整合。不同层次或同一层次的治理整合既有上下级之间,还有上级与其同一等级的治理整合;功能内部或多功能之间的协调,主要有政府系统的协作、军地协作等。在对整体性治理进行研究的过程中不难发现,整体性治理重视的是治理资源的整合,治理的目标是提升治理能力,但是对于治理界限的定义却并不清晰。Leat 等(2002)指出,信任机制强调的是信任关系的构建,强调通过信息对话、承诺和沟通分享来建立信任关系。在对政府整体性改革的总结归纳中,Ling(2002)认为在理想情况下整体治理可概况为上、下、内、外四个维度,分别表示对上承担责任、对下改进服务供给、组织内部合作、组织跨部门协作,从而实现治理资源最大限度的整合和治理效能的全面提升,以此来回应治理需求。

　　3. 整体性治理理论的应用

　　整体性治理理论被应用于政府治理、教育协同发展、突发公共卫生事件治理、公共产品治理、就业治理、大数据治理等多个领域。

　　在政府治理层面,周伟(2018)认为,整体性治理在许多方面都发挥着积极作用,包括对行政改革层面的理论指导、政府治理模式的变革、政府组织间壁垒的消除、行政封闭问题的解决,以及政府职能与资源的有效整合,同时为跨区域政府治理存在的碎片化问题提供可行的解决路径。

在教育协同发展层面,杨慷慨(2021)认为整体性治理的目的是避免不同政策之间存在冲突,以及为服务的目标用户提供可衔接的公共服务,从而完善不同区域之间高等教育协同发展下的法律体系,推动高等教育协同发展的可行性整合,建立跨区域发展的协同组织,促进文化支撑下的教育协同发展,从而促进跨区域教育协同发展问题的有效解决,并提供可行的路径。

在突发公共卫生事件治理方面,赵春琰等(2021)认为整体性治理理论已形成了一套完整的理论体系,强调从治理理念、治理规范、治理功能、治理工具多方面进行整合,具有"预防优先于治理"的基本特征,与公共卫生、医疗服务和医疗保障三大体系应对突发公共卫生事件的需要相契合,分别从初期、中期、末期预防的角度对处理公共事务提出了要求,有助于三大体系的协同运行。

在公共产品治理方面,南锐(2019)通过对共享单车存在的主体碎片化、目标碎片化和政策碎片化三大困境的分析,认为整体治理对这些问题的解决具有重要意义,通过构建多主体的整体模式,采用整体治理的路径针对性地解决主体碎片化问题。通过构建协调统一的目标,破解治理目标碎片化困境。通过加强顶层设计和基层创新,整合政策从而解决政策碎片化的问题。

在就业治理方面,李国杰(2021)指出,随着移动互联网和大数据技术在整合资源方面取得了许多成果,创新性技术应用于高职院校,依托整体性理论进行治理,为办学效能的提升提供了充分的技术层面的支持。同时,在高职院校就业工作体系的构建中,协调需求和整合的内在需求也体现了整体性治理理论在现实情况下的必要性。根据整体性治理理论,在探索高职院校学生的学习、就业新模式、新路径的过程中,可以通过跨界协同、校内外一体化、全员全方位全过程建设,解决在整体性建设中存在的决策碎片化、执行碎片化、协同不足、保障不力、局部治理等方面的问题,从而提高高职院校人才培养的质量以及学生的就业质量。

在大数据治理方面,陈桂香等(2021)指出在整体性治理理论视角下,为解决高校大数据治理制度下存在的碎片化问题,可从制度的基本组成要素出发,从以下三方面入手:在运行维度上完善大数据风险协同治理机制,在观念维度上培育大数据治理意识,在规则维度上健全大数据风险治理的法律制度体系。

（六）区域治理理论

1. 区域治理的概念内涵

在"分权化"的影响下，如何处理跨区域公共事务，成为政府和学界关注的重点，同时分权化还影响着传统的中央与地方的上下垂直关系，以及地方政府之间的水平关系。随着新的地方政府、非政府组织、企业和社区间关系的形成与复杂化，区域治理这一课题也随即产生。马海龙（2007）认为区域治理是指在充分考虑自然、政治、经济和文化等因素后，政府、非政府组织和社会公众，对区域公共事务进行协调和治理的过程。区域治理不是一个独立的过程，它的进行需要不断地互动，需要重点把握的是协调与控制。区域治理需要政府、社会组织和群众的共同参与，区域治理的特点就是权力双向运作，上下级之间充分互动。

在区域治理中，对区域按照等级划分，可以分为以下四类，分别是宏观、亚宏观、中观和微观。洲际国家之间的组织联合体可以称为宏观区域，如北美自由贸易区；跨境的多边经济合作区或是单独经济区的跨境可以称为亚宏观区域，如中国经济区；一个国家内部跨省合作的工业园区可以称为中观区域，如长三角经济区；下级行政区、县、镇可以称为微观区域，如浙江乌镇。

区域治理中的治理并不是简单的政府管理体系延伸或某一区域内好的公共管理技术。区域治理集行政、制度、政治、法律和权力等概念于一身，并在以上内容的基础上不断延伸。区域治理可以被看作一种社会调节的艺术，它的目的不仅是保持社会和生态之间的平衡，还有保证社会的生存、统一和发展。

2. 区域治理的理论基础

在原有的区域政府上加码并不是区域治理的真实含义，而是要在现在的区域政府层面，在考虑区域人文建设、发展和生态自然的情况下，实施新的、具体的组织安排。区域治理不能局限于本区域内，还要进行跨区域的合作发展，本着"以人为本"的原则，对区域内现有资源进行整合，从而实现区域的可持续发展。随着城市化进程的逐渐加快、大量城市区域的涌现，城市之间逐渐连接起来。社会各界将关注的重点转向政府在区域治理过程中对协调发展、公共服务供给和利益关系处理上的表现。

3. 区域治理的行动策略

随着社会的发展,马海龙(2007)指出我国具有不同于西方国家的制度、文化和政治背景,所以不应照搬西方国家的经验来进行区域治理,需要紧密结合具体国情。从目前来看,当下以及未来一段时间内,在区域治理过程中,政府仍将处于主导地位。在区域治理过程中,我们要秉持循序渐进的治理策略,明确制订短期、中期、长期计划,最终目标是建立一个具有全面职能、综合作用的治理模式。

短期战略是代理模式。短期内,将在条件允许的地区设立区域协调办公室。依据各方在基础设施、交通和环境保护等方面达成的共识,国务院负责搭建对话平台,成立区域协调办公室作为政府的协调部门,需要采取相关措施来鼓励非政府组织的发展,协助政府进行区域资源的协调和整合,进行资源和生产方式的共享。中期战略是核心管理模式。在代理模式的基础上,进一步扩大规模和功能范围,区域协调办公室的功能由对话平台转变为负责区域总体战略决策的制定。在这个层面上,关系也发生了变化,资源共享关系转变为业务伙伴关系,整合权责设立机构,或者设立区域业务单元,从而进一步扩大区域一体化的范围。在此阶段,非政府组织和公众参与区域重大问题的决策,增强公众参与区域治理的能力和意识。长期战略是一种综合性的功能模式。在这一阶段,关于区域治理、区域一体化以及政府间合作的法律法规相继出台,非政府组织能力以及公众的治理意识和能力也都有了良好的发展,根据各地实际情况和需要,形成了协调合作的区域治理机制。

4. 区域治理的原则

区域治理作为社会发展过程中恒久的话题,会根据环境和时代的不同而发生变化,但却有恒定的原则。马海龙(2007)提出,区域治理遵循整体性、人本化、类型化和平稳性四个原则。整体性原则指出,区域治理需要从宏观角度全面地看待问题,同时需要把握局部和整体的关系,使地方治理与高水平的区域治理体系保持一致。人本化原则坚持以人为本,着眼于满足公众的不同需求、推动社会的高质量发展,以提高人的素质和生活质量为目的进行治理。类型化原则指出要因地制宜,采用多种区域治理模式,以区域具体特点为治理主体进行治理。既要坚持普遍治理模式,又要不断创新治理体系,提高治理水平。平稳性原则指出,稳定是改革和发展的前提,区域治理应避免动荡,作为新生事物,要循序渐进,以试点为基础,进行推广。

二、人才治理

刘忠艳（2016）表示，人才治理工作是一个需要多方面协同的工作，在市场导向下，政府部门应该起到引导作用，社会积极参与，用人单位做好决策工作，同时人才也应积极主动地参与到治理工作中，由此可以形成一种集政府、市场、社会、用人单位、人才于一体的多元化治理体系，对国家人才事业和全面可持续发展起到促进作用。邱志强（2016）表示人才治理工作是政府职能的转移，政府、市场、社会作为人才管理领域的三大主体，政府负责提供基础，社会和市场负责继续强大，三个主体之间相互作用，在各自领域发挥积极作用。李青（2018）认为人才治理是指政府面对日益复杂的人才事务，无法满足人才服务的多样化需求，需要其他人才治理主体共同发挥作用，即政府、用人单位、社会组织和人才协商合作，通过对话的方式做出集体的选择和行动，相互协调，以提升人才政策质量，最大限度地维护和推进国家人才事业发展的方式。

人才治理的内涵比人才管理丰富，且具有以下特点：一是参与主体的协同性，人才治理的模式是多元主体协同参与；二是目标导向的层层递进性，人才治理的目标涵盖基本目标、重点目标和终极目标；三是治理工具的多元化，人才治理的方式方法越来越灵活多样并富有创造性；四是治理客体的复杂性，李汉卿（2014）指出，人才个体拥有主观能动性，使得人才治理变得复杂、困难。

三、国家级新区人才治理

当下治理的研究重点是企业管理或公共管理等领域，较少关注定量研究。关于国家级新区人才治理的研究较少，且只进行了定性研究，研究内容主要集中于国家级新区人才治理主体、人才治理模式、人才治理策略等方面。

（一）人才治理主体

孙锐等（2016）、孙锐等（2016）通过阐释习近平总书记对人才工作的指示精神，从公共治理的视角指出人才发展治理体系需强调政府、市场、社会组织等多主体的协同，指出协同治理理论为完善人才治理体系，推动政府人才治理工作，促进社会组织发挥自身优势，积极参与人才治理工作，推动国家人才治理发展提供了理论基础。邱志强(2016)认为人才协同治理逐渐改变了政府和市场、政府和社会、政府和人才在管理体系中的管理和被管理、控制和被控制的传统关系,必须通过沟通、协调、合作等方式实现政府、市场、非政府组织、企业和人才等主体的关系。刘忠艳(2016)认为人才治理是通过发挥政府、市场、用人单位、社会和人才等多元治理主体结构框架的作用,促进国家人才事业发展的治理方式。

(二)人才治理模式

现有人才治理模式的研究更多地停留在人才治理机制层面,鲜有学者深入研究人才治理模式。孙锐(2015)提出了建立中国特色人才战略与人才治理体系的思路,认为只有顺应人才发展的基本规律,重点改革完善人才体制机制,才能够实现人才事业的不断向前发展。刘忠艳(2016)指出实现人才治理目标的动力机制需要科学完善治理主体之间内部关系机理的驱动。吴坚(2011)指出国家和社会急需构建科学完善的人才治理体系,人才治理体系架构应以多中心治理理论为理论基础,遵循自主治理的三个层次的客观要求,设计完善人才治理体制机制,制定促进国家人才事业有序向前发展的合理目标。

本书主要研究协同治理理论在人才治理中的应用。协同治理理论是20世纪90年代后期由社会科学治理理论与自然科学协同合作,相互交叉而形成的新理论(Montoya et al.,2015;Kossmann et al.,2016;Kallis et al.,2009)。李汉卿(2014)指出,协同治理的实质是在开放系统中探究有效治理事物结构的互动和协调的过程,其具有主体多样性与开放性的特征。协同治理理论在当下主要被生态环境协同治理、公共危机协同治理、技术创新协同治理和人才协同治理等领域所采纳。在人才协同治理领域,邱志强(2016)基于苏南实践研究,指出人才治理也是合作治理的一个重要组成部分,具有深远的意义。实现人才协作治理,有助于加快社会组织发展改革,促进政府转型,适应市场需求,促进社会主义市场经济的发展。

(三)人才治理策略

邱志强(2016)回顾对协同治理理论的基础上,分析了人才协同治理的现实意义,指出人才协同治理是社会组织发展和改革的方向,是市场引导的要求,并提出政府应承认并充分尊重市场、社会组织的人才治理主体地位,完善其他主体参与人才治理的框架机制,协调发挥各自的优势作用等几个方面的人才治理策略。刘忠艳(2016)提出对政府人才治理功能边界进行科学的设定、改革完善人才治理体制机制、建立人才协同治理的网络化管理策略、厘清"政府—市场"关系边界等人才治理策略。

第五节　雄安新区人才资源相关研究

一、要素流动视角下的区域城市发展

一方面,雄安新区成立之后,河北的中南部地区也会受到带动,实现共同发展,同时河北省的其他城市也可以借鉴雄安新区的建设发展经验,从城市发展观念、创新激励以及城市管理水平等多个方面进行有针对性的学习,促进河北省的城市经济发展,使河北省的经济结构趋向合理,也能够在一定程度上改善北京、天津对河北省的纵向辐射不充分的问题。另一方面,建设雄安新区无异于建设一个新城市,因此需要各方共同努力、协调合作,雄安新区周围的城市要帮助和支持雄安新区的建设,尤其是要全力配合相关基础设施的建设、生态环境的控制管理以及产业间的协同配合等。由此,李兰冰等(2017)研究指出,雄安新区的建设过程将推动京津冀三省市出现更多的合作,使各种资源能够实现跨区域、跨地区流动,特别是人才资源、资金、技术资源、公共服务资源等,也能够大大提高城市网络的辐射性,推动京津冀三地发展更加均衡。

评价城市的发展除了可以考察城市人口数量和 GDP 水平外,城市与城市之间的交流联系和协作水平也应被纳入关注范围。这是因为城市不是独立存在的,它需要与周边城市建立联系,如资源流通、信息共享、技术交换、人口流动等。王宁宁等(2015)认为,正是有了这些要素和形式的存在,使得城市与城市之间互相联系,形成一个有机整体,也就是所谓的城市网络。Castells(1996)提出了流动空间的概念,认为在城市网络系统的建设和发展中,城市节点的作用是很大的,这一观点从全新的理论角度出发,极大地丰富了区域城市网络的相关研究。叶强等(2017)指出,越来越多的国内外学者用"流"这一概念研究城市与城市间相互联系、相互影响的现象,以及区域城市的网络结构等问题。国内外学者从"流"的视角研究城市网络问题,并探究其背后的关系,已经获得了一定的成果,具体可以概括总结为信息流、交通流、企业组织流三大类。

首先是信息流方面。Malecki(2002)、Townsend(2001)收集了全球主要互联网节点的数据,通过研究分析发现城市网络的演化发展在很大程度上受到主要互联网节点的分布情况的作用和影响。王宁宁等(2015)收集了城市关注度百度指数和城市年鉴数据等资料,并在此基础上搭构城市空间辐射网络模型,以我国36个关键城市为研究对象,分析归纳了这些城市在城市网络方面的特点。熊丽芳等(2014)依托百度信息流,选取了中国长三角地区、珠三角地区和京津冀区域的相关数据,主要分析了2009—2012年这些地区的城市网络所表现出来的时空层面的特点。叶强等(2017)采用了百度网提供的我国春运期间的人口迁移数据,以长江中游各城市为研究对象,从三个方面对这些城市群网络展开调查研究,分别是核心边缘结构层面、人口密度方面和城市中心性方面。在互联网新技术的支持下,信息流能够较好地描述位于不同区域的城市跨区域的连接网络,不足之处在于研究的维度不够丰富。

其次是交通流方面。焦敬娟等(2016)基于我国高铁列车的数据,分析了城市网络层级与集聚的空间局面的形成与演化机制,主要包括了三个层面,分别是社区结构、权重中心度和冲积图。钟业喜等(2011)借助图表判别法和聚类分析法,对相关城市的始发列车等数据进行分析,进而归纳总结出我国城市的等级构造和相应的分布情况。王娇娥等(2009)基于复杂网络的理论知识,研究了我国航空网络的内在结构,认为从空间的分布情况来看航空网络在结构上的可到达性与城市网络系统的顶层结构很相像。宋伟等(2008)基于动态的视角,采用聚类法、优势流、距离平方这三种研究方法,探究了我国关键城市的网络层级及其随时间推进出现的变动情况。交通流相关的研究数据大多来源于传统的统计数据,更倾向于基于宏观角度来测量评价区域城市的骨干网络,缺点在于缺乏基于微观角度的研究。

最后是企业组织流方面。王娟等(2015)收集了我国20家国际酒店的企业官方网站公布的统计数据,总结出我国酒店行业的城市网络等级体系,该体系的中心城市为北京、西安、上海、杭州这四个城市。尹俊等(2011)研究了金融服务业,主要采用了位于中国主要城市的63家规模较大的金融企业总部或其分支机构的相关分布情况的数据,参考 Taylor 等[①]在分析城市网络时所运用的方法,定量分析了我国的城市网络布局。从研究视角上看,企业组织流这一视角完善了交通流研究的不足之处,研究了微观层面下也就是企业角度的城市网络,但是,仅仅选择某一类企业作为样本来研究城市与城市的网络关系,存在着一定的局限性,比如企业数据的选择不具有代表性,由此导致研究成果可信度低等。

综上所述,目前很少有研究基于人口流动的角度展开,这可能是由于人口流动往往难以测度。人口数据的来源主要是人口普查统计结果和统计年鉴,这就导致了收集到的数据很大可能是滞后的。事实上,传统的数据来源不能很好地用来分析城市复杂的网络关系,原因主要在于数据的准确性和及时性不强。但是时代的进步和数据采集技术的蓬勃发展,使得对复杂的城市网络关系的研究变得可行,同时也会最大限度地保证数据的精确度和及时性。而且人口流动涉及多个领域,也覆盖到了信息、生产和交通、资源等部门。人口流动综合了多种资源,并在结构上相对完整,对分析城市的网络关系有着不可或缺的作用。

二、雄安新区人口流动

设立雄安新区的主要目的之一是承接首都人口的转移,从而缓解北京非首都功能的压力。自雄安新区设立起,企业和高校均与雄安新区展开了不同程度不同层面的合作。100 多家企业和众多高校都明确表示未来将在雄安新区设立分支机构和分校区。不论是和企业的合作,还是高校的分校区建设,都伴随着大量的人口流入雄安新区,其中包含很多非本地人口。人口是雄安新区建设的重要资源,对国家进行财富分配具有十分重要的作用。Shao 等(2014)、Bogataj 等(2019)指出,人口流入某个区域是用脚来投票的,人口集聚一方面源于人口自身驱动,另外也与区域公共服务水平、发展环境、优惠政策有关。李拓等(2015)、杨刚强等(2017)认为,人口集聚是评价区域内各种政策效果的最终体现。

人口流动现象实际上是一种复杂的社会经济现象,这种现象受到多种因素的作用影响。现有的围绕人口迁移流动现象的研究领域,如地理学领域、经济

---

① Taylor(2004)、Beaverstock 等(2004)领导的团队主要以生产性服务企业为研究对象,进而定量分析城市网络格局。

学领域、社会学领域和人才学领域等,研究成果主要集中在人口流动的成因、规律及其对社会发展的影响等方面。在人口流动领域有一些比较经典的、值得引用学习的理论,如引力模型、人类生态学理论、推拉理论和生命周期理论等,国内外学者基于这些理论对人口流动的相关问题展开了分析探讨。劳昕等(2016)借助引力模型研究人口迁移网络的问题,并结合地理空间异质性思维,搭构了人口迁移机制相关的城市系统模型。

人口流动的定量预测可分为两类。一是预测人口结构,这类预测的基本思路是以人口的性别、年龄等特征为依据,推测未来人口结构比例。如王广州(2016)采用人口普查数据和抽样调查数据,借助系统模拟技术,预测了中国失独女性的总人数。段海燕等(2017)通过搭构耦合协调发展度预测模型的方法预测了吉林省在2030年包括经济、能源环境、人口等在内的各种资源耦合协调发展的趋势。二是预测总人口数量变化趋势,操作方法是收集过去的人口数据和相关经济数据,并以此为根据,运用数学方法计算地区人口数量的变化趋势及发展趋势。如贾洪文等(2018)利用灰色预测模型、线性回归模型预测分析了甘肃省2017年至2030年的人口发展趋势。

三、雄安新区人才资源

在经济的发展过程中,需要对区域进行重新布局,整合特定的区域资源,从而构建新的城市区。通过发挥特定区域的潜在优势和竞争优势,对产业布局进行优化,不断提高产能等级,促进经济质量的发展和战略效益的提高。近年来以雄安新区为范畴的相关研究不断涌现,对雄安新区创新系统、生态系统等的相关研究持续升温。现有的关于雄安新区人才资源的研究,主要围绕外部人才的流入、雄安新区内部形成的人才聚集以及合理配置人才这几方面展开,而关于雄安新区内部的人才规划和未来发展的研究还不够深入。

四、雄安新区人才资源重构

人才资源是科技创新和经济发展的主要动力,是技术转移、知识流动的主要载体。吴庭禄等(2016)指出,雄安新区人才资源如果不重构,人才的竞争力和效率就会降低,就无法适应雄安新区产业升级与经济发展对人才资源的需求。雄安新区的建设和发展是一个复杂的过程,囊括了地区区域和社会空间层面在内的多个维度,是建设城市区或者说再建设城市区的过程。郝寿义等(2018)认为,在经济转型、产业调整的过程中,随着人才的流动和聚集,整个雄安新区的人力资源存量将发生变化,导致人力资源的更新和重组,通过各种要素的重组进而实现雄安新区发展模式的重构。目前以雄安新区重构为主题的相关研究主要围绕人口及社会重构(朱宝树,2002)、产业群落重构(周桂荣等,2007)、尺度重构(晁恒等,2015)、城市空间重构(吴庭禄等,2016)、行政关系及区划重构(杨文彬,2017)、服务价值重构(吴健生等,2017)等。朱宝树(2002)指出,设立雄安新区的目的之一就是承接北京的非首都功能,在现有基础上进一步调节京津冀关系,使得雄安新区政府与中央、北京市、天津市、河北省政府之间的关系得到重新构建,进而表现出崭新的关联关系。杨文彬(2017)分析了雄安新区的设立对京津冀之间关系的调节作用,认为通过雄安新区的设立,中央政府、京津冀与雄安新区之间的关系得到了重构,并表现出一种新的格局和形态。在雄安新区的建设发展过程中,重构是一直存在的,重构是持续发展、转型升级的基础,尤其是人力资源重构对雄安新区的知识更新、技术升级和创新发展起着关键作用。

从不同的维度来看,既可以把雄安新区的人力资源重构看成一个过程,也可以将其视为一个系统。从空间的角度出发,也就是结构观,有人参与的系统就是一个相对复杂的系统,人才资源系统的范围可能很大,比如一个行业、一个地区、一个国家,也就是人才社会系统;人才资源系统的范围也可能很小,就是一个特定意义的组织,也就是人才组织系统。需要注意的是,一个人才个体也可以算作一个人才个体系统。区域人才资源系统是一个复杂的系统,其处于流动状态并且具有多个层次,也就是说,在一定的空间范围下,区域人才资源系统是人才个体之间存在相互联系和相互作用,并与外部环境也产生相互作用而构成的整体。某种意义上,人才资源重构是一个区域人才资源系统的功能单元,所以基于空间维度的雄安新区人才资源重构是构造复杂的系统。从时间的角度出发,也就是过程观,雄安新区人才资源重构在内部能够自组织演化,在外部能够与环境互相作用和发展,也就是说,雄安新区人才资源重构是一个处于动态变化并不断发展的过程。

综上可知,当前关于国家级新区人才资源重构的研究仍存在以下研究空间:

第一,现阶段研究国家级新区偏重对顶层设计的定性思考,对人才等要素聚集引发的问题有待细分和量化。

第二,关于区域人才流动与聚集的研究深化了对人才建设复杂性的认识,但仍缺乏对雄安新区人才资源重构的内涵、目标需求和内在机制等新问题的考虑。

第三,韧性逐渐应用于社会生态系统研究领域,为本书奠定了理论基础。然而,人才资源韧性研究还存在概念定义缺乏、构成维度模糊和测量模型未定等问题,如何在韧性视阈下设计国家级新区人才资源重构的实现路径尚待探索。

鉴于此,以北京非首都功能疏解、雄安新区创新发展、外来人才聚集、社会治理体系不完善等为具体情境,本书试图明晰国家级新区人才资源重构的内在机制,进而基于“人才资源脆弱性的监测与预防—人才资源重构趋势的预判与应对—人才资源重构路径的模拟与评估—人才资源重构路径的保障与优化”的思路,提出国家级新区人才资源重构的实现路径和保障策略。

第四章　国家级新区人才资源韧性监测预警方法设计及应用

改革开放以来,为了减少战略失误,国家主张经济战略改革在部分区域先行先试,如果试行效果好,再大面积推广。因此,国家先后设立了经济特区、国家级新区等。国家级新区是国家发展新阶段承接改革开放重任的全面功能区,它的成长受到主体城市的直接影响,更与我国推行经济高质量发展的总体战略以及构建高效有序的新区空间格局有密切关联。为实现区域经济的高质量增长,推动产业转型升级,建设现代化经济体系,自 1992 年以来,上海浦东新区、天津滨海新区等 19 个国家级新区先后拔地而起。"十三五"规划纲要指出,要创新促发展,同时严把质量关,实现国家级新区高质量发展,在此基础上发挥其引领作用。这些都表明国家级新区在带动各地区经济发展中的引导者角色和发展引擎功能。

进入 21 世纪后,我国提出人才强国战略。《中国科技人才发展报告(2020)》指出,当下我国 R&D 人员全时当量超过 500 万人年,总量比第二位的美国高很多,并且依旧保持年均 7% 以上的增长速度,有力地提升了我国的科技创新能力和创新质量,对跻身创新型国家前列具有重要意义。近年来,海外人才大量回流,同时也吸引了近 100 万外国人才来华工作,国家级新区作为新开发、改革的大城市区,享受一系列综合改革配套试验政策,是其主体城市发展制度的探索和创新,自然也吸引了大量人才的涌入。大规模的人才涌入,使得国家级新区原有内部人才资源受到了前所未有的冲击。对于国家级新区如何在这些冲击和不确定风险因素下实现高质量发展,在外界扰动下调试系统内部,增强对抗风险的能力,是一个很大的考验,国家级新区应从人才内外系统的角度全面出发,应对好外在的冲击和挑战,才能合理运用好引入的国内外人才,使其为国家级新区未来的稳定发展贡献自己的一份力。

为解决"如何精准评估国家级新区人才资源抵御冲击的能力"这个问题,本章先阐述了国家级新区人才资源的韧性化解释,然后构建了国家级新区人才资源韧性体系,最后设计了国家级新区人才资源韧性预警体系,并对结果进行了阐释。

第一节　国家级新区人才资源的韧性化解释

一、国家级新区人才资源的韧性化理念

人才资源是推动经济发展的第一要素,对促进国家级新区更好地承接新阶段国家改革开放重任具有关键性的战略意义。孙阳等(2017)指出,国家级新区人才资源群体作为一个非独立系统,与周围环境存在着强烈的交互作用,所以,自其形成以来便不可避免地受到来自外界和自身各种因素的影响,这些因素包括政策实施、气候变化等各类不安定扰动因素。刘凤等(2020)认为韧性理论可通过增强系统的抗冲击能力,使系统在受到外界冲击情况下依旧能够获得进阶发展。借鉴梁林等(2020)在韧性视角下对人才的内涵界定,本书力图给出国家级新区人才资源的韧性化解释,进而归纳出国家级新区人才资源的韧性特征,以便从群体内部和外部全面考虑,构建国家级新区人才资源韧性监测体系,使国家级新区人才资源可以更好地应对外部环境变化。

第一,借鉴 Sgrò 等(2015)界定的一般系统的演进韧性内涵,本书将国家级新区人才资源韧性界定为国家级新区人才资源在面对外界不确定冲击和扰动时所具备的抵御能力与恢复能力,并在长期的适应性中协调系统内部使其实现进化发展的能力。

第二,从韧性视角来看,国家级新区人才资源的各个方面如结构、功能等,在受到外部冲击的扰动时,会有或好或坏的变化,可以说这些外部冲击是一个促使系统发生变化的助推器。在与外部环境实时交互的过程中,国家级新区人才资源内部创新主体之间进行各种形式的资源交流(流动性),并不断集聚外部创新资源,表现为创新主体种类和数量的增加,以及国家级新区人才资源内部结构的复杂变化(多样性),以此化解外部冲击对国家级新区人才资源产生的影响(缓冲性),继而实现国家级新区人才资源的进阶发展(进化性)。

第三,借助韧性特征实现韧性测度的可能性,以一个相对新颖的角度即韧性特征量化,对国家级新区人才资源的发展进行测度与警示。韧性相关研究表明,韧性测度结果是整体韧性强度的量化表征,而韧性特征的量化是刻画韧性值的重要方式(梁林等,2020)。可见,识别目标系统的韧性特征是进行韧性测度的前提。根据以往学者对一般系统韧性特征的表述特征,通过对国家级新区人才资源韧性化理念的剖析,可识别出国家级新区人才资源在多样性、流动性、缓冲性、进化性这四个维度上的韧性特征。

二、国家级新区人才资源的韧性特征

(一)多样性维度

从韧性视角来看,国家级新区人才资源的多样性反映系统内创新主体要素种类的多样化,这是国家级新区人才资源应对外部环境冲击、实现进阶发展的基础条件。多样性越强,则可以为人才资源内外部多样合作提供越多可能,也使其在发展中具有更稳定的成长韧性。

(二)流动性维度

从韧性视角来看,国家级新区人才资源的流动性反映人才资源内部,人才群体与生存环境之间相互协调的可靠性与适应性,这是国家级新区人才资源实现进阶发展的动力来源。流动性越强,国家级新区人才资源创新合作活动和创新要素交流互动就越多,系统内要素就越可能被充分利用,国家级新区人才资源的发展活力就越强。

(三)缓冲性维度

从韧性视角来看,国家级新区人才资源的缓冲性反映系统内部资源存量情况,是国家级新区人才资源缓解外部环境冲击的基础保证。缓冲性越强,表明该系统资源存量越丰富,在面对外部环境冲击和扰动时,越有可能在保证正常运转的情况下,为国家级新区人才资源进行调整争取充足的时间。

(四)进化性维度

从韧性视角来看,国家级新区人才资源的进化性反映了人才资源创新效率,这是该系统面对环境冲击实现进阶发展的创新保障。进化性越强,表明国家级新区人才资源的科技创新投入产出效率越高,保证在面对外部冲击和扰动时,国家级新区人才资源能够通过自适应、自学习进行调整和改变,使其可以更好地适应冲击和扰动,甚至将外部冲击视为进阶的机遇。

第二节　国家级新区人才资源韧性体系设计

一、国家级新区人才资源韧性指标分析

(一)多样性指标分析

郑江坤等(2009)指出,生物多样性为人类日常生活提供了物质基础,其丰富水平对维持系统的稳定性极其重要。而人才资源作为国家级新区生产创新的主要动力源和主体要素,其多样性可以弥补冲击扰动时,因单一物种的波动导致的国家级新区人才资源功能受限,带来更多解决问题的思路、信息和技能。另外,高校作为培养人才的主战场,它的多样性可以在一定程度上保证为该国家级新区培养输送更多样的专业人才。因此,本书选取人才多样性和高校多样性作为多样性维度的评价指标。

(二)流动性指标分析

流动性是国家级新区人才资源正常运行、生存和自组织的重要保障。它代表了基本服务的可及性,以及物质交换和能量流动的便利性。流动性好的国家级新区人才资源系统支持生态功能的发挥,有利于生物多样性的维持。此外,流动性还增强了国家级新区结构的完整性,能反映人才资源系统内部人才群体与生存环境之间相互协调的可靠性与适应性。本书借鉴黄梅等(2008)建立的人才生态区熵流模型,从人才储备及人才与内、外部环境交流三个方面选取流动性维度指标。

(三)缓冲性指标分析

一般来讲,创新性系统的资源可划分为经济、社会、信息、知识等类型(宋

洋,2017)。而国家级新区人才资源作为新区这一特定区域内,人才群体与其生存环境在不断相互影响作用下所共同组成的有机系统,本身就具有创新性、实践性和层次性等显著特征。因此,本书选取信息资源、知识资源、经济资源和社会资源作为国家级新区人才资源缓冲性维度评价指标。

（四）进化性指标分析

国家级新区人才资源实现进阶发展需要人才主体的创新性、实践性的价值创造活动,为保证创新活动的效率,借助需要提高创新资源配置能力。创新资源配置能力往往通过投入产出比来衡量。创新资源的投入包括创新人才、创新资金和创新信息等,而基础创新产出和应用创新产出是重要的创新产出指标。因此,本书选取区域人力资源投入、区域资金资源投入、区域信息资源投入、区域创新产出作为进化性维度指标。

二、国家级新区人才资源韧性指标体系设计

在梳理各个研究领域评估框架中核心指标体系设计的基础上,本书依据国家级新区人才资源韧性的内涵及特征,结合上述韧性维度分析,遵循指标选取的可获得性和科学性原则,最终将国家级新区人才资源韧性测度指标体系分为4个评价维度、13个一级指标和18个二级指标,见表4.1。

表 4.1　国家级新区人才资源韧性监测指标体系

维度	一级指标	二级指标	指标性质
多样性	产业人才多样性	产业人才分布	正向
	高校多样性	高校分布	正向
流动性	流动人才储备	普通高等学校在校生人数	正向
	人才与内部环境的流动性	规模以上内资企业个数	正向
	人才与外部环境的流动性	规模以上港澳台资企业个数	正向
		规模以上外商投资企业个数	正向

续表

维度	一级指标	二级指标	指标性质
缓冲性	信息资源	邮政业务收入	正向
		电信业务收入	正向
	知识资源	公共图书馆图书藏量	正向
	经济资源	人均地区生产总值	正向
	社会资源	年平均人口	正向
		科技支出占地方财政支出比重	正向
		教育支出占地方财政支出比重	正向
进化性	区域人力资源投入	R&D 人员数量	正向
	区域财力资源投入	R&D 经费支出	正向
	区域技术资源投入	互联网宽带接入用户数	正向
	创新产出	专利申请数	正向
		专利授权数	正向

表 4.1 中大部分指标可直接或通过简单计算获取,但部分指标的计算较为复杂,因此做如下说明:①产业人才分布是指各产业人才的分布情况,按照中国城市统计年鉴标准将产业人才分为第一产业从业人员、第二产业从业人员和第三产业从业人员。②高校分布是指不同职能和培养目标院校的层次分布情况,本书将院校划分为普通高等学校和中等职业教育学校。

第三节　国家级新区人才资源
韧性监测与预警模型构建

（一）多样性监测模型

多样性指数能测度系统内部组成结构的复杂程度。香农-威纳（Shannon-Wiener）指数的提出最初是为了测算生物多样性的,以反映群落种类的分布情况,后来被逐渐应用于社会科学领域,用于测算人才多样性、产业多样性等。因此,本书选取香农-威纳指数作为多样性维度的测度模型,计算公式为

$$H = -\sum_{i=1}^{n} p_i \ln p_i \tag{4.1}$$

其中,Shannon-Wiener 指数 H 表示信息量,p_i 表示 i 种类数量占总数量的比重,n 表示种类数目。H 越大,表明多样性越高,表示国家级新区人才资源主体要素种类分布越多。

(二)流动性与缓冲性监测模型

指标权重的赋权方法通常包括主观赋权法和客观赋权法两类。客观赋权法往往能更好避免人为因素对指标测度结果的干扰,更加如实地反映指标的实际情况。熵权法作为客观赋权法的一种,通过指标数值的离散程度来反映指标占比情况。TOPSIS 模型则先找出数据的理想值,通过比较实际值与理想值的距离,来选择最优决策。学者任亮等(2020)提出将熵权法与 TOPSIS 模型结合起来,这个组合模型也被频繁应用于各类评价研究中。考虑到测度维度及指标的特性,本书采用这个组合模型作为流动性和缓冲性两个维度的测度模型,符合计算模型选取的合理性和客观性。计算过程如下。

第一步,对原始数据进行 Min-Max 无量纲化处理,计算公式为

$$X'_{ij} = \frac{x_{ij} - \min\{x_{1j}, x_{2j}, \cdots, x_{mj}\}}{\max\{x_{1j}, x_{2j}, \cdots, x_{mj}\} - \min\{x_{1j}, x_{2j}, \cdots, x_{mj}\}} \tag{4.2}$$

$$X'_{ij} = \frac{\max\{x_{1j}, x_{2j}, \cdots, x_{mj}\} - x_{ij}}{\max\{x_{1j}, x_{2j}, \cdots, x_{mj}\} - \min\{x_{1j}, x_{2j}, \cdots, x_{mj}\}} \tag{4.3}$$

其中,$X_{ij}(i=1,2,\cdots,m;j=1,2,\cdots,n)$ 为第 i 个国家级新区人才资源第 j 项指标的观测值,为正向指标;X'_{ij} 为无量纲化后的观测值。

第二步,对无量纲化数据进行加权,计算公式为

$$r_{ij} = W_j X'_{ij} (i=1,2,\cdots,m;j=1,2,\cdots,n) \tag{4.4}$$

其中,r_{ij} 为第 i 个国家级新区人才资源的第 j 项指标无量纲化的加权值;W_j 为第 j 项指标的权重,由熵权法测算得到;X'_{ij} 为无量纲化处理后的指标。

第三步,确定国家级新区人才资源的正理想解 S_j^+ 和负理想解 S_j^-,计算公式为

$$S_j^+ = \max_{1 \leqslant i \leqslant m}\{r_{ij}\}, j=1,2,\cdots,n$$
$$S_j^- = \min_{1 \leqslant i \leqslant m}\{r_{ij}\}, j=1,2,\cdots,n \tag{4.5}$$

第四步,计算国家级新区人才资源与理想解之间的欧氏距离,计算公式为

$$Sd_i^+ = \sqrt{\sum_{j=1}^{n} (S_j^+ - r_{ij})^2}, i = 1, 2, \cdots, m$$

$$Sd_i^- = \sqrt{\sum_{j=1}^{n} (S_j^- - r_{ij})^2}, i = 1, 2, \cdots, m \tag{4.6}$$

其中，Sd_i^+ 是第 i 个国家级新区人才资源与正理想解之间的欧式距离；Sd_i^- 是第 i 个国家级新区人才资源与负理想解之间的欧式距离。

第五步，计算国家级新区人才资源与理想值的相对贴近度 B，即流动性和缓冲性，计算公式为

$$B = \frac{Sd_i^-}{Sd_i^+ + Sd_i^-}, i = 1, 2, \cdots, m \tag{4.7}$$

(三)进化性监测模型

进化性维度的测算结果反映了国家级新区人才资源系统内创新资源的投入产出效率。对资源的投入产出效率的衡量，最常见的就是 DEA 模型，再者本次进化性维度测度指标选取上包括多个投入、多个产出指标，经综合考虑，要选择 BCC 模型来对规模收益变动情况下的各 DMU 进行效率评价。因此本书运用 DEA-Malmquist 指数模型中的 BCC 模型对国家级新区人才资源的进化性维度进行度量，计算公式为

$$\min[\theta - \varepsilon e^t (s^- + s^+)]$$

$$s.t. \begin{cases} \sum_{j=1}^{n} X_j \lambda_j + s^- = \theta X_k \\ \sum_{j=1}^{n} X_j \lambda_j - s^+ = Y_k \\ \sum_{j=1}^{n} \lambda_j = Y \\ \lambda_j \cdots 0, j = 1, 2L, n \end{cases} \tag{4.8}$$

$$D^t(x^t, y^t) = \inf(\theta \mid x^t, \frac{y^t}{\theta}) \tag{4.9}$$

$$E = M(x^{t+1}, y^{t+1}, x^t, y^t) = \left[\frac{D^t(x^{t+1}, y^{t+1})}{D^t(x^t, y^t)} \times \frac{D^{t+1}(x^{t+1}, y^{t+1})}{D^{t+1}(x^t, y^t)} \right]^{\frac{1}{2}} \tag{4.10}$$

该模型是对进化性的相对度量，涉及全部国家级新区人才资源。其中，

θ 是国家级新区人才资源效率系数，$\theta \in [0,1]$。当 $\theta = 1$ 时，表明国家级新区人才资源决策单元 DMU 为技术有效；否则，表明决策单元 DMU 为技术无效。n 是国家级新区数量。假设每个国家级新区决策单元 DMU 都有 m 个投入指标、l 个产出指标，对于第 j 个国家级新区决策单元 DMU 分别用向量 $\boldsymbol{X}_j$ 和 $\boldsymbol{Y}_j$ 表示。$X_j = (x_{1j}, x_{2j}, L, x_{mj})^T$，$x_{mj}$ 表示第 j 个国家级新区第 m 个投入指标，$Y_j = (y_{1j}, y_{2j}, L, y_{mj})^T$，$Y_{ij}$ 表示第 j 个国家级新区第 l 个产出指标。λ_j 为权重系数。$\boldsymbol{X}_k$ 和 $\boldsymbol{Y}_k$ 分别是国家级新区决策单元 DMU_k 的投入指标向量和产出指标向量，$k = 1, 2. L, n$、εe^t 为参数。S^+、S^- 为松弛标量。$\ln f()$ 为下界函数。$D^t(x^t, y^t)$，$D^t(x^{t+1}, y^{t+1})$ 是以 t 期为参考时间点，t 期和 $t+1$ 期国家级新区决策单元 DMU 的距离函数。$E > 1$，表示相邻两个时期国家级新区人才资源进化性提高；$E < 1$，表示相邻两个时期进化性下降；$E = 1$，表示进化性不变。E 值越大，表明新区人才资源进化性越强。

（四）国家级新区人才资源综合韧性值耦合模型

国家级新区人才资源的整体韧性，并不是这四个维度韧性值的简单相加或相乘，它体现为四个维度的有机耦合。因此，本书借鉴于洋等（2020）的耦合协调度的计算方法，来测度国家级新区人才资源的综合韧性值，计算公式为

$$S = \left\{ \frac{H \times B \times C \times D}{(\frac{H \times B \times C \times D}{4})^4} \right\}^K$$

$$T = \alpha H + \beta B + \gamma C + \lambda D \tag{4.11}$$

$$R = S \times T$$

其中，H 为国家级新区人才资源多样性维度韧性值，B 为流动性维度韧性值，C 为缓冲性维度韧性值，D 为进化性维度韧性值，它们全不为 0。K 为调节系数，本书取 $K = 4$。S 表示四个维度的协调水平，取值范围为$(0,1)$。$H = B = C = D$ 时，S 为最大值，取 1。H、B、C、D 差异越大，S 的值越小。S 越大，表示四个韧性维度的协调状态越好。T 表示四个韧性维度的综合水平。α、β、γ、λ 为待定系数，由于四个韧性维度同等重要，所以 $\alpha = \beta = \gamma = \lambda = 0.25$。$R$ 为国家级新区人才资源综合韧性值，R 越大，表示韧性越强。

（五）国家级新区人才资源韧性预警模型

开展国家级新区人才资源韧性的预警测算,动态监测不同国家级新区人才资源韧性预警态势变化,可以帮助不同国家级新区人才资源有针对性地采取合理的韧性提升对策。参考以往学者在类似研究中对预警模型的应用,本书选取用韧性测度结果变动的向量夹角余弦值和失衡水平的相关测算,作为接下来开展预警研究的计算模型,具体计算过程如下。

第一步,确定向量夹角。

记 $\vec{R}(0) = (R_1(0), R_2(0), R_3(0), R_4(0))$ 为 t 年国家级新区人才资源四个维度所构成的理想四维向量,$\vec{R}(t) = (R_1(t), R_2(t), R_3(t), R_4(t))$ 为 t 年每个区域所形成的实际四维向量,两个四维向量的贴合程度可以通过它们之间形成的夹角反映出来,故本书中记 D 为两个向量夹角余弦值的大小,D 越大,夹角越小,说明两个四维向量很贴近,实际值与理想值差距不大。

$$D = \frac{\vec{R}(0) \cdot \vec{R}(t)}{|\vec{R}(0)| \cdot |\vec{R}(t)|} \tag{4.12}$$

第二步,定义警戒区域。

向量夹角并不反映四维向量内部各个维度之间的协调程度,故本书从客观合理的角度出发,选取如下方式计算国家级新区人才资源警戒度。

$$J_t = (1 - C)(1 - D) \tag{4.13}$$

其中,J_t 表示警戒度;C 为韧性四个维度的协调水平,$1 - C$ 为失衡水平;D 表示实际情况下韧性四个维度实际值与理想值的接近程度,$1 - D$ 表示分离程度。

第三步,预警区间划分。

结合国家级新区人才资源韧性的实际情况,本书参考相关预警研究的划分方法,对国家级新区人才资源韧性预警区间做如下划定:当韧性预警结果值 J_t 位于 0 与 5 的两边闭合区间内时,表明测度得到的国家级新区人才资源实际韧性值接近理想值,处于平稳安全状态,用"√"来表示。当韧性预警结果值 J_t 位于 5 与 10 的左开右闭区间内时,意味着测度得到的国家级新区人才资源实际韧性值偏离理想值,处于需要密切关注的状态,用"!"来表示。当韧性预警结果值 J_t 大于 10 时,意味着测度得到的国家级新区人才资源实际韧性值与理想值有很大差距,这个差距已经处于不正常的范围了,其韧性处于告警状态,用"×"来表示。

第四节　国家级新区人才资源
韧性监测与预警实证分析

一、数据来源

国家级新区的成立虽然是中共中央和国务院站在全国发展的角度制定的国家发展战略,但它往往带有明显的地域特色,因为它需要所在区域为其提供各项资源,如人才资源、教育资源等。与此同时,当前学术界对国家级新区人才资源的测度指标呈现多样但杂乱的特点,鉴于此,从数据获取合理且可行的角度出发,本书借鉴参考叶姮等(2015)的方法,将国家级新区所依托发展的城市数据作为获取国家级新区人才资源数据的主要手段。

从可获取数据完整性角度出发,2016 年以后才成立的长春新区、赣江新区、雄安新区不纳入统计。本书的具体数据主要来源于:①年鉴数据。历年《中国城市统计年鉴》是获取大部分数据的主要来源;历年《中国统计年鉴》与《中国劳动统计年鉴》对指标数据进行一定的补充。②互联网数据。互联网数据具有很强的更新能力,可对滞后性较强的二手数据起较好的互补作用。对于一些难以获取的数据,可通过查找互联网上权威的数据机构获得。

二、计算过程

韧性指标体系中不同维度指标占比的计算,全部采取客观赋权法的熵权法来实现,权重计算结果见表 4.2。

表 4.2　国家级新区人才资源韧性监测指标的动态权重

维度	一级指标	二级指标	指标性质	指标权重			
				2016 年	2017 年	2018 年	2019 年
多样性	产业人才多样性	产业人才分布	正向	0.020	0.024	0.020	0.020
	高校多样性	高校分布	正向	0.027	0.030	0.024	0.030

续表

维度	一级指标	二级指标	指标性质	指标权重			
				2016 年	2017 年	2018 年	2019 年
流动性	流动人才储备	普通高等学校在校生人数	正向	0.020	0.021	0.021	0.021
	人才与内部环境的流动性	规模以上内资企业个数	正向	0.054	0.056	0.053	0.053
	人才与外部环境的流动性	规模以上港澳台资企业个数	正向	0.105	0.108	0.109	0.102
		规模以上外商投资企业个数	正向	0.110	0.118	0.114	0.107
缓冲性	信息资源	邮政业务收入	正向	0.080	0.084	0.088	0.135
		电信业务收入	正向	0.051	0.050	0.050	0.051
	知识资源	公共图书馆图书藏量	正向	0.069	0.080	0.076	0.071
	经济资源	人均地区生产总值	正向	0.045	0.029	0.048	0.028
	社会资源	年平均人口	正向	0.043	0.045	0.044	0.042
		科技支出占地方财政支出比重	正向	0.038	0.048	0.041	0.049
		教育支出占地方财政支出比重	正向	0.032	0.040	0.040	0.036
进化性	区域人力资源投入	R&D 人员	正向	0.055	0.048	0.042	0.036
	区域财力资源投入	R&D 经费支出	正向	0.085	0.067	0.070	0.072
	区域技术资源投入	互联网宽带接入用户数	正向	0.042	0.039	0.042	0.041
	创新产出	专利申请数	正向	0.055	0.056	0.062	0.057
		专利授权数	正向	0.071	0.058	0.057	0.052

1. 多样性维度的测度值计算

这个维度的主体计算分为两步:先是将采集来的原始数据代入香农－威纳指数计算公式,也就是式(4.1),得到多样性指数计算结果 H;然后,将多样性指数计算结果乘以之前计算得到的对应指标权重并简单加总,得到国家级新区人才资源在多样性维度的测度值。

2.流动性维度和缓冲性维度的测度值计算

将各指标的原始数据直接代入式(4.2)至式(4.7),即可得到各国家级新区人才资源在流动性和缓冲性两个维度的测度值。

3.进化性维度的测度值计算

将各指标的原始数据直接代入式(4.8)至式(4.10),即可得到各国家级新区人才资源在进化性维度的测度值。

4.对最后的综合韧性值进行耦合计算

由于不同维度计算出来的结果,并不规则地出现在一个相近的区间内,故需要对其进行归一化处理,以使所有的实际测度值全部落在这个区间内。再者出于后续式(4.11)计算需要,将每一个前述处理过的数值均加上 1,使全体实际测度值均落在[1,2]内,再将这些数值代入式(4.11),即可得到最后的综合韧性耦合值。

5.韧性预警计算

预警这部分的计算,依旧是先把之前得到的四个维度的实际测度值进行归一化处理,然后代入预警计算公式(4.12)至式(4.13),得到每个国家级新区人才资源的预警实际测度值。

三、计算结果

(一)国家级新区人才资源四维韧性特征的监测结果

1. 多样性维度监测结果

如图 4.1 所示,从时间发展上看,国家级新区人才资源在多样性维度的测度值总体上呈现波动式下降的态势。各国家级新区人才资源多样性维度值在 2017 年达到最高,后面虽然也有上升,但总的上升幅度不大。就上升幅度来说,各新区 2017 年相较于前一年上升幅度最大,西海岸新区的上升幅度最大,达到 23.125%。就下降幅度来说,各新区 2018 年相较于前一年下降幅度最大,两江新区的下降幅度最大,达到 22.652%。从空间分布上看,西南地区和东部沿海地区的国家级新区人才资源在多样性维度的测度值略高于其他地区。从平均值看,滨海新区人才资源在多样性维度的测度值最大,达到 0.033;西咸新区人才资源在多样性维度的测度值最小,为 0.03。

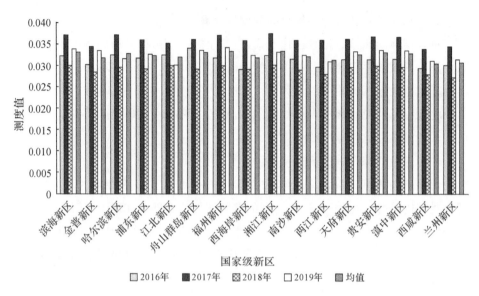

图 4.1　2016—2019 年 16 个国家级新区人才资源在多样性维度上的测度值

2. 流动性维度监测结果

如图 4.2 所示,从时间发展上看,国家级新区人才资源流动性维度的测度值总体上呈现波动上升的变化态势。在 2016—2019 年,各国家级新区人才资源在流动性维度的测度值变化不大,但不同新区之间的差值很大,如 2019 年浦

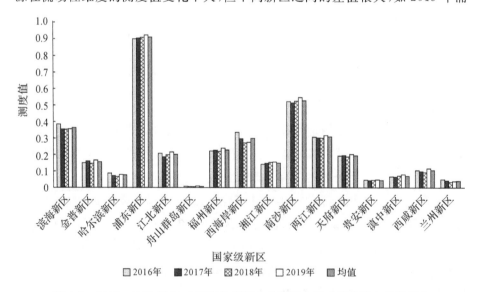

图 4.2　2016—2019 年 16 个国家级新区人才资源在流动性维度上的测度值

东新区值比舟山群岛新区高 0.918。从空间分布上看,东部沿海地区的国家级新区人才资源在流动性维度的测度值明显高于其他地区。从平均值看,浦东新区人才资源流动性维度的测度值最大,达到 0.907;舟山新区人才资源流动性维度的测度值最小,为 0.003。

3. 缓冲性维度监测结果

如图 4.3 所示,从时间发展上看,国家级新区人才资源缓冲性维度的测度值总体上呈现波动式下降态势,多个国家级新区人才资源缓冲性维度韧性的测度值在 2016 年达到最高,但也有国家级新区在 2018 年取得最高值,如浦东新区。从空间分布上看,东南地区和西南沿海地区的国家级新区人才资源缓冲性维度的测度值明显高于其他地区。从平均值看,南沙新区人才资源缓冲性维度的测度值最大,达到 0.617;而哈尔滨新区人才资源缓冲性维度的测度值最小,为 0.11。

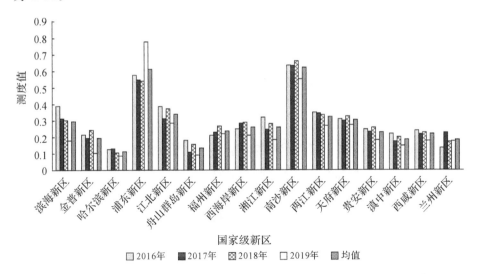

图 4.3　2016—2019 年 16 个国家级新区人才资源在缓冲性维度上的测度值

4. 进化性维度监测结果

如图 4.4 所示,从时间发展上看,国家级新区人才资源进化性维度的测度值总体上呈现波动上升态势。舟山群岛新区进化性维度的增加值最大,达到 0.354;天府新区的减少值最大,达到 0.7。从空间分布上看,东部沿海地区的国家级新区进化性维度的测度值总体上要高于其他地区。从平均值看,滇中新区人才资源在进化性维度的测度值最大,达到 1.306;江北新区人才资源进化性维度的测度值最小,为 0.846。

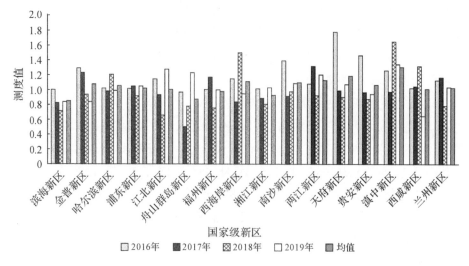

图 4.4　2016—2019 年 16 个国家级新区人才资源在进化性维度上的测度值

(二)基于四维韧性特征的国家级新区人才资源聚类分析

为了根据韧性四个维度测度结果更好地分析国家级新区人才资源的特征,本书采用 K 均值聚类分析,将前面得到的韧性四个维度上的测度值先做均值处理,然后将均值进行聚类,得到如图 4.5 所示分类情况。综合来说,良性均衡型和优势突出型国家级新区人才资源所呈现的发展现状要好于其他两类,低端平衡型和劣势明显型相对来说需要改进的问题更多。

属于良性均衡型的有浦东新区、南沙新区。这类国家级新区人才资源表现为各个维度的实际测度值比较高且彼此之间很合理、兼容。以南沙新区为例,其在韧性四个维度上的实际测度值都比较高,且综合韧性值也很高。针对此类国家级新区,一方面,要保持优势,在人才资源引进和配置合理的前提下,减少不必要的政府干预,发挥市场调节的重要作用;另一方面,也不能放松警惕,做好各维度上必要的监测,避免某一个维度发展过程中出现问题,直接演变为优势突出型。

属于低端平衡型的有金普新区、江北新区、西海岸新区、两江新区、西咸新区和兰州新区。该类国家级新区人才资源在四个维度上的韧性水平大致相当,但总体上各维度韧性值相对较低,整体韧性水平也较低。对于这类情况,要从两个方面入手:一方面,要仔细找寻每个维度在发展过程中的制约之处;另一方面,政府要发挥一定的主导作用,动用区域优势和资源去扶助所在区域国家级新区人才资源建立自己的韧性优势维度。

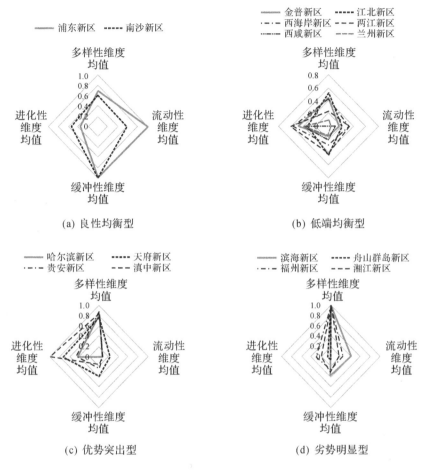

图 4.5　国家级新区人才资源韧性四维度聚类分析

　　属于优势突出型的有哈尔滨新区、天府新区、贵安新区和滇中新区。该类国家级新区人才资源有两个维度的韧性值相对较高,但有些维度实际测度值未达到相匹配的高度,导致综合韧性水平未能处于一个较高的位置。像滇中新区的人才资源很明显地有两个维度(多样性维度和缓冲性维度)处于较高水平,但是另外两个维度(流动性维度和进化性维度)的实际测度值都处于较低水平,这阻碍了综合韧性水平的提高。对于这种情况,在巩固优势的同时,要特别注意补足其他维度,实现良性均衡发展,提高国家级新区人才资源韧性整体水平。

　　属于劣势明显型的有滨海新区、舟山群岛新区、福州新区和湘江新区。这类国家级新区的人才资源只有一个韧性维度的实际测度值处于较高水平,但另外三个韧性维度的实际测度值处于明显的较低水平,严重阻碍了综合韧性水平的提高。如湘江新区,只有多样性维度的实际测度值处于较高水平,其他维度的发展水平严重滞后,制约了整体韧性水平的提高。针对这类国家级新区,应当从它们的明显短板维度入手,识别出制约该维度韧性提升的关键因素,有针对性地采取措施,推动该类国家级新区人才资源的健康发展。

(三)国家级新区人才资源韧性综合监测结果

利用国家级新区人才资源韧性四维度数据,得到 2016—2019 年 16 个国家级新区人才资源的韧性值,见表 4.3。

表 4.3　2016—2019 年 16 个国家级新区人才资源的韧性值

新区名称	韧性值					
	2016 年	2017 年	2018 年	2019 年	均值	排名
滨海新区	1.122	1.298	0.980	1.046	1.111	6
金普新区	1.197	0.956	1.223	0.896	1.068	7
哈尔滨新区	0.841	0.822	0.838	0.994	0.874	15
浦东新区	1.021	1.684	1.348	1.628	1.420	2
江北新区	1.210	1.301	0.834	0.859	1.051	8
舟山群岛新区	0.615	0.789	0.867	0.706	0.744	16
福州新区	1.062	1.120	0.940	1.055	1.044	9
西海岸新区	1.092	1.363	1.283	1.251	1.247	3
湘江新区	1.027	1.031	0.963	1.072	1.023	11
南沙新区	1.456	1.508	1.360	1.594	1.480	1
两江新区	1.148	1.326	1.267	1.165	1.227	4
天府新区	1.135	1.285	1.143	1.209	1.193	5
贵安新区	1.088	0.999	0.894	0.909	0.972	13
滇中新区	1.121	0.948	0.845	0.801	0.929	14
西咸新区	1.074	0.916	1.076	1.075	1.035	10
兰州新区	1.069	0.934	1.048	1.035	1.022	12

总体来看,2016—2019 年,我国 16 个国家级新区人才资源韧性值总体呈波动上升态势。与 2016 年相比,2019 年大部分国家级新区人才资源韧性值均

有所上升,平均值由 2016 年的 1.08 上升到 2019 年的 1.081,表明国家级新区人才资源总体上呈现向上的趋势。只不过细化到每个国家级新区,又呈现出有好有坏的发展态势。

比如兰州新区人才资源韧性值由 2016 年的 1.069 下降到 2019 年的 1.035,应引起重视。原因可能如下:一方面,从城市发展看,受限于"两山夹一川"的地形,兰州的城市发展面积极其有限,兰州老区的发展已经接近于饱和,城市拥挤,交通不便,这对吸引人才落户非常不利。另一方面,兰州虽然是国家重要的工业基地,但近年来大型工业企业落户少,落户工业企业规模小,这使其提供的工作岗位对人才的吸引力不高。

从平均值看,南沙新区在 2016—2019 年的平均人才资源韧性值最高,达到 1.480,比最后一名的舟山群岛新区高出很多。原因可能如下:首先,南沙新区坐落于广州市,广东省是我国经济总量常年第一的省份,该地区分布有很完善的多个产业链条,也有很多行业内知名龙头企业,提供了大量的工作岗位;其次,广州市作为广东省的省会,拥有很大的教育资源便利,可以吸引到大量不同产业人才争相就业;再次,广州具有极其优越的远洋运输港口,有众多外资企业和港澳台企业在此落户,这也加速了人才资源的流动;最后,各方面完善的产业、娱乐、生活基础设施,也加速了现有人才资源的流动和外来人才和资金等资源的涌入,通过资源整合进而提高系统的进化性。而舟山群岛新区虽然气候适宜、环境宜居,但受限于城市发展规模,城市人口总量相对较少,再加上城市内的教育资源有限,也造成了该区域内的人才以及其他创新资源大量外流,创新类企业很少,城市创新活力不足,严重制约了该区人才资源整体韧性水平的提升。

（四）国家级新区人才资源韧性预警和处理措施

借鉴创新生态系统韧性预警模型,并结合国家级新区人才资源韧性警情状态的变化态势,我国 16 个国家级新区 2016—2019 年韧性警戒度与相应处理措施见表 4.4。

表 4.4　2016—2019 年 16 个国家级新区人才资源韧性预警情况

新区名称	警戒度/%				警情变化	处理措施
	2016 年	2017 年	2018 年	2019 年		
滨海新区	2.47	1.20	6.140	4.659	√→√→!→√	密切关注
金普新区	0.22	7.08	0.156	8.858	√→!→√→!	亮牌告警
哈尔滨新区	12.01	10.63	10.262	9.751	×→×→×→!	亮牌告警
浦东新区	4.11	0.10	1.395	0.287	√→√→√→√	常规监测
江北新区	1.32	0.25	10.409	10.040	√→√→×→×	亮牌告警
舟山群岛新区	23.30	15.88	10.560	14.494	×→×→×→×	亮牌告警
福州新区	2.80	3.53	7.484	4.759	√→√→!→√	密切关注
西海岸新区	1.50	0.08	1.302	0.625	√→√→√→√	常规监测
湘江新区	4.28	5.25	6.815	3.676	√→!→!→√	密切关注
南沙新区	0.56	0.38	1.105	0.002	√→√→√→√	常规监测
两江新区	0.99	1.33	0.081	2.179	√→√→√→√	常规监测
天府新区	3.37	0.86	2.544	1.723	√→√→√→√	常规监测
贵安新区	2.87	5.34	8.949	8.148	√→!→!→!	亮牌告警
滇中新区	1.67	6.68	9.369	10.783	√→!→!→×	亮牌告警
西咸新区	0.47	8.11	3.092	0.672	√→!→√→√	密切关注
兰州新区	0.72	7.52	0.418	3.675	√→!→√→√	密切关注

注:√表示韧性警情处于安全状态;!表示韧性警情处于关注状态;×表示韧性警情处于告警状态。

1.常规监测

浦东新区、西海岸新区、南沙新区、两江新区、天府新区属于常规监测范围。这类国家级新区人才资源韧性预警结果较好,常年处于安全稳定的状态,系统的综合韧性水平很高,具备了一定的抵抗外界冲击和扰动的能力。针对此类韧性警情,政府可减少不必要的行政干预,继续做好人才引进与安置工作,同时充分发挥市场在人才资源配置中的决定性作用。

2.密切关注

滨海新区、福州新区、湘江新区、西咸新区、兰州新区属于密切关注范围。这类国家级新区人才资源虽不像常规监测类那样常年处于安全稳定状态,会遇见一定的警情,但凭借内外部强大的自我调节能力,最近已经回到安全发展的稳态了。如滨海新区、福州新区等都有遭遇过动荡的警情时期，但已回归到安全状态了。对于这类韧性警情，政府要给予更多的关注度，实行切实的动态监测，提出实时的改进意见，避免警情再次恶化。

3.亮牌告警

金普新区、哈尔滨新区、江北新区、舟山群岛新区、贵安新区、滇中新区属于亮牌警告范围。这类国家级新区人才资源遭遇过动荡的警情时刻并呈积极变好的态势，但仍处于告警状态。也就是说，它们的自身调节系统无法帮助其回归到安全发展的稳态，需要外界的帮助。对于这类韧性警情，政府一方面要采取积极的人才引进政策，与此同时通过各种补贴措施支持创新创业，吸引人才来此落户，为城市发展注入活力；另一方面要出台相应的规章制度，切实保障人才的引进和安置得以按需顺利进行，防止韧性警情失控。

第五节　国家级新区人才资源韧性监测预警结果的启示

一、本章研究结论

移植韧性研究的理念，本书构建了国家级新区人才资源韧性监测和预警体系，尝试去解开如何提升一个国家级新区人才资源韧性的难题，并探索一条国家级新区人才资源优化发展的道路，在研究的基础上得出了如下结论。

第一，通过对人才资源以及系统韧性相关文献的梳理，分析了韧性理论与人才资源系统研究的契合性，基于韧性研究在构建国家级新区人才资源监测体系上的优势，提出了国家级新区人才资源韧性化理念，归纳出包括多样性、流动性、缓冲性和进化性等四维韧性特征。

第二，遵循指标选取的基本原则，基于四维韧性特征，构建了国家级新区人才资源的韧性监测和预警模型，将国家级新区人才资源韧性测度的理论可能变为现实。

第三，我国16个国家级新区2016—2019年人才资源韧性监测和预警实证分析的结果表明：从时间发展上看，我国大部分国家级新区人才资源韧性呈现波动上升的态势,较少国家级新区人才资源韧性呈现一直下降的发展态势;从空间分布上看,除个别地区外,我国国家级新区人才资源韧性值总体呈现东南和西南地区略高的分布态势;从发展现状来看,16个国家级新区人才资源韧性实际值经过聚类分析形成良性均衡、优势明显、劣势明显和低端均衡四大类型,且超过一半的国家级新区人才资源都处于不太好的分类中,这说明就其整体状况而言需要更加注意;从预警结果来看,16个国家级新区人才资源中有多个新区处于密切关注和亮牌告警的状态,需要加强监测,同时采取合适的应对措施。

相较于以往对人才资源评估的单一研究,基于国家级新区人才资源韧性特征而构建的韧性监测体系,更能体现国家级新区人才资源在面对外部不确定性冲击和扰动时具备的抵御、恢复和调整能力,从一个更全面综合的角度反映了当前不同国家级新区人才资源的发展态势,对解决我国不同国家级新区人才资源在不同情境下遇到的难题具有重要现实意义。

二、本章实践启示

通过开展国家级新区人才资源韧性的监测和预警研究,为推动不同国家级新区人才资源健康发展提供了如下实践启示。

第一,要重视人才资源相关的社会、经济和知识资源储备。从韧性监测体系权重计算结果来看,缓冲性维度所占指标权重最高。对此,可以加强国家级新区所在城区的基础设施建设,从经济、社会、信息等多个方面努力,构建能够吸引人才的国家级新区。同时,政府应加大对人才引进与人才安置的支持力度,尤其是经费和政策方面的支持力度。

第二,以K均值聚类分析的结果为导向探究国家级新区人才资源韧性从低端均衡型→劣势明显型→优势突出型→良性均衡型的不断进阶之路。基于K均值聚类分析所给出的四种分类结果,不同类型的国家级新区应结合自己所处区域的发展态势,采取合理的措施,按照由低端均衡型→劣势明显型→优势突出型→良性均衡型的国家级新区人才资源韧性增强之路不断进步。如处于低端均衡型的新区,需要政府、企业等多个主体共同努力,先找准四个韧性维度中一个维度实现突破,建立优势维度,然后逐步向良性均衡状态过渡。

第六节　本章小结

通过研究,本章回答了"如何基于韧性视角提出国家级新区人才资源的韧性化解释,包括国家级新区人才资源韧性的定义及四维特征,并以此为依据来构建国家级新区人才资源韧性监测指标体系,完成相应的监测和预警研究"这一问题,主要通过以下路径实现。

第一,对国家级新区人才资源做了韧性化解释,搭建了测度指标体系。借鉴前述学者对于一般系统韧性特征(多样性、流动性、缓冲性、动态平衡性、冗余性、进化性等)的相关研究,同时结合相关学者对于国家级新区人才资源及人才资源韧性的相关研究,本书在对国家级新区人才资源韧性的内涵和特征进行界定的基础上,设计了国家级新区人才资源韧性测度指标体系。

第二,对国家级新区人才资源进行了韧性监测和预警研究。首先,在完成上述国家级新区人才资源韧性测度指标体系搭建之后,每一个维度选取合适的测度模型和综合韧性值耦合模型,完成韧性测度,对国家级新区人才资源韧性测度结果进行分维度综合韧性值分析,并对国家级新区人才发展提出合理建议。然后,基于提升韧性考虑,参考其他系统预警模型,以韧性值变化的向量夹角余弦值与失衡水平,构建了国家级新区人才资源韧性的预警方法,并进行了进一步的预警研究,根据预警结果给不同国家级新区人才资源发展提出有针对性的建议。

第五章　国家级新区未来
人口趋势预测及应用

　　人口是国家级新区稳定发展的重要资源要素，带动国家级新区创新能力和综合实力的不断提升。人口流动受自身和外部多种环境因素影响，国家级新区的区位优势、创新资源等都会对外来人口产生强大的吸引力。人口预测研究发展至今一直广受关注，合理预测国家级新区未来人口趋势，能够帮助相关部门制定科学的人口治理策略，完善各项规章制度，促进国家级新区产生人才集聚效应，实现长期可持续发展。2017 年 4 月 1 日，中共中央决定设立雄安新区，其主要目的是疏解和转移北京的非首都功能，将北京无法承受的人口不断引入雄安新区。在雄安新区的建设发展过程中，许多知名企业和重点高校不断向雄安新区迁移，这一系列举措带动外来人口逐渐流入雄安新区。因此，以雄安新区为例，探究未来人口发展趋势具有重要意义。

　　雄安新区成立时间较短，相关数据较为缺乏，无法基于历史数据预测未来人口变化趋势。且雄安新区是在政府相关部门的引导下建设成立的，这一点与深圳经济特区的发展历程类似，其未来人口应与深圳具有相似的发展变化趋势。基于此，本书利用 GM(1,1) 灰色预测模型需要的数据较少、对实验精度的要求较高等特点，进行雄安新区未来人口趋势预测，基于深圳人口变化特征，预测雄安新区未来人口变化情况，为雄安新区科学制定人口治理政策提供参考。

　　为回答"如何合理预测国家级新区未来人口变化趋势"这个问题，本章首先选取 GM(1,1) 灰色预测模型作为预测方法，并对预测流程进行设计；其次根据深圳人口变化特征，构建深圳不同发展阶段的常住人口增量灰色预测模型；最后以雄安新区为例，对其人口发展趋势进行阶段划分，并根据相应的预测模型得出雄安新区未来人口数量和变化趋势。

第一节　国家级新区未来人口趋势预测过程设计

一、国家级新区未来人口趋势预测方法

（一）研究方法

GM(1,1)灰色预测模型的具体操作步骤如下。

第一步，基于级比检验准则检验原始数据，即

$$\partial(k) = \frac{x^0(k-1)}{x^0(k)}, (k = 2, 3, \cdots, n) \tag{5.1}$$

第二步，计算累加生成新序列。设时间序列：$X^{(0)}(t) = (x^{(0)}(1), x^{(0)}(2), \cdots, x^{(0)}(n)), t = 1, 2, \cdots, n$，称 $X^{(1)}(k) = (x^{(1)}(1), x^{(1)}(2), \cdots, x^{(1)}(n))$ 为 $X^{(0)}(t)$ 的一阶累加生成序列（1 — AGO），记为 $x^{(1)}(k) = \sum_{t=1}^{k} x^{(0)}(t), k = 1, 2, \cdots, n$。

第三步，建立 GM(1,1)模型，对累加生成的序列 $X^{(1)}$ 建立一阶微分方程（状态方程），即

$$\frac{\mathrm{d}x^{(1)}}{\mathrm{d}t} + ax^{(1)} = u \tag{5.2}$$

其中，$-a$ 是发展系数，发展系数的大小能够反映原始序列数据的增加速度；u 是灰色作用量。

第四步，解出 a, u。$X^{(1)}(t) = (X^{(0)}(1) - \frac{u}{a})e^{-at} + \frac{u}{a}$ 为公式(5.2)的连续解，$X^{(1)}(k+1) = (X^{(0)}(1) - \frac{u}{a})e^{-ak} + \frac{u}{a}$ 为公式(5.2)的离散解，并运用最小二乘法得出 a 和 u 的值，即 $[a, u]^T = (\boldsymbol{B}^T\boldsymbol{B})^{-1}\boldsymbol{B}^T y_n$，其中 $y_n = [X^{(0)}(2), X^{(0)}(3), \cdots, X^{(0)}(n)]^T$，$\boldsymbol{B}$ 的公式为

$$B = \begin{bmatrix} -\frac{1}{2}(X^{(1)}(1), X^{(1)}(2)), 1 \\ -\frac{1}{2}(X^{(1)}(2), X^{(1)}(3)), 1 \\ \cdots \\ -\frac{1}{2}(X^{(1)}(n-1) + X^{(1)}(n)), 1 \end{bmatrix} \tag{5.3}$$

第五步,预测结果及还原。$\hat{X}^{(1)}(k+1) = [X^{(0)}(1) - \frac{u}{a}]e^{-ak} + \frac{u}{a}$,是时间响应式。GM(1,1)模型的时间响应式的累减还原值由公式(5.4)得出

$$\hat{X}^{(0)}(k+1) = \hat{X}^{(1)}(k+1) - \hat{X}^{(1)}(k) \tag{5.4}$$

当 $k \leqslant n$ 时,称 $\hat{X}^{(0)}(k)$ 为模型模拟值;当 $k > n$ 时,称 $\hat{X}^{(0)}(k)$ 为模型预测值。

第六步,结果检验。张振华(2015)指出,GM(1,1)灰色预测模型的精度可通过小误差概率与后验差的比值来检验。本书将 GM(1,1)灰色预测模型的预测精度划分为四个等级,如表 5.1 所示。

表 5.1　精度检验等级参照

精度等级	后验差比值 C	小误差概率 P
一级	$C \leqslant 0.35$	$0.95 \leqslant P$
二级	$0.35 < C \leqslant 0.5$	$0.8 \leqslant P < 0.95$
三级	$0.5 < C \leqslant 0.65$	$0.7 \leqslant P < 0.8$
四级	$0.65 < C$	$P < 0.7$

(二)数据来源

为预测国家级新区未来人口趋势,本书选取雄安新区作为典型案例。但雄安新区成立时间较短,相关数据较为缺乏,无法基于历史数据预测未来人口变化趋势。因此,本书参考深圳建设过程,以深圳的人口变化情况和增长速度作为比较标杆,运用深圳建立以来常住人口的增长情况来预测雄安新区未来的人口总量和发展趋势。雄安新区的发展情况以及发展方向与同为移民城市的深圳较为相似,主要体现在常住人口中外来人口所占比例较大。本书所指的常住人口主要指年末常住人口,深圳常住人口的数据主要来自《深圳统计年鉴》,雄

安新区常住人口数据主要来自《保定经济统计年鉴》。

二、国家级新区未来人口趋势预测流程

关于国家级新区未来人口趋势的预测,具体操作流程为:首先,将深圳人口作为分析对象,识别各个阶段深圳人口变化的特征,并对深圳人口发展趋势划分阶段;其次,根据 GM(1,1)灰色预测模型,得出深圳各个发展阶段的常住人口增量预测模型;再次,参考深圳常住人口增量预测模型中的 a 和 u 值,得出雄安新区的常住人口增量预测模型;最后,根据以上模型,预测出雄安新区未来的常住人口增量和总量。

第二节　深圳不同发展阶段常住
人口增量灰色预测模型

一、深圳不同发展阶段人口增长情况分析

深圳是一个移民城市,因此外来人口占据了城市人口总数的很大一部分,另外,参与社会活动的有很多无户籍人口,因此深圳的人口变化情况常用常住人口来表示。1979 年深圳刚成为经济特区时,有 31.4 万常住人口,且主要从事农牧业;1989 年,该地区的常住人口增至 141.6 万,青年人口占据较大比例,达 79%;2017 年,该地区的常住人口已达 1252.83 万。在这 38 年间,深圳的常住人口平均每年增长 32.14 万,共计增长了 1221.43 万人,如图 5.1 所示。

深圳年末常住人口在不同发展阶段有较大的变化波动,人口增长在不同发展阶段呈现不同的特征,其人口增长变化趋势与种群在生态系统中的变动规律相似度较高,总体呈现非线性 S 形增长趋势。因此,本书通过 Matlab 软件运用 Logistic 曲线进行拟合,验证深圳是否属于这种情况,结果如图 5.2 所示。

由图 5.2 可知,1979—2013 年,深圳市年末常住人口的 Logistic 曲线拟合度是比较高的,但是从 2013 年开始就不与 S 曲线重合了,这说明其与种群在生态系统中的变化趋势相似。1979—2013 年,深圳年末常住人口的变化态势也

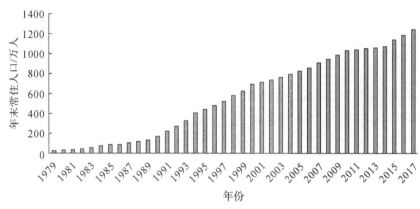

图 5.1   1979—2017 年深圳市年末常住人口变化情况

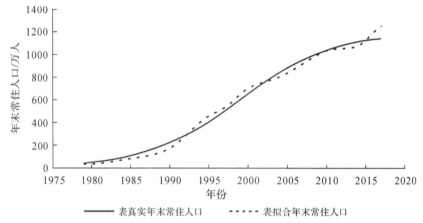

——— 表真实年末常住人口   ┄┄┄┄ 表拟合年末常住人口

图 5.2   1979—2017 年深圳市年末常住人口 Logistic 曲线拟合结果

遵循该规律,并且增长速度表现出了先慢、后快、再慢的特征,2013 年之后年末常住人口又呈现出快速增长态势。通过上述分析,本书把深圳的人口变化情况分成四个发展阶段:第一个阶段是起步阶段(1979—1983 年),此阶段深圳的年末常住人口呈现慢速增长的状态;第二个阶段是协同发展阶段(1984—1994 年),此阶段表现为快速增长,也就是说,深圳年末常住人口的增长速度变快;第三个阶段是成熟阶段(1995—2013 年),此阶段表现为缓慢增长,也就是说,深圳年末常住人口的增长速度减慢;第四个阶段是一体化融合阶段(2014—2017 年),深圳年末常住人口不断增加。

通过对深圳不同阶段年末常住人口变化情况的分析可以看出,在深圳经济特区起步阶段,政府通过加强基础设施建设,创造了良好的市场和地域环境,在引进外来人才方面发挥了关键作用。在特区不断完善发展的过程中,深圳逐渐步入建设成熟阶段,年末常住人口的增长速度有所下降,外来人口的流入速度变慢,说明深圳的地域优势对外来人才的吸引力逐渐降低,市场优势在人才引进方面发挥越来越重要的作用。如果深圳未来逐渐优化落实各种人才和户籍政策,那么外来人口的流入速度会再次回升。

二、深圳不同发展阶段常住人口增量灰色预测模型

(一)数据检验与处理

下面对深圳年末常住人口在不同发展阶段的原始数据进行级比检验。深圳常住人口在第二阶段和第三阶段的发展走向有所不同,因此为了确保模型准确性,需要把第二阶段和第三阶段分成更小的区间,再对不同发展阶段的深圳人口增量进行级比检验和数据处理。

首先,结合式(5.1),对深圳各年度的原始数列进行检验,得到的级比检验结果见表 5.2。其次,对于检验不达标的数据,运用平移变换法对原始数据进行平移固定值处理。通过不断调整尝试,最终得到的平移常数为 76.4471,即新数列是通过将原始数列向右平移 76.4471 得到的。最后,再次进行级比检验,得到的结果见表 5.2。

表 5.2 1979—2017 年深圳市历年数据检验与处理结果

发展阶段	区间	年份	$X^{(0)}(t)$	$\delta(k)$	$X'^{(0)}(t)$	$\partial(k)$	$(e^{-\frac{2}{n+1}}, e^{\frac{2}{n+1}})$
起步阶段	1979—1983 年	1979	1.8800	—	78.3271	—	
		1980	1.8800	1.0000	78.3271	1.0000	
		1981	3.4000	0.5529	79.8471	0.9810	(0.7165,1.3956)
		1982	8.2600	0.4116	84.7071	0.9426	
		1983	14.5700	0.5669	91.0171	0.9307	
协同发展阶段	1984—1988 年	1984	14.6100	—	91.0571	—	(0.7165,1.3956)
		1985	14.0200	1.0421	90.4671	1.0065	

续表

发展阶段	区间	年份	$X^{(0)}(t)$	$\delta(k)$	$X'^{(0)}(t)$	$\partial(k)$	$(e^{-\frac{2}{n+1}},e^{\frac{2}{n+1}})$
协同发展阶段	1984—1988 年	1986	5.4100	2.5915	81.8571	1.1052	(0.7165,1.3956)
		1987	11.8800	0.4554	88.3271	0.9267	
		1988	14.7000	0.8082	91.1471	0.9691	
	1989—1994 年	1989	21.4600	—	97.9071	—	(0.7515,1.3307)
		1990	26.1800	0.8197	102.6271	0.9540	
		1991	58.9800	0.4439	135.4271	0.7578	
		1992	41.2600	1.4295	117.7071	1.1505	
		1993	67.9500	0.6072	144.3971	0.8152	
		1994	76.7400	0.8855	153.1871	0.9426	
成熟阶段	1995—2000 年	1995	36.4400	—	112.8871	—	(0.7515,1.3307)
		1996	33.7400	1.0800	110.1871	1.0245	
		1997	44.8600	0.7521	121.3071	0.9083	
		1998	52.5800	0.8532	129.0271	0.9402	
		1999	52.2300	1.0067	128.6771	1.0027	
		2000	68.6800	0.7605	145.1271	0.8867	
	2001—2005 年	2001	23.3300	—	99.7771	—	(0.7165,1.3956)
		2002	22.0500	1.0580	98.4971	1.0130	
		2003	31.6500	0.6967	108.0971	0.9112	
		2004	22.5300	1.4048	98.9771	1.0921	
		2005	26.9500	0.8360	103.3971	0.9573	
	2006—2010 年	2006	43.3500	—	119.7971	—	(0.7165,1.3956)
		2007	41.2700	1.0504	117.7171	1.0177	
		2008	41.9100	0.9847	118.3571	0.9946	
		2009	40.7300	1.0290	117.1771	1.0101	
		2010	42.1900	0.9654	118.6371	0.9877	
	2011—2013 年	2011	9.5400	—	85.9871	—	(0.6065,1.6487)
		2012	8.0000	1.1925	84.4471	1.0182	
		2013	8.1500	0.9816	84.5971	0.9982	

续表

发展阶段	区间	年份	$X^{(0)}(t)$	$\delta(k)$	$X'^{(0)}(t)$	$\partial(k)$	$(e^{-\frac{2}{n+1}}, e^{\frac{2}{n+1}})$
一体化融合阶段	2014—2017年	2014	15.0000	0.5433	91.4471	0.9251	(0.6703,1.4918)
		2015	59.9800	—	136.4271	0.6703	
		2016	52.9700	1.1323	129.4171	1.0542	
		2017	61.9900	0.8545	138.4371	0.9348	

(二)构建不同发展阶段的灰色系统预测模型

基于表5.2中的数列,通过Matlab R2014a软件,执行GM(1,1)模型的计算步骤,最后求得深圳不同阶段发展系数的值和灰色作用量的值,搭建深圳各个发展阶段年末常住人口增量的灰色预测模型,计算出灰色预测模型在每个发展阶段的P值和C值,同时检查并验证不同发展阶段灰色预测模型的精度,结果如表5.3所示。

表5.3 1979—2017年深圳不同发展阶段年末常住人口增量预测模型

发展阶段	区间	参数值	时间响应式	检验值	模型精度
起步阶段	1979—1983年	$-a=0.052$ $u=71.0006$	$\hat{x}^{(1)}(k+1)=(78.3271+1365.5353)e^{0.052k}-1365.5353$	$C=0.0975$ $P=1$	一级
协同发展阶段	1984—1988年	$-a=0.0099$ $u=85.3090$	$\hat{x}^{(1)}(k+1)=(91.0571+8589.9846)e^{0.0099k}-8589.9846$	$C=0.6252$ $P=1$	三级
	1989—1994年	$-a=0.0839$ $u=96.9069$	$\hat{x}^{(1)}(k+1)=(97.9071+1155.4642)e^{0.0839k}-1155.4642$	$C=0.2901$ $P=1$	一级
成熟阶段	1995—2000年	$-a=0.061$ $u=101.5919$	$\hat{x}^{(1)}(k+1)=(112.8871+1666.5896)e^{0.061k}-1666.5896$	$C=0.1433$ $P=1$	一级
	2001—2005年	$-a=0.0054$ $u=100.6021$	$\hat{x}^{(1)}(k+1)=(99.7771+18621.0381)e^{0.0054k}-18621.0381$	$C=0.6243$ $P=1$	三级
	2006—2010年	$-a=0.0013$ $u=117.4953$	$\hat{x}^{(1)}(k+1)=(119.7971+87606.9765)e^{0.0013k}-87606.9765$	$C=0.3649$ $P=1$	二级
	2011—2013年	$-a=0.0018$ $u=84.2196$	$\hat{x}^{(1)}(k+1)=(85.9871+47456.0976)e^{0.0018k}-47456.0976$	$C=1.51E-05$ $P=1$	一级
一体化融合阶段	2014—2017年	$-a=0.0076$ $u=132.5320$	$\hat{x}^{(1)}(k+1)=(91.4471+17420.7221)e^{0.0076k}-17420.7221$	$C=0.0991$ $P=1$	一级

由表 5.3 可以看出,深圳各个发展阶段的灰色预测模型都达到标准,完成了检验,从统计的角度来看,说明模型是合理的。从总体来看,1979—2000 年,深圳年末常住人口的发展系数($-a$)的数值相对较大,2000 年之后逐渐变小。这说明深圳特区建立初期的人口增长速度呈现先快后慢的趋势,与之前论述不同阶段深圳人口增长的发展规律相符,表明模型在理论上是合理的。

第三节　雄安新区未来人口趋势预测

一、雄安新区未来人口预测值

雄安新区是参考深圳经济特区建立的,其人口发展阶段也可按照深圳人口变化趋势来划分:起步阶段(2017—2021 年)为雄安新区年末常住人口逐渐增长阶段;协同发展阶段(2022—2032 年)为雄安新区年末常住人口快速增长阶段;成熟阶段(2033—2051 年)为雄安新区年末常住人口缓慢增长阶段;一体化融合阶段(2052—2055 年)为雄安新区年末常住人口增幅再次回升阶段。本书假定深圳和雄安新区的人口变化情况相同,灰色预测模型中反映人口变化情况的是发展系数 $-a$,u 则代表灰色作用量,本书运用不同发展阶段深圳人口增量的这两个指标来计算雄安新区的人口增量灰色预测模型,从而得出其人口的增量和总量。将深圳人口原始数列平移 76.4471 后就可以得到人口灰色预测模型,因此,雄安新区的人口灰色预测模型也需要平移 76.4471,然后得到相应的时间响应式,即

$$\hat{x}^{(1)}(k+1) = \left(x^{(0)}(1) + 76.4471 - \frac{u}{a}\right)e^{-ak} + \frac{u}{a}$$

$$\hat{x}^{(0)}(k+1) = \hat{x}^{(1)}(k+1) - \hat{x}^{(1)}(k) \tag{5.5}$$

具体的计算步骤为:2017—2021 年,选择 2016 年的人口增量作为雄安新区起步阶段人口增量灰色预测模型的序列初始值,借鉴深圳起步阶段灰色预测模型的参数值:$-a=0.052,u=71.0006$。

雄安新区包括三个县,分别是雄县、容城县和安新县,包括白洋淀水域,以及高阳县龙化乡,任丘市七间房乡、鄚州镇和苟各庄镇。然而乡镇数据的获取较为困难,因此,本书仅计算雄县、容城县和安新县三县的人口增加数量。根据

历年《保定经济年鉴》,可以得到雄安新区 2016 年的常住人口数据相比于 2015 年增加了 0.81 万,进一步得出雄安新区人口增量序列中的 $x^{(0)}(1)=0.81$。

把 $-a=0.052$, $u=71.0006$, $x^{(0)}(1)=0.81$ 代入式(5.5)中得到时间响应式,公式为

$$x^{(1)}(k+1) = (0.81+76.4471+1365.5353)e^{0.052k} - 1365.5353$$

$$\hat{x}^{(0)}(k+1) = \hat{x}^{(1)}(k+1) - \hat{x}^{(1)}(k) \qquad k=0,1,\cdots,n \qquad (5.6)$$

通过式(5.6)可以算出雄安新区在 2017—2021 年平移后的常住人口增量的预测值,再把预测值减掉 76.4471,就能够计算出雄安新区最终的人口增量和总量预测值,详见表 5.4。

表 5.4　2017—2021 年雄安新区人口预测值　　　　（单位:万人）

k	年份	$\hat{x}^{(1)}(k+1)$	$\hat{x}^{(0)}(k+1)$	$x^{(0)}(k+1)$	X
0	2016	77.2571	77.2571	0.8100	109.2400
1	2017	154.2672	77.0101	0.5630	109.8030
2	2018	235.3878	81.1206	4.6735	114.4765
3	2019	320.8383	85.4505	9.0034	123.4799
4	2020	410.8497	90.0114	13.5643	137.0442
5	2021	505.6656	94.8159	18.3688	155.4130

雄安新区其他发展阶段的人口相关数据都按照以上流程计算,并将上一发展阶段的末位预测值作为下一阶段灰色预测的初始值,如雄安新区 2021—2026 年的初始值是 2021 年人口增量灰色预测模型的预测值,其他阶段的人口增量预测模型的计算以此类推,结果详见表 5.5。

表 5.5　2017—2055 年雄安新区人口增量灰色预测模型

发展阶段	区间	时间响应式
起步阶段	2016—2021 年	$\hat{x}^{(1)}(k+1) = (0.81+76.4471+1365.5353)e^{0.052k} - 1365.5353$
协同发展阶段	2021—2026 年	$\hat{x}^{(1)}(k+1) = (18.3688+76.4471+8589.9846)e^{0.0099k} - 8589.9846$
	2026—2032 年	$\hat{x}^{(1)}(k+1) = (13.4498+76.4471+1155.4642)e^{0.0839k} - 1155.4642$

续表

发展阶段	区间	时间响应式
成熟阶段	2032—2038 年	$\hat{x}^{(1)}(k+1) = (89.3549+76.4471+1666.5896)e^{0.061k} - 1666.5896$
	2038—2043 年	$\hat{x}^{(1)}(k+1) = (79.9113+76.4471+18621.0381)e^{0.0054k} - 18621.0381$
	2043—2048 年	$\hat{x}^{(1)}(k+1) = (27.4451+76.4471+87606.9765)e^{0.0013k} - 87606.9765$
	2048—2051 年	$\hat{x}^{(1)}(k+1) = (38.2460+76.4471+47456.0976)e^{0.0018k} - 47456.0976$
一体化融合阶段	2051—2055 年	$\hat{x}^{(1)}(k+1) = (9.5665+76.4471+17420.7221)e^{0.0076k} - 17420.7221$

　　基于雄安新区人口增量灰色预测模型,预测出该地区不同发展阶段的人口总量,结果详见表 5.6;雄安新区在不同发展阶段的人口变化趋势情况如图 5.3 所示。

表 5.6　2017—2055 年雄安新区不同发展阶段人口预测值

发展阶段	年份	人口增量/万人	人口总量/万人	人口增幅/%
起步阶段	2017	0.5630	109.8030	0.51
	2018	4.6735	114.4765	4.08
	2019	9.0034	123.4799	7.29
	2020	13.5643	137.0442	9.90
	2021	18.3688	155.4130	11.82
协同发展阶段	2022	9.9594	165.3724	6.02
	2023	10.8191	176.1915	6.14
	2024	11.6873	187.8788	6.22
	2025	12.5642	200.4430	6.27
	2026	13.4498	213.8928	6.29
	2027	32.5471	246.4399	13.21
	2028	42.0863	288.5262	14.59
	2029	52.4603	340.9865	15.38
	2030	63.7423	404.7288	15.75
	2031	76.0117	480.7405	15.81
	2032	89.3549	570.0954	15.67

发展阶段	年份	人口增量/万人	人口总量/万人	人口增幅/%
成熟阶段	2033	38.8083	608.9037	6.37
	2034	46.0578	654.9615	7.03
	2035	53.7632	708.7247	7.59
	2036	61.9533	770.6780	8.04
	2037	70.6585	841.3365	8.40
	2038	79.9113	921.2478	8.67
	2039	25.2251	946.4730	2.67
	2040	25.7756	972.2486	2.65
	2041	26.3291	998.5777	2.64
	2042	26.8856	1025.4633	2.62
	2043	27.4451	1052.9084	2.61
	2044	37.6512	1090.5596	3.45
	2045	37.7996	1128.3592	3.35
	2046	37.9482	1166.3074	3.25
	2047	38.0970	1204.4045	3.16
	2048	38.2460	1242.6505	3.08
	2049	9.2574	1251.9079	0.74
	2050	9.4118	1261.3198	0.75
	2051	9.5665	1270.8863	0.75
一体化融合阶段	2052	57.1110	1327.9973	4.30
	2053	58.1299	1386.1272	4.19
	2054	59.1566	1445.2837	4.09
	2055	60.1911	1505.4748	4.00

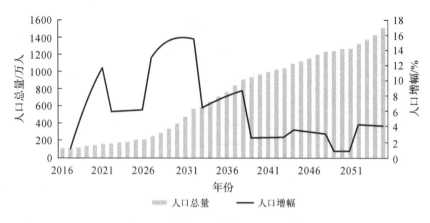

图 5.3　雄安新区未来人口变化趋势

二、雄安新区未来人口变化趋势分析

总体来看,雄安新区的人口总量将不断增加,但在不同的发展阶段,增速呈现不同特征,显示出不断变化的趋势,因此人口总量在各个发展阶段有较大差异。雄安新区人口预测值在 2032 年超过 500 万,到 2047 年超过 1200 万,未来雄安新区人口在不同阶段的增长速度可能呈现出"慢—快—慢—慢"的变化特征。各发展阶段的具体情况如下。

在起步阶段,雄安新区人口总量相对较小,增长速度也较慢。雄安新区 2017 年的人口总数为 109.803 万,与上年相比增长量不到 1 万,涌入该地区的外来人口数量较少。直到 2018 年 4 月 1 日,有关政府部门出台了《河北雄安新区规划纲要》,众多知名企业和重点高校涌入雄安新区,带来外来人口的不断加入,与 2017 年相比,2021 年人口规模的预测值增加了 45.610 万人,达到 155.413 万人,该阶段雄安新区人口增长的平均幅度为 8.31%。

在协同发展阶段,雄安新区的人口总量较大,增长速度极快。从预测结果来看,2022 年雄安新区人口总量为 165.3724 万,2032 年则将快速增长到 570.0954 万,该阶段雄安新区的人口增长平均幅度接近起步阶段的 3 倍,高达 22.25%。这一阶段,规划项目逐步落地实施,雄安新区的基础设施建设不断改进发展,创新能力越来越强,对外来人口的吸引力不断增强,人口增长迅猛。

在成熟阶段,雄安新区人口规模的基数巨大,增长速度逐渐放缓。2033 年雄安新区的人口预测数值为 608.9037 万,2047 年之后步入超大城市行列,人口数量超过 1200 万,该阶段雄安新区的人口增长平均幅度降至 6.00%,仅为协同发展阶段的 6.0%,下降 16.25 个百分点。这一阶段雄安新区的人口慢慢走向饱和,对人口的吸引力减弱,外来人口涌入该地区的速度放缓。

在一体化融合阶段,雄安新区人口规模巨大,增速仍较慢。从预测结果来看,2052 年雄安新区人口总量将达到 1327.9973 万人,2055 年将增至 1505.4748 万人,该阶段的人口增长平均幅度达到 3.34%,人口增幅与成熟阶段相比出现一定的下降现象。这一阶段人口增速相对缓慢,外来人口流入速度逐渐放缓。

雄安新区人口与住房政策方面的报告中指出,雄安新区的人口总量不宜过高,否则将超出其承受范围,未来人口规模大约为 500 万人。通过预测推算,2023 年雄安新区的人口数量为 500 万人左右,符合目标人口范围,表明本书构建的雄安新区不同发展阶段人口增量灰色预测模型是合理的。

然而,根据推测,雄安新区 21 世纪中叶的人口将超过 1300 万人,可能会存在“大城市病”等问题,带来基础设施建设压力和交通拥挤等问题。基于此,雄安新区未来应该更加关注人口质量,使外来人口流入雄安新区的条件变得更加严格,通过吸引高端人才加入的方式来逐步提高人口素质,这也在一定程度上说明了本书的预测结果在雄安新区人才治理工作中的理论指导意义。雄安新区目前距离人口目标还存在一定的差距,未来需要将引进高端人才、提高原有人口素质和提升配套基础设施建设作为发展重心。

第四节　本章小结

本章回答了“如何合理预测国家级新区未来人口变化趋势?”这个问题,具体通过以下路径实现:

第一,设计国家级新区未来人口趋势预测过程。

选取灰色 GM(1,1)模型,以深圳为例,基于深圳各发展阶段人口变动情况,构建相应的人口增量灰色预测模型,从而得到深圳不同发展阶段的人口增量和总量预测值,为雄安新区人口预测设计了合适的预测方法和预测流程。

第二,预测雄安新区未来人口趋势。

雄安新区人口总量发展阶段可以划分为:起步阶段(2017—2021 年),即年末常住人口逐渐增长阶段;协同发展阶段(2022—2032年),即年末常住人口快速增长阶段;成熟阶段(2033—2051年),即年末常住人口缓慢增长阶段;一体化融合阶段(2052—2055年),即年末常住人口再次增长阶段。以深圳的人口增长特点为基础,根据灰色系统预测模型,得到雄安新区2032年人口预计达到500万,2055年超过1500万,未来雄安新区人口增长速度将会表现出"慢—快—慢—慢"的变化特征。

第六章　国家级新区人才流动
预测方法设计及应用

通过前章对雄安新区未来人口趋势预测结果可知人口总量变化的不同发展阶段,同时也说明了灰色系统预测模型的可行性,为本章人才流动预测奠定了基础。国家级新区的发展具有显著的阶段性特征,呈现为动态变化的演进过程。在不同的发展阶段,各要素会对国家级新区发展产生不同程度的影响。国家级新区的设立,是重构区域空间架构的重要措施,对区域行政权力的重构将起到重要的推动作用。同时,由于国家级新区的发展是阶段式的动态变化过程,资金、人才等多种创新资源要素在不同的发展阶段都处于相对无序的外部环境中,人才流动受经济、政策和生态等多种因素的影响,因此难以精确把握其发展趋势。对此,马海涛(2017)认为,人才是国家级新区稳定发展的重要战略资源要素;徐倪妮等(2019)指出,人才的合理流动关系着国家级新区多种创新资源的需求与配置,是破除国家级新区发展障碍的重要手段。因此,在国家级新区发展的不同阶段,设计符合相应阶段发展特征的人才流动预测方法,能够为相关部门制定治理政策提供创新指导。

第一节　国家级新区人才流动预测方法设计

前面分析了国家级新区功能与空间结构的演变规律,把国家级新区的发展阶段分为起步、协同发展、成熟和一体化融合四大阶段。尽管目前学界对区域人才流动的主要影响因素及其预测方式等方面的研究相当广泛,但是对人才流动趋势预测的精度仍然有待提高,此外结合国家级新区的动态演进过程对人才流动进行的研究依旧相对欠缺。因此,结合国家级新区发展规律,设计人才流动的精准预测体系成为后续研究的迫切要求。

基于对国家级新区动态演进过程的认识,本章对国家级新区人才流动的预测过程进行了设计,包含分析国家级新区在不同发展阶段的人才流动特征、筛选影响因素、构建预测模型三个步骤。

一、国家级新区不同发展阶段的人才流动特征分析

国家级新区的动态演化过程在时间维度上呈现出周期性的特征,同时人才流动的发展过程也是阶段性的,因此不同的发展阶段会呈现不同的特征。从时间维度进行划分,国家级新区发展过程可以分为四个阶段,分别是起步、协同发展、成熟和一体化融合阶段,如图 6.1 所示。国家级新区当前已有的人才规模用 S 代表,最初的人才规模用 S_0 代表,人才规模的最大值用 S_m 代表,时间用 t 来代表。

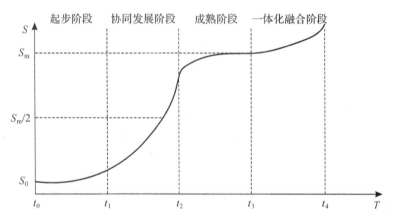

图 6.1　国家级新区演进的发展阶段划分

(一)起步阶段

该阶段,国家级新区刚刚成立,经济发展处于较低水平,基础设施建设不足,很难吸引资金、技术等创新要素在国家级新区内部集聚,吸引外来人才的能力较弱。此时,政府在国家级新区人才吸引方面发挥较大作用,需要通过政府力量加强对各类外部组织的牵引作用。伴随人才向国家级新区流入速度的不断加快,人才在短时间内快速集聚,供给量远小于需求量,人才总量仍较小。而且,国家级新区人才政策有待完善,各类不同地区和组织的人才在合作过程中缺乏默契。

（二）协同发展阶段

该阶段，人才、资金等创新要素大规模流入，国家级新区进入快速发展阶段。国家级新区内部各方面实力的不断提升，吸引了人才的大规模涌入，在市场驱动下，人才数量快速增长。人才集聚现象随着国家级新区各项工作的不断完善而逐渐显现，人才向国家级新区流动的主观意愿有所提升，企业与人才之间进行双向选择，国家级新区人才结构不断发展完善，逐步趋于合理。

（三）成熟阶段

该阶段，外部资源随国家级新区优势产业竞争能力的不断增强而快速流入，国家级新区内部开始出现原始创新，但是企业等人才治理主体在短期内却无法通过及时的自我调整，对外部环境因素的变化进行适应，政府的强制执行功能无法发挥作用，人才数量的增长速度呈放缓态势，部分人才可能因工作环境无法满足自身需要而选择流出。此时，人才之间的知识共享现象越来越显著，人才层次和人才结构的合理性越来越重要。

（四）一体化融合阶段

该阶段，国家级新区通过调整，对内外部环境扰动产生了自适应能力，国家级新区内部逐渐趋于稳定。人才在国家级新区实现自由流动，并在数量和质量方面满足国家级新区发展的需要。此时，国家级新区人才结构属性较好，不同层次人才之间实现充分的学习交流和知识共享，更有利于协同创新效应的形成。

二、国家级新区人才流动影响因素筛选

本书关于人才流动影响因素的筛选过程遵循客观性、可操作性和导向性原则，借助 Nvivo 软件对获取的信息进行分析。国家级新区相关信息的主要来源是新闻报道，主要是因为新闻报道中的信息丰富全面，具有权威性和时效性，适宜作为国家级新区研究中的原始资料。基于此，在数据搜集阶段，本书主要依据中国知网中的中国重要报纸全文数据库，并对搜索条件进行设置，设置模糊检索条件为主题带有"人才流动"或"人才 流动"的新闻报道，通过检索最终获得的新闻报道数量是 1665 条,时间涵盖 2000 年到 2019 年。在此基础上,首先,将与研究主题不相关或非重要的数据进行剔除;其次,通篇阅读所有剩余的新闻报道,从中获取与研究主题相关的内容,经过反复阅读比较和筛选剔除,最终共检索获得 1332 条与人才流动相关的新闻报道;最后,对获得的信息通过内容分析法的操作步骤进行划分,并将段落作为分析单元,对相应分析段落进行逐个编码,在数据分析过程中采用在数据与文献之间反复比较的方式,将影响人才流动的各种因素进行了类别界定,并对划分的不同影响因素的具体操作定义加以分析。最终,人才流动影响因素的体系与种类通过探索性、结构性内容分析,以及编码信效度检测等步骤筛选得出,并通过对各个主要影响因素发生频率的分析,划分出重要性,得到国家级新区人才流动的影响因素体系及其权重,详见表 6.1。

表 6.1　人才流动的影响因素及其权重

影响因素		报道数量/条	权重/%
保障体系 (381 条,28.60%)	生活保障	76	19.95
	工作保障	83	21.78
	养老保障	153	40.16
	资金保障	69	18.11
生活环境 (372 条,27.93%)	绿化服务	137	36.83
	文化服务	76	20.43
	公共服务	159	42.74
经济环境 (356 条,26.73%)	发展水平	167	46.91
	投资水平	117	32.87
	消费水平	72	20.22
智力资源 (223 条,16.74%)	领军人才	49	21.97
	技能人才	76	34.08
	科技人才	98	43.95

注:数据根据笔者整理得到。

本书总结并概括出影响国家级新区人才流动的因素,大致分为人才保障体系、生活环境、经济环境和智力资源四大方面,其中前面两个属于政策制度层面的影响因素,后面两个则属于人才市场层面的影响因素。

（一）保障体系

由表 6.1 可知，在人才流动影响因素筛选结果中，保障体系因素的权重为 28.60%，包含 381 条新闻报道。通过对信息的检索、整理和研究可以发现，社会保障体系的建设完善程度对人才是否愿意到国家级新区工作，以及人才是否感到公平有很大影响。曹威麟等（2016）通过研究指出，户籍管理制度的灵活程度对人才户口相关问题有很大影响，完善的社会保障制度是人才引进的关键制度保障。人才政策的竞争优势在人才吸引方面起重要作用，优惠的人才政策既对人才流动产生直接影响，又能通过对企业人力资源管理的影响来对人才流动起间接作用。在充分学习借鉴我国其他地区人才政策的基础上，多个国家级新区对各自的人才政策进行了制定和调整。

（二）生活环境

由表 6.1 可知，人才流动影响因素筛选结果中，生活环境因素的权重为 27.93%，包含 372 条新闻报道。生活环境主要包括公共服务、地理交通环境等外部生活环境，是工作、社会实现等其他需求的基本保障。如马斯洛在需求层级论中所提到，人在满足了薪酬、福利等低层次的需求后，会更加关注能够为其提供高质量生活的环境因素。

（三）经济环境

由表 6.1 可知，人才流动影响因素筛选结果中，经济环境因素的权重为 26.73%，包含 356 条新闻报道。国家级新区经济环境的稳定发展，能够为人才引入和培养提供资金支持，为人才的稳定发展创造有利条件。翁清雄等（2014）指出人才竞争力的重要影响因素包括经济环境。产业集群的形成能够带动外部资金、技术等经济资源的快速流入，对国家级新区经济实力的增强起推动作用，吸引集群外有条件的企业迁移到国家级新区集群内部，进一步带动人才向国家级新区流动。

（四）智力资源

由表 6.1 可知，人才流动影响因素筛选结果中，智力资源因素的权重为 16.74%，包含 223 条新闻报道。智力资源与人才引进密切相关，能够带动国家级新区人才资源的快速迅猛发展,文化氛围的开放程度和创新支持力度对吸引人才和人才创新活动起重要作用。徐倪妮等(2019)指出高校和科研院所是引进高新技术人才的主要机构,成为中国科技人才分布的重要影响因素。

三、国家级新区人才流动预测模型构建

马尔可夫链预测法、ARIMA 模型、GM(1,1)灰色预测模型是人才流动预测的常用方法。昝欣等(2007)利用马尔科夫链模型,成功预测了高校教师人员流动的未来变化趋势。李晓等(2016)通过 ARIMA 模型,预测了黑龙江创新人才需求量的变化趋势,并对相关文化创新行业的发展提出了具有建设意义的意见。李春浩等(2016)通过 GM(1,1)灰色预测和二元回归预测的组合修正模型,预测了我国 2013—2015 年科技人才流动的变化情况。作为时间序列预测方法,ARIMA 模型的应用较为简单,主要适用于对稳定时间序列数据进行预测,在预测过程中不需要外生的变量,只需要借助内生的变量。因此,ARIMA模型成为目前使用最为广泛的一种预测方法。然而当通过差分方法后的时间序列数据仍然不稳定时,则该方法将不再适用。马尔可夫链预测方法是对事件概率进行短期预测的方法,并不能进行长期预测。Wu 等(2018)指出,GM(1,1)灰色预测模型所需数据较少,适用于原始数据时间跨度较短、时间序列较少的情况,而且灰色预测主要是通过对数据进行累加生成的方式展开的,并不需要进行先验假设的设定,因此研究数据的随机性得到了削弱。因此,本书选取GM(1,1)灰色预测模型来对国家级新区人才流动进行预测。然而人才的变化趋势并非仅与原有数据相关,而是受多种外部因素的影响。因此,本书构建了人才流动趋势的 GM(1,1)灰色预测和多元回归预测的组合模型。首先,运用GM(1,1)灰色预测模型将国家级新区人才流动各影响因素的具体数值预测出来;其次,基于影响因素预测值,运用多因素线性回归模型得出国家级新区人才预测值。

(一)灰色系统预测模型的构建及使用步骤

首先,识别系统内的相关因素并判断不同因素的不同发展趋势。其次,选取能够代表系统的、具有标志特性的原始数值。再次,对这些数值进行处理,进而发现系统内部各因素的变化规律。最后,建立微分方程并求得方程的解,从

而对系统将来的发展态势做出预测。

（二）多因素的线性回归模型的计算步骤

通过多元线性回归模型的基本形式，构建具有多种因素的线性回归模型，同时假定共有多个因素。基于此，构建如下多因素线性回归模型。

$$y_i = \beta_0 + \beta_1 x_1 + \beta_2 x_2 + \cdots + \beta_k x_k \tag{6.1}$$

式中，y 表示人才预测值；x 表示各个直接影响人才流动的变化量；β_0 即指在各种解释变化量为零时，因变量 y 总体均值的估测值，这是常量项。$\beta_1, \beta_2 \cdots, \beta_k$ 是偏回归系数，代表的是，假设其他解释变量不变该解释变量每移动一个单位对因变量均值产生影响的程度。本书分析中使用的回归系数属于非标准化回归系数，主要是通过使用非标准化回归系数，来建立回归分析预测模型，能够更清晰地描述自变量和因变量间的相互作用关系，以达到本书的分析目标。

在已知国家级新区人才总量历史数据 $y_1, y_2, \cdots, y_m$，以及各个影响因素数值 $x_{i,1}, x_{i,2}, \cdots, x_{i,m}$ 的基础上获得线性回归模型中的参数，把预测值 $x_i(t)(i=1,2,\cdots,t)$ 代入各影响因素的线性回归模型，即得出 t 时国家级新区的人才预测值 y_t。

第二节　雄安新区各发展阶段的人才流动预测

2017 年 2 月 23 日，习近平总书记在河北雄安新区规划建设工作座谈会上指出："雄安新区将是我们留给子孙后代的历史遗产，必须坚持'世界眼光、国际标准、中国特色、高点定位'的理念，努力打造贯彻新发展理念的创新发展示范区。"[1]现阶段，雄安新区的发展建设处于起步阶段，雄安新区建设中的各个项目及事业快速推进，对人才数量和质量的需求都在加速增长，基于此，也显示了在雄安新区建设中人才管理的重要意义。因此，本书拟对雄安新区的人才流动进行预测，以此检验国家级新区人才流动预测方案的可行性，并为雄安新区的人才治理提供借鉴。

---

① 千年大计 雄安五年[EB/OL].（2022-03-30）[2022-12-20]. https://baijiahao.baidu.com/s? id=1728671709571935601&wfr=spider&for=pc.

一、雄安新区发展阶段判断

截至 2018 年底,雄安新区的常住人口总量为 104.71 万人。通过阅读相关材料并对雄安新区的未来人口趋势进行预测,得出雄安新区的人口总量变化走向为慢速增长态势,虽然人才总量也在逐年递增,但是还未产生人才集聚效应。雄安新区在国家和政府的支持下,各方面工作都在顺利开展,但对自身经济发展的中远期预测还没有现实基础。鉴于此,本书拟着重针对雄安新区的起步阶段和协同发展阶段,进行人才流动发展趋势的预测。

二、雄安新区人才流动影响因素筛选

通过对前文筛选出的四类国家级新区人才流动的主要影响因素的全面分析,利用政府政策与市场环境的双重影响,得出雄安新区人才流动影响体系的具体测量指标,详见表 6.2。

表 6.2 雄安新区人才流动影响因素

维度	影响因素	测量指标	单位
政府	保障体系	城镇职工基本医疗保险参保人数	人
	生活环境	公园绿地面积	hm²
市场	经济环境	人均地区生产总值	元
	智力资源	普通本专科在校学生数	万人

注:数据根据笔者整理得到。

(一)保障体系

在保障体系的相关研究中,主要是关注各项基本保障数据的测量。城镇职工基本医疗保险作为一项社会保障,能够满足劳动者的基本生活需求,同时也能够反映出社会保障权益的执行程度。因此在研究保障体系时,选择城镇职工基本医疗保险的参保人数作为测量指标具有一定的代表性。

(二)生活环境

按照马斯洛的需求层次理论,个体在基本生存需求有所保障之后会追求更高级的需求。

　　随着人们生活品质的改善以及生态意识的提高,城市人才在做出就业决策时将会更多地考察生活环境状况,其中公共设施建设情况是影响生活环境的主要因素,而具备休闲功能的公园景观绿地是城市公共设施建设的主要组成部分,所以人们在对生活环境进行评估时,往往把公园绿地面积作为可以体现生活环境的重要测量指标。

　　(三)经济环境

　　经济环境能够影响物质条件和文化条件,而这些条件会影响雄安新区对人才的吸引力,因此经济环境越好,越能够吸引人才流入。人均地区生产总值能够反映出某一地区的经济发展情况,因此在研究经济环境时,往往将其作为测量指标。

　　(四)智力资源

　　人才的培养需要智力资源的帮扶,因此智力资源将在很大程度上影响雄安新区的经济发展情况,而高校作为人才培养的重要机构以及科技文化输出的重要组成部分,在培养人才、吸纳人才方面起到了重要作用。因此,在研究智力资源时,往往选取普通本专科在校学生数作为测量指标。

三、雄安新区前两发展阶段的人才总量变化预测

　　鉴于雄安新区的部分指标数据难以获得,所以在对雄安新区人才的某些相关影响因素指标进行分析的过程中,首先按照雄安新区人才占保定常住人口的比重进行折合计算,确定雄安新区人才流动影响因素的有关测量指标,作为研究的原始值,从而对雄安新区人才流动有关指标做出预估,然后再通过多元线性回归模型对雄安新区的人才总量进行预测。基于雄安新区的实际发展状况,对雄安新区的人才总量进行预测的过程如下。

　　(一)采用 GM(1,1)灰色预测模型预测雄安新区的人才流动影响因素

　　假设雄安新区人才流动的影响因素变量为 $x_k(k=1,2,3,4)$,其中城镇职工基本医疗保险参保人数用 x_1 代表,公园绿地面积用 x_2 代表,人均地区生

产总值用 x_3 代表,普通本专科在校学生数用 x_4 代表。随后,使用 GM(1,1)灰色预测模型对上述影响人才流动的重要因素分别进行估计预测。

雄安新区是有着重要的历史意义和战略意义的国家级新区,担负着我国的千年大计,我国各政府部门对其的帮扶支持力度也前所未有,所以各个影响因素的增长速度,并不能精准地体现雄安新区的实际情况。为此,本书还借鉴了梁林等(2019)的研究成果对相关参数进行设定,令雄安新区起步阶段的发展灰数 $-a=0.052$,内生控制灰数 $u=71.0006$;协同发展阶段的发展灰数 $-a=0.0099$,内生控制灰数 $u=85.3090$。通过灰色预测模型得到测量指标的变动增量,进而得到各个影响因素指标的预测值。

雄安新区起步阶段与协同发展阶段的时间响应式如表 6.3 所示。

表 6.3　雄安新区前两个发展阶段的二级指标预测模型

阶段	影响因素	时间响应式
起步阶段	城镇职工基本医疗保险参保人数	$\hat{x}^{(1)}(k+1) = (35.43 + 76.4471 + 1365.3962)e^{0.052k} - 1365.3962$
	公园绿地面积	$\hat{x}^{(1)}(k+1) = (10.01 + 76.4471 + 1365.3962)e^{0.052k} - 1365.3962$
	人均地区生产总值	$\hat{x}^{(1)}(k+1) = (1299 + 76.4471 + 1365.3962)e^{0.052k} - 1365.3962$
	普通高等学校在校学生数	$\hat{x}^{(1)}(k+1) = (-3804.46 + 76.4471 + 1365.3962)e^{0.052k} - 1365.3962$
协同发展阶段	城镇职工基本医疗保险参保人数	$\hat{x}^{(1)}(k+1) = (20.63 + 76.4471 + 8617.0707)e^{0.0099k} - 8617.0707$
	公园绿地面积	$\hat{x}^{(1)}(k+1) = (18.96 + 76.4471 + 8617.0707)e^{0.0099k} - 8617.0707$
	人均地区生产总值	$\hat{x}^{(1)}(k+1) = (103.68 + 76.4471 + 8617.0707)e^{0.0099k} - 8617.0707$
	普通本专科在校学生数	$\hat{x}^{(1)}(k+1) = (-231.71 + 76.4471 + 8617.0707)e^{0.0099k} - 8617.0707$

注:数据根据笔者整理得到。

由于篇幅有限,本书将以预测雄安新区 2019—2027 年的公园绿地面积为例,进行结果展示,预测情况详见表 6.4 所示。

表 6.4　雄安新区前两个发展阶段公园绿地面积预测值　（单位：hm²）

阶段	年份	$\hat{x}^{(1)}(k+1)$	$\hat{x}^{(0)}(k+1)$	$x^{[0]}(k+1)$	X
起步阶段	2019	245.5809	81.6300	5.1829	158.9896
	2020	331.5680	85.9871	9.5400	168.5296
	2021	422.1447	90.5767	14.1296	182.6592
协同发展阶段	2022	517.5560	95.4113	18.9642	201.6234
	2023	182.0933	79.7954	3.3483	204.9717
	2024	269.6376	87.5444	11.0973	216.0690
	2025	358.0530	88.4153	11.9682	228.0372
	2026	447.3480	89.2950	12.8479	240.8851
	2027	537.5314	90.1834	13.7363	254.6215

注：数据根据笔者整理得到。

（二）运用多元回归模型预测判断人才流动趋势

在分析雄安新区 2012—2017 年各类二级指标数据，以及雄安新区人才数量时，选择使用 SPSS 软件进行系统的多元线性回归分析，并在最后得出如下多元回归线性方程：

$$y = 64.035 + 4.407x_1 + 222.175x_2 - 1.156x_3 + 31.165x_4 \qquad (6.2)$$

式中，y 代表人才预测值。分别对 x_1 到 x_4 在 2019 年至 2021 年，以及 2022 年至 2027 年的数据进行预测，将预测值代入多因素线性回归模型后得出人才预测值，详见表 6.5。

表 6.5　雄安新区前两个发展阶段各个变量预测值

阶段	年份	城镇职工基本医疗保险参保人数/人	公园绿地面积/hm²	人均地区生产总值/元	普通本专科在校学生数/人	人才预测值/万人
起步阶段	2019	134186	158.99	4057.12	14543.32	107.53
	2020	145231	168.53	4143.01	14326.95	111.93
	2021	160947	182.66	4237.56	14103.10	118.46

续表

阶段	年份	城镇职工基本医疗保险参保人数/人	公园绿地面积/hm²	人均地区生产总值/元	普通本专科在校学生数/人	人才预测值/万人
协同发展阶段	2022	181582	201.62	4341.24	13871.39	127.24
	2023	191833	204.97	4352.31	13879.13	131.85
	2024	202947	216.07	4364.26	13887.71	137.02
	2025	214932	228.04	4377.09	13897.14	142.60
	2026	227797	240.89	4390.81	13907.41	148.58
	2027	241551	254.62	4405.42	13918.56	154.98

注:数据根据笔者整理得到。

通过对表 6.5 的分析,可以认识并了解到雄安新区 2019—2027 年的人才变化状况,并且预测结果显示,雄安新区 2023 年的人才数量将超过 130 万,达到 131.85 万人。其间,2019—2022 年具有较低的人才增速,人才流入的速度相对较慢,因此需要政府出手参与人才管控,例如颁布利好政策吸引人才流入。2022—2027 年,雄安新区人才具有较高的增长速度,人才数量和年增长量在 2027 年分别达到 154.98 万人和 6.4 万人,市场引导在这一阶段发挥关键作用。

第三节　本章小结

本章研究回答了"如何结合国家级新区演进的阶段性特征,准确预判人才流动趋势?"这个问题,具体通过以下路径实现。

第一,设计国家级新区人才流动预测方法。

基于前期研究成果,分析国家级新区的空间构造与功能演化,将国家级新区的发展过程分为四个阶段,分别是起步阶段、协同发展阶段、成熟阶段和一体化融合阶段。在设计国家级新区人才流动预测方法的过程中,针对国家级新区不同发展阶段存在的不同特征,选取与人才流动相关的影响因素,提取保障体系、生活环境、经济环境、智力资源四大类别中的 13 个人才流动影响因素,并通过计算其权重,得出保障体系占据主导地位。然后从动态阶段性的新视角,进行了人才流动预测模型构建。对比已有人才流动趋势预测方法的优缺点,最后选择 GM(1,1)灰色预测模型对国家级新区人才流动进行预测。

第二,预测雄安新区各发展阶段的人才流动。

结合国家级新区不同发展阶段人才流动特征及影响因素,通过构建人才流动预测模型,预测了雄安新区前两个发展阶段的人才总量。通过对典型案例的研究分析,从实践的层面论证理论研究的合理性,为雄安新区人才治理工作提供参考。

第七章 国家级新区高端人才引进博弈模型构建及应用

前章对国家级新区未来人口趋势和人才流动预测进行了理论分析,并以雄安新区为例,进行了实证检验,为本章研究高端人才引进的影响因素奠定了基础。实现国家级新区的高速发展,最重要的是完成高端产业的升级改造,其中多种创新要素的支持是发展新产业、培育新动能的必要前提。然而高端产业的发展需要高端人才的参与,国家级新区面临的首要问题是如何吸引大量高端人才流入,并产生人才集聚。以 2017 年设立的雄安新区为例,其突出问题是本地人才不愿意从事服务行业,又无法胜任高端产业。2017 年 5 月 6 日,雄安新区出台多项政策、采取多种措施吸引高端人才,充分重视人才引进过程中的问题,切实满足高端人才的户口、住房等基本生活需求,提高就业地区幸福指数、人才优惠政策、公共基础设施、城市发展潜力和社区服务水平等,以更好、更快地吸引人才。因此,剖析国家级新区高端人才引进的影响因素具有重要的现实意义。

为回答"国家级新区如何引进高端人才?"这个问题,本章以雄安新区为典型案例,首先,分析了雄安新区引进高端人才的必要性和影响因素;其次,通过混合策略纳什均衡博弈模型,分析雄安新区引进高端人才的合理性;最后,通过委托—代理博弈模型,分析高端人才到雄安新区就业意愿的影响因素。

第一节 雄安新区高端人才需求与引进影响因素分析

一、雄安新区人才需求分析

雄安新区设立的主要目的是疏解和转移北京的非首都功能,对发展新型城镇具有示范作用,也为协调京津冀发展提供重要推动作用。同时,雄安新区将成为北方新的经济增长极,为缩小中国南北差距,促进协同发展发挥重要作用。雄安新区肩负着多个发展任务,当地人才无法满足需要,引进高端人才是雄安新区实现其功能定位、创新智慧发展、成为一流国家级新区的必然要求。

目前雄安新区正处于起步阶段,第一,需要进行人口、地质和产业等多项排查工作,因此急需引进高端的预测专家、地质和气象学家、生态治理专家、创新创业者、文化传承人才等;第二,雄安新区城市和乡镇建设的大量烦琐工作,如党政建设、拆迁安置和文化宣传等工作,急需大量敢于争先、不怕困难、勇于创新的党政工作人员;第三,雄安新区后期发展需要多个领域的人才来建设城市的基础设施,转移政产学研创新要素,发展革新高新技术,创建打造智慧城市。

二、吸引高端人才进入雄安新区的影响因素

雄安新区在引进高端人才的过程中需要制定配套的人才优惠政策,从而实现高端人才带动创新要素合理流动和升级,推动雄安新区整体创新水平的提升,达到经济发展水平稳步提升的目的。Milton(2003)、吴存凤等(2007)指出,高端人才的流入意愿受到福利待遇、生态环境等外部环境因素的影响。袁仕福(2012)、Zhang(2013)指出,高端人才的流入意愿受个人喜好、未来发展等自身内部因素的影响。此外,刘兵等(2018)认为,户籍政策作为高端人才关注的重要问题,在吸引高端人才的过程中发挥着关键作用。基于文献梳理,本书将高端人才引进的影响因素总结如下。

(一)物质激励

根据马斯洛需求层次理论,当较低层次的需求得到满足后,较高层次的需求就会被激发。鉴于此,物质奖励成为雄安新区引进高端人才的重要政策手段,很多地方政府纷纷出台人才优惠政策吸引高端人才。例如,天津市通过给予优厚的物质奖励来吸引优秀的创新创业人才;雄安新区向全球发布城市建设咨询,通过提供基本津贴等方法鼓励人才建言献策。另外,雄安新区还制定一人一策、特事特办等人才优惠政策来引进高端人才,具体包括提高工资福利和提供住房、户籍等人才政策。

（二）地方软实力

部分高端人才通过自身能力可能已经获得了一定的物质财富,他们在选择就业地时会更加关注地区发展前景和软实力。此时,物质激励对高端人才引进发挥的作用则相对较弱。周文泳等(2016)指出,软实力和硬实力是相对而言的概念,前者是指国家或地区在无形之中释放的影响力,主要包括国民亲和力、制度吸引力和文化感召力等,这些能力无须通过强制政策手段,也并非为了达到某些特定的目的。对雄安新区而言,地区软实力主要是指市民素质、公共服务制度和行为、创新吸引力和特色文化氛围等。王全纲等(2017)认为,在高端人才引进中,地区软实力对人才吸引发挥关键作用,在一定程度上属于吸引高端人才的重要影响因素。

（三）户籍政策

户籍政策的优惠程度是影响高端人才引进的一个重要因素,高端人才在选择就业地时,会将其作为重要参考条件,主要原因是目前各地政策在医疗、住房、上学等方面会向本地户籍人口倾斜。郑姝莉(2014)指出,外来的高端人才到北京就业之后,无法与当地人口获得同样的政策保护,这会严重打击人才的积极性。随着雄安新区的不断发展,部分京津冀区域的高端人才为获得更多的就业发展机会,借助地理邻近优势涌入雄安新区,但他们中的绝大多数都不愿放弃更具吸引力的北京户籍。因此,保障非雄安新区户籍的高端人才能够与当地居民享有相同的社会保障和公共服务,成为雄安新区户籍管理的重要决策工作。不可否认的是,户籍政策是引进高端人才的重要影响因素,较高的户籍政策壁垒会影响高端人才的流入意愿。

（四）创新潜力

雄安新区作为国家重大战略,其重要任务之一是引领创新驱动发展。创新潜力代表了一个地区的未来科技水平、可持续发展潜能,创新潜力的发挥离不开创新环境的支持。自雄安新区成立以来,多家高新技术企业得到批准进驻雄安,包括阿里巴巴、百度、腾讯等。另外,多所知名高校都为雄安新区的发展建设提供支持。高新技术企业和高校的支持会让雄安新区的创新环境进一步提升,创新潜力逐渐发挥出对高端人才的吸引作用。

第二节　雄安新区高端人才引进合理性的混合策略纳什均衡博弈

雄安新区在引进高端人才的过程中,会发生人才和用人单位之间的博弈。当雄安新区集聚大量的高端人才时,用人单位将获得更多的选择机会,这有利于用人单位挑选到更加合适的人才,从而创造更高的经济效益,推动雄安新区经济发展。用人单位基于公平竞争原则,发布所需员工的职位要求,不会提前告知录用哪些求职者,高端人才只能基于用人单位提供的有限信息来判断自己被录用的概率。与之相同的,高端人才将简历发送给用人单位,用人单位也只能通过简历信息了解该候选人,以此来预测高端人才最终到雄安新区工作的概率。鉴于此,是否录用高端人才是用人单位的策略选择,而是否到雄安新区工作是高端人才的策略选择。

一、模型的假设

第一,假设高端人才和雄安新区用人单位这两个参与者都是"理性的经济人",双方均将自身利益最大化作为首要决策依据。在雄安新区,用人单位追求利润最大化,高端人才的目标是追求最大限度的个人利益。

第二,高端人才和雄安新区用人单位作为博弈双方,在博弈过程中所进行的策略选择为:雄安新区用人单位的策略选择是"是否录用高端人才",而高端人才的策略选择是"是否到雄安新区工作"。假设高端人才到雄安新区用人单位就职之后,用人单位的企业利润会提升,同时也会支出经费。

第三,高端人才入职后,会为雄安新区用人单位创造收益 R,收益分显性收益和隐性收益。经济效益和技术、科技研发成果等为显性收益,而组织文化、企业创新能力、知识创造等为隐性收益。高端人才引进带来的用人单位成本支出为 E,主要包括人工成本、场地成本、宣传成本等。

第四,进入用人单位工作后,高端人才的总收益为 I,其中包括外在收益和内在收益,工资福利等为外在收益,自我成就感和满足感等为内在收益。同时,高端人才在参加雄安新区用人单位招聘的过程中也会产生一定的成本 P,包括迁移成本和机会成本，主要是指交通费、住宿费、接纳新环境的心理成本等。

二、模型的建立

在上述假设条件下，制定如下规则。

第一，如果雄安新区用人单位综合多种因素决定聘用高端人才，但高端人才最终未前往该用人单位就职。雄安新区用人单位因高端人才未就职而无法获取收益，相应的用人单位就会产生成本支出 E，即收益为 $-E$。同样的，高端人才未前往用人单位就职，就不会产生支出和收益，最终所得为 0。

第二，如果雄安新区用人单位决定聘用高端人才，而且高端人才做出前往用人单位就职的决策。由于高端人才的就职，雄安新区用人单位获取的收益为 R，产生的成本支出为 E，支付高端人才工资等而产生的支出为 I，最终所得为 $R-E-I$。同样的，高端人才前往用人单位就职而获得的收入为 I，相应的迁移成本和机会成本为 P，最终所得为 $I-P$。

第三，如果雄安新区用人单位决定不聘用高端人才，而且高端人才最终未前往雄安新区应聘。雄安新区用人单位因高端人才未就职而无法获取收益，相应用人单位也不会产生成本支出，最终所得为 0。同样的，高端人才未前往用人单位就职，就不会产生支出和收益，最终所得为 0。

第四，如果雄安新区用人单位决定不聘用高端人才，但高端人才最终选择前往雄安新区应聘。雄安新区用人单位因高端人才未就职而无法获取收益，但会产生成本支出为 E，即最终所得为 $-E$。同样的，高端人才前往用人单位应聘会产生迁移成本和机会成本为 P，但因为未被录用无法获得收益，最终所得为 $-P$。

第五，基于方便运算的考虑，未将高端人才在雄安新区用人单位和原有工作岗位兼职的可能考虑在内。

基于上述假设条件，得到高端人才引进的静态博弈模型，如图 7.1 所示。

图 7.1　高端人才引进的静态博弈模型

三、模型的结果分析

假设雄安新区用人单位聘用和不聘用高端人才的概率分别是 η 和 $1-\eta(0 \leqslant \eta \leqslant 1)$，而高端人才选择或不选择到用人单位就职的概率分别是 θ 和 $1-\theta(0 \leqslant \theta \leqslant 1)$。

假设 η 一定，高端人才选择到雄安新区用人单位就职，期望得到的收益为

$$\eta(I-P)+(1-\eta)(-P) \tag{7.1}$$

假设高端人才决定不到雄安新区用人单位就职，期望得到的收益为

$$\eta * 0+(1-\eta) * 0 \tag{7.2}$$

令 $(7.1)=(7.2)$，得到

$$\eta^{*} = P/I$$

在雄安新区用人单位与高端人才的博弈过程中，如果 $\eta > \eta^{*}$，对高端人才来说，前往用人单位就职对其更有利，雄安新区的人才引进工作获得成功；如果 $\eta < \eta^{*}$，对高端人才来说，不前往雄安新区对其更有利，雄安新区人才引进工作失败；如果 $\eta = \eta^{*}$，对高端人才来说，是否到用人单位就职是随机发生的。

假设 θ 一定，雄安新区用人单位决定聘用高端人才，期望得到的收益为

$$\theta(R-E-I)+(1-\theta)(-E) \tag{7.3}$$

假设雄安新区用人单位决定不聘用高端人才，期望得到的收益为

$$\theta(-E)+(1-\theta) * 0 \tag{7.4}$$

令 $(7.3)=(7.4)$，得到

$$\theta^{*} = E/(R-I+E) = 1/[1+(R-I)/E]$$

在雄安新区用人单位与高端人才的博弈过程中，当 $\theta > \theta^{*}$ 时，聘用高端人

才对雄安新区用人单位来说是最有利的选择;当 $\theta < \theta^*$ 时,不聘用高端人才对雄安新区用人单位来说是最有利的选择;当 $\theta = \theta^*$ 时,是否选择聘用高端人才是随机发生的。

求解得到 $\eta^* = P/I, \theta^* = E/(R-I+E)$ 是混合决策纳什均衡解,雄安新区用人单位聘用高端人才的概率是 P/I,高端人才决定到用人单位就职的概率为 $E/(R-I+E)$。

通过得到的结果(η^* 与 θ^*)可以看出,雄安新区用人单位选择聘用高端人才的概率 η 和 P 为正比关系,说明随着高端人才到雄安新区用人单位就职机会成本的增加,用人单位最终决定聘用高端人才的概率增加。主要原因是,就职机会成本越大,说明高端人才辞去原来职位所产生的成本越高,从侧面说明了人才自身条件越好,工作能力越强。基于此,用人单位更倾向于聘用这类优秀人才,最终的聘用概率就会增加。雄安新区用人单位选择聘用高端人才概率 η 和 I 为反比关系,说明随着高端人才到用人单位就职获益的降低,雄安新区用人单位最终决定聘用高端人才的概率会变大。主要原因是,基于"理性经济人"假设,雄安新区用人单位为追求自身利益最大化而倾向于给高端人才提供较低的待遇。

高端人才到雄安新区用人单位就职的概率 θ 和 E 为正相关,说明随着雄安新区聘用高端人才成本支出的提高,人才所受的吸引和鼓舞变大,到用人单位就职的意愿和概率就会提高;高端人才到雄安新区用人单位就职的概率 θ 与 $(R-I)$ 为负相关,说明随着高端人才和雄安新区用人单位获益差值的缩小,高端人才到用人单位就职的意愿和概率会随之提高。主要原因是,双方获益差值的缩小,从侧面反映了在用人单位中高端人才获益的增加和地位的提高,这对高端人才的吸引力无疑是巨大的,他们到雄安新区就职的概率会显著提高。

基于上述分析,通过提高高端人才到雄安新区用人单位就职的成本支出和用人单位聘用高端人才的成本支出,减小双方获益差值,能够提升高端人才到雄安新区就职的概率。

第三节　雄安新区吸引高端人才因素
的委托—代理博弈模型

前文阐述了雄安新区用人单位在引进高端人才过程中成本支出的重要作

用,成本支出的提高能够增强高端人才的就职意愿。然而高端人才在选择用人单位的过程中并不仅仅考虑物质获益,基于对未来发展前景的考量,地区软实力在高端人才引进中也发挥着关键作用。此外,高端人才的就职意愿也受雄安新区户籍政策的影响,优惠的户籍政策会对高端人才产生强大的吸引力。高端人才不仅关注外在环境因素,自我成就感的提升也是影响高端人才就职的重要因素。但是由于个体的差异性较大,无法测度高端人才的个体内在因素,本书在构建时仅考虑地区软实力、户籍政策优惠程度和物质激励等外在因素,以此来分析吸引高端人才因素的合理程度,通过探究内在规律为量化雄安新区高端人才引进治理策略提供理论指导。

一、模型假设与规则

第一,模型假设为静态博弈,且为完全信息,设定雄安新区政府和高端人才都是理性经济人,双方的目标都是谋求自身利益最大化。

第二,高端人才和雄安新区政府作为博弈双方,在博弈过程中所进行的策略选择如下:

假设 S 是雄安新区的地区软实力,M 是雄安新区政府给予高端人才的物质激励,H 是雄安新区政府实施的户籍政策优惠程度,S、M、H 的系数分别是 α、β、γ,且三个因素权重均大于零;假设 π 是雄安新区政府的净收益函数,也就是在引进高端人才的过程中,雄安新区政府在不考虑成本的情况下,所能获得的利益。

假设 a 代表高端人才前往雄安新区就职的意愿,$T(S,M,H)$ 代表高端人才获得的利益,其中 T_S、T_M、T_H、T_{SS}、T_{MM}、T_{HH}(下标代表一阶和二阶导数)均大于零,说明高端人才到雄安新区就职所得到的物质奖励、软实力和户籍政策优惠是越来越多的,但物质奖励的增加率呈现减少趋势,软实力和户籍政策优惠的增加率呈现逐渐上升趋势。此外,将收益 $G(a)$ 设定为凹函数,并且符合严格递增的规律。也就是说,$G'(a) > 0$,$G''(a) < 0$,说明雄安新区政府的获益会随着高端人才的进入而增加,但随着进入人数的增多,增加率呈现逐渐下降趋势。将成本 $C(a)$ 设定为凹函数,并且符合严格递增的规律。也就是说,$C'(a) > 0$,$C''(a) > 0$,$U(a,T)$ 代表高端人才的支出函数。博弈双方的支出为各自收益和成本之间的差值。

二、模型建立

本书重点研究了高端人才是否选择前往雄安新区用人单位就职,以及雄安新区政府如何吸引高端人才。基于此,假定博弈双方拥有对称的信息。也就是说,委托人可以获得代理人的行为意愿,并且委托人能够根据代理人的意愿对其进行激励。在这种情况下,IC 就不能发挥激励约束作用,高端人才引进合同的制定可以让任意的 a 不受 IR 的约束。引进高端人才的委托—代理模型得到以下最优化方案

$$\text{Max}\pi = G(a) - (\alpha S + \beta M + \gamma H)$$
$$\text{s. t. } (IR) \, T(S, M, H) - C(a) \geqslant U'$$

雄安新区政府在制定相关政策的过程中,会将最大化自身的利益函数作为目标。基于“理性经济人”假设,高端人才在政府政策的作用下,不前往雄安新区就职的利益必然小于或等于前往雄安新区就职的利益。高端人才到雄安新区就职的最大利益为模型中的 U'。

三、模型分析和主要结论

引入拉格朗日函数,得到

$$L = G(a) - (\alpha S + \beta M + \gamma H) + \lambda(T(S, M, H) - C(a) - U') \quad (7.5)$$

最优化一阶条件,得到

$$\frac{\partial L}{\partial a} = G(a) - \lambda C'(a) = 0$$

$$\therefore \lambda = \frac{G'(a)}{C'(a)} \quad (7.6)$$

$$\frac{\partial L}{\partial M} = -\beta + \lambda T_M = 0$$

$$\therefore \lambda = \frac{\beta}{T_M} \quad (7.7)$$

$$\frac{\partial L}{\partial \lambda} = T(S, M, H) - C(a) - U' = 0$$

$$\therefore T(S, M, H) = C(a) + U' \quad (7.8)$$

$$\frac{\partial L}{\partial S} = -\alpha + \lambda T_S = 0$$

$$\therefore \lambda = \frac{\alpha}{T_S} \tag{7.9}$$

$$\frac{\partial L}{\partial H} = -\gamma + \lambda T_H = 0$$

$$\therefore \lambda = \frac{\gamma}{T_H} \tag{7.10}$$

令式(7.6)=式(7.9),得到

$$G'(a)T_S - \alpha C'(a) = 0 \tag{7.11}$$

令式(7.6)=式(7.7)得到

$$G'(a)T_M - \beta C'(a) = 0 \tag{7.12}$$

令式(7.6)=式(7.10)得到

$$G'(a)T_H - \gamma C'(a) = 0 \tag{7.13}$$

基于以上分析,得出以下结论。

第一,高端人才前往雄安新区就职的积极性 a 与雄安新区政府提供的物质激励 M 呈反方向变动。

由式(7.12)可得

$$\frac{\partial M}{\partial a} = -\frac{T_M G''(a) - \beta C''(a)}{G'(a) T_{MM}}$$

$$\because G'(a) > 0, T_M > 0, T_{MM} < 0, G''(a) < 0, \beta > 0, C''(a) > 0$$

$$\therefore \frac{\partial M}{\partial a} < 0$$

从上述研究结果中可以看出,当高端人才到雄安新区用人单位就职的意愿较低时,政府需要给予高端人才较高的工资和福利待遇。政府可以通过提高物质激励的方式来吸引高端人才;但边际效用随着物质激励的增加会呈现递减规律。也就是说,并不是物质激励越高,对人才的吸引力就越强。因此,在引进高端人才的初步阶段,需要制定具备吸引力的物质激励政策,来保障人才引进工作的顺利开展。王捷民等(2012)提到在 2009 年 6 月我国实行的"海外高端人才集聚工程"中,北京通过提供丰厚的奖金来吸引外来人才,还对海外高端人才提供优惠政策,进而提升北京人才整体智力创造水平。但只通过物质激励无法实现可持续发展,对高端人才的吸引力也只是暂时的,不能成为自身的竞争优势。通过上述研究结果也可以看出,物质对高端人才仅起保障作用,而激励作用需要辅助其他要素来实现。

第二,高端人才前往雄安新区就业的积极性 a 与雄安新区的软实力 S 呈正方向变动。

由式(7.11),可得

$$\frac{\partial S}{\partial a} = -\frac{T_s G''(a) - \alpha C''(a)}{G'(a) T_{SS}}$$

$$\because G'(a) > 0, T_s > 0, T_{SS} > 0, G''(a) < 0, \alpha > 0, C''(a) > 0$$

$$\therefore \frac{\partial S}{\partial a} > 0$$

从上述研究结果中可以看出,当物质激励一定时,地区软实力强弱会影响高端人才到雄安新区就职的意愿,较强的地区软实力会提高高端人才进入雄安新区的意愿;相反,当物质激励一定时,较弱的地区软实力会降低高端人才进入雄安新区的意愿。雄安新区软实力与高端人才吸引力之间呈正相关关系,因此提高软实力对吸引高端人才的作用非常显著,同时对高端人才利用效益的提高也有所裨益。高端人才在选择就业地的过程中,很容易被地区生活环境、居民幸福指数、文化氛围、开放程度、创新支持度等软实力吸引。现实中这样的实例比比皆是,国家或地区投入财力和人力,软实力得以提高,也会得到更多的反馈,其中就包括高端人才集聚带来的创新效益。王承云等(2016)指出,从国家层面来看,自1980年日本实施《科技城法》以来,各地纷纷建设科技城市、学研城市,其中京阪奈学研都市城通过提高居民生活环境舒适度,坚持科技兴城,积极创新创造,建设更加便利、智能的基础设施,形成浓郁的文化氛围,来提高居民自豪感和幸福指数,很多高端人才被该地的软实力吸引,纷纷前往该地就职,1988—2014年,28年间该科技城人口增长了近9万人。相比于物质激励,地区软实力的吸引力更大,因此在雄安新区建设过程中要重视软实力的提高,同时高端人才引进和管理工作需要物质激励和地方软实力的有效配合。

第三,高端人才前往雄安新区的积极性 a 与雄安新区政府制定的最优户籍政策 H 呈正方向变动。

由式(7.13),可得

$$\frac{\partial H}{\partial a} = -\frac{T_H G''(a) - \gamma C''(a)}{G'(a) T_{HH}}$$

$$\because G'(a) > 0, T_H > 0, T_{HH} > 0, G''(a) < 0, \gamma > 0, C''(a) > 0$$

$$\therefore \frac{\partial H}{\partial a} > 0$$

从上述研究结果中可以看出,当物质激励和地区软实力一定时,高端人才到雄安新区的就职意愿会受地区户籍政策优惠程度的影响。较低的户籍门槛会提高高端人才进入雄安新区的意愿;相反,如果某一地区的户籍门槛过高,并且没有相应的优惠政策,高端人才前往该地就业的意愿会大大降低。个人的多种社会保障和公共服务均会受到户籍政策影响,户籍政策在引进高端人才中起重要作用,户籍门槛过高会导致人才无法在各地域间自由流动。基于此,相比于其他政策,高端人才的就业意愿更易受户籍政策的影响。此外,户籍政策还与子女入学和住房等隐性生活问题相关,这些问题能否妥善解决都会作用于高端人才的流动意愿。中国人具有较强的家庭观念,高端人才在选择就业地时会将家庭生活保障问题考虑在内,对此,国内多个城市都通过户籍政策来引进高端人才。

第四,雄安新区政府提供的户籍政策优惠程度 H 与地区软实力 S 呈正相关变动。

由式(7.9)和式(7.10)可得

$$\gamma T_S = \alpha T_H$$

$$\frac{\partial H}{\partial S} = \frac{\gamma T_{SS}}{\alpha T_{HH}}$$

$$\because T_{SS} > 0, T_{HH} > 0, \alpha > 0, \gamma > 0$$

$$\therefore \frac{\partial H}{\partial S} > 0$$

从上述研究结果中可以看出,随着 H 的增大,S 也会逐渐增大。也就是说,随着雄安新区户籍政策优惠程度的提高,雄安新区的软实力也会相应增强,两者之间只有相互配合才能达到最优的高端人才引进效果;只提高其中一方,而不注重二者的协调发展,无法有效地引进高端人才。基于此,在提升地方软实力的同时,雄安新区还应该实施相配套的户籍优惠政策,二者在高端人才引进过程中发挥着同样重要的作用,任何一方都必须得到重视。具体来说,就是雄安新区在提升地区生活环境、居民幸福指数、文化氛围、开放程度和创新支持度的同时,还应降低户籍门槛,让更多的高端人才能够在雄安落户;对于不愿在雄安落户的高端人才,相关部门也要出台针对性政策,保障人才在工作中无后顾之忧。雄安新区需要通过合理的户籍政策和最优的软实力来吸引高端人才的加入。

第四节　本章小结

本章回答了"国家级新区如何引进高端人才?"这个问题,具体通过以下路径实现。

第一,分析雄安新区高端人才需求与引进的影响因素。

结合雄安新区发展现状,得出雄安新区亟须引进各个方面的高端人才,并通过对已有文献的梳理,得出雄安新区高端人才引进的影响因素包括物质激励、地区软实力、户籍政策优惠程度和创新潜力四个方面。

第二,构建雄安新区引进高端人才的混合策略纳什均衡博弈。

构建混合策略纳什均衡博弈模型,分析在高端人才引进工作中雄安新区用人单位成本支出的关键作用。博弈模型得出的结果显示,通过提高高端人才到雄安新区用人单位就职的成本支出和用人单位聘用高端人才的成本支出,减小双方获益差值,能够提升高端人才到雄安新区就职的概率。

第三,构建雄安新区引进高端人才的委托—代理博弈模型。

构建委托—代理博弈模型,剖析高端人才到雄安新区就职意愿的影响因素,通过探究内在规律来为量化雄安新区高端人才引进治理策略提供理论指导。博弈模型的结果显示,物质奖励、地方软实力、户籍政策优惠程度均会影响高端人才到雄安新区的就职意愿。这三个影响因素需要相互配合,共同在雄安新区高端人才引进工作中发挥作用。

第八章　国家级新区人才资源与创新环境共生演化机理构建及仿真实验

在引进高端人才的过程中,越来越多相互关联的人才相互连接,形成网络结构,从而实现人才集聚效应的不断扩大,形成开放演进的人才资源系统。通过前文对国家级新区未来人才流动趋势预测和高端人才引进博弈研究可知,国家级新区人才的流动和集聚受生活、经济等多种环境因素的影响,且高端人才引进的影响因素促使人才效应进一步扩大。区域创新环境因素对人才资源系统的不断演化发展起关键推动作用,不同的人才群体集聚在区域创新环境中各取所需,区域创新实力和环境开放程度更受关注。如果把人才资源当作生态种群,国家级新区人才资源和创新环境会彼此联系形成共生系统,该系统会和生态种群产生相似的演化特征,表现为开放共享、适应发展和自组织演化,因此可以从共生演化的角度分析国家级新区人才资源和创新环境的演化关系。

本书运用生态种群共生演化与成长的 Logistic 模型,探寻国家级人才资源与创新环境的共生演化机理。运用这一经典模型的主要原因在于人才资源的集聚能够促进区域经济增长、文化软实力提升和创新能力升级,全面改变区域创新环境,而且这种改变是复杂多样的,无法确定准确的变化方向,此时传统的分析工具就很难发挥作用。而 Logistic 模型是一种能够分析演化机理的常用方法,已经被广泛应用于研究多个领域的社会经济学问题。一方面,它以社会经济系统各个构成主体的演化机理作为研究对象,如 Moore(1993)提出的产业生态系统演化特点,Lee 等(2002)提出的证券交易所和证券交易商的报价系统之间的共生演化关系,武剑等(2015)提出的矿产资源密集型区域经济系统运动轨迹,张鹏等(2016)提出的供应链企业知识协同演化模型,任腾等(2017)提出的保险、信贷与股票金融复合系统动态共生演化模型。另一方面,它主要用来研究社会经济系统构成主体与环境之间的演化机理。王仙雅等(2011)通过探寻物流产业与外部环境之间的共生演化机理,发现多个物流产业集群与外部环境的协同演化稳态不仅与协同系数有关,还和协同系数的概率有关。赵强强等(2010)研究区域人才与核心竞争力二者之间的协同关系,认为双方都能推动对方的发展,并具有反复迭代的特点。

为回答"国家级新区人才资源与创新环境之间的共生演化关系以及内在机理是什么?"这个问题,首先,本章借鉴 Logistic 模型,构建国家级新区人才资源和创新环境复合系统的共生演化模型;其次,分析国家级新区人才资源与创新环境共生演化模型的平衡点和稳定性条件;最后,以雄安新区为例,借助Matlab 工具,分析雄安新区人才资源与创新环境共生演化结果受 Allee 效应、人才资源初始值和二者共生系数的作用程度,以期为政府相关部门制定促进国家级新区人才资源与创新环境共生演化的政策提供理论支撑。

第一节　国家级新区人才资源与创新环境共生演化模型构建

基于协同理论,曾建丽等(2020)认为人才资源和区域创新环境能够通过相互适应形成一种有利于彼此发展的最优模式,这种被称为"有序态"的最优模式能够促进系统内部和外部环境之间实现和谐共生。基于此,本书将国家级新区人才资源系统和创新环境系统按照演化经济理论,构建二者复合系统的共生演化模型,并分析其内在机理。

一、复合系统共生演化模型

考虑一个单种群的 Logistic 方程

$$\frac{\mathrm{d}X}{\mathrm{d}t} = rX\left(1 - \frac{X}{K}\right) \tag{8.1}$$

式中,X 表示种群的数量;r 表示种群内禀增长率;K 表示种群所在环境的固有属性,即环境能够承受的种群最大量。

在一定程度上,复合系统内部的子系统之间会产生复杂的相互作用,这种作用不能只通过单种群方程来展示,基于此,将参数 $\alpha_{ij}(i,j=1,2)$ 引入Logistic 模型中,表示 i、j 两个子系统之间 j 对于 i 的协作系数,形成 Lotka-Volterra 互惠模型,并进一步形成二者复合系统的共生演化模型,即

$$\frac{\mathrm{d}X(t)}{\mathrm{d}t} = f(X(t),Y(t))$$

$$= r_1(t)X(t)\left(1 - \frac{X(t)}{K_1} + \alpha_{12}\frac{Y(t)}{K_1}\right)$$

$$\frac{\mathrm{d}Y(t)}{\mathrm{d}t} = g(X(t),Y(t))$$

$$= r_2(t)Y(t)\left(1 - \frac{Y(t)}{K_2} + \alpha_{21}\frac{X(t)}{K_2}\right) \quad (8.2)$$

式(8.2)满足下列假设条件：

假设 1：将国家级新区人才资源与创新环境分别视为一个 Agent 主体，二者共同处于一个复合系统中，它们之间具有相互促进的关系，带来双方效益的共同提升。人才资源的效益通过收益衡量，表现为人才资源数量；而创新环境的效益通过区域文化水平的提高、经济的增长、创新能力的提高来表现。国家级新区人才资源和创新环境在 t 时刻的效益分别用 $X(t)$ 和 $Y(t)$ 代表。

假设 2：人才资源效益 $X(t)$ 由 m 个可观测的变量 $X_1(t)$，$X_2(t)$，…，$X_m(t)$ 线性表述，公式表示为 $X(t) = \sigma_{11}X_1(t) + \sigma_{12}X_2(t) + \cdots \sigma_{1m}X_m(t)$，其中 σ_{11}，σ_{12}，…σ_{1m} 为常数；区域创新环境 $Y(t)$ 由 n 个可观测的变量 $Y_1(t)$，$Y_2(t)$…，$Y_n(t)$ 线性表述，公式表示为 $Y(t) = \sigma_{21}Y_1(t) + \sigma_{22}Y_2(t) + \cdots + \sigma_{2n}Y_n(t)$，其中 σ_{21}，σ_{22}，…σ_{2n} 为常数。

假设 3：在时间 t 下，$r_1(t)$ 代表人才资源效益的平均增长率，$r_2(t)$ 代表区域创新环境效益的平均增长率。在一段时间内，如果不改变人才资源效益的增长率，也不采取措施提高区域创新环境效益的增长率，则这两个变量均比 1 小。

假设 4：资源短缺会抑制国家级新区人才资源效益和创新环境效益的提高，在资源一定并且不发生竞争与合作的情况下，假设 K_1 和 K_2 分别表示二者效益的最大值，则 K_1 与 K_2 的值均为常数值，其中任何一个数值都不代表国家级新区人才资源和创新环境的共生系数。国家级新区人才资源和创新环境复合系统的规模会影响二者的效益，复合系统的规模越大则 K_1 与 K_2 的数值越大。

假设 5：国家级新区人才资源和创新环境都会对彼此产生作用，但并非此消彼长的关系，而是在一定情况下能够相互促进，带来共生效益，产生共生系数。其中，创新环境促进人才资源效益提升，产生共生系数 α_{12}，而人才资源促进创新环境效益提升，产生共生系数 α_{21}，又由于模型(8.2)为互惠模型，因此，将两个共生系数都假定为大于 0、小于 1。

假设 6： $1 - \dfrac{X(t)}{K_1} + \alpha_{12} \dfrac{Y(t)}{K_1}$ 表示人才资源由于提高自我效益而抑制自我增长率，但却带来区域创新环境效益提高的情况；$1 - \dfrac{Y(t)}{K_2} + \alpha_{21} \dfrac{X(t)}{K_2}$ 表示区域创新环境由于提高自我效益而抑制自我增长率，但却带来人才资源效益提高的情况。

假设复合系统内部的人才资源子系统与创新环境子系统处于绝对稳定状态，那么通过 r_1 和 r_2 可以阐述各子系统的自身属性，通过 α_{12} 与 α_{21} 阐述复合系统共生演化过程中子系统之间的彼此作用关系。基于此，模型（8.2）可以较好地描述国家级新区人才资源与创新环境复合系统的发展脉络。

Dalmazzone 等（2014）认为稳定状态是指，从生态学角度出发，研究对象具备一定的规模并适应所处环境，种群中的个体在系统中长期稳定发展。但是在初始条件下，国家级新区人才资源与创新环境二者的关系较难保持稳定，因为在初始条件下，一方面，人才资源呈现小规模状态，区域创新环境发展还不够完善，并且人才所获得的物质和精神等方面的收益较少，从这个角度来说，人才资源收益不稳定。另一方面，对于区域创新环境而言，在短时期内人才资源为创新环境带来的效益存在滞后效应，区域经济、文化程度、科技成果不会显著提高。另外，随着区域发展不断成熟，又会有新的人才集群被吸引，这时人才集群对创新环境的影响积极或消极与否难以判断，因此，在初始条件下区域创新环境的效益是不稳定的。

从生态学角度出发，人才在发展过程中会不断地进入新的区域创新环境，从而产生 Allee 效应。Wang 等（2014）认为即使人才并未达到一定规模，Allee 效应也可能发生。但对本研究来说，在进入区域创新环境时，人才资源的规模较小，也没有适应所处环境，Allee 效应可能会对国家级新区人才资源和创新环境的效益产生影响。基于此，本书结合 Allee 效应修正了二者的共生演化模型。

二、具有 Allee 效应的复合系统共生演化模型

在自然界中，当生物种群的数量增长到一定程度时，就会产生 Allee 效应，该效应能够将种群数量控制在自然界能够承受的范围之内。生态学家 Allee 在观察金鱼和海星调节水分的实验过程中发现，生物集群中的个体比孤立的个

体能够更好地调节水分,这反映出大的生物集群更能适应环境变化,由此发现了 Allee 效应。在 20 世纪上半叶,Allee 描述的这种现象开始受到关注,学者们进行了相关研究,Allee 效应作为正式的生态学术语出现在 1953 年(McDermott et al. ,2016)。在 20 世纪后期,学者们对 Allee 效应的研究取得了大量成果,Dhiman 等(2018)、Zhang 等(2018)、Sasmal(2018)结合前人的研究结果给出了 Allee 效应的明确定义,即同一种群的个体数量或种群密度正向影响个体适合度的各个方面。

种群之间的相互影响会带来择偶竞争、生育率低下、争夺资源和生活环境恶化等诸多问题,这些往往成为 Allee 效应产生的关键因素。Allee 效应有强弱之分,如果 Allee 效应较强,那么 Allee 效应的产生因素可能导致种群增长率出现负值;Allee 效应弱表现为 Allee 效应的产生成因素导致种群增长率减少。种群在 Allee 效应的影响下,密度值不宜太大或太小,这两种情况都不利于种群的长期生存和发展:种群密度过低时,如果生育率低下,该种群可能很快消失;种群密度过高时,会出现过度的资源竞争,在一段时间后,该种群也会面临灭亡的危机。Wu 等(2017)、Chen 等(2018)的研究结果表明,Allee 效应对种群具有重要影响。越来越多的生态学家开始重视该效应,甚至一些学者在社会科学领域研究中也借鉴应用了 Allee 效应,如武剑等(2015)用 Allee 效应解释区域经济周期波动的现象,发现在资源枯竭阶段,科技企业只有在数量达到一定密度时才能实现长期生存发展。刘宣江(2016)经过研究发现,现代服务业集群易受 Allee 效应影响,服务业企业群的密集程度影响现代产业群的未来发展趋势。综上,在模型中引入 Allee 效应十分必要。

为分析不同 Allee 效应强度下,国家级新区人才资源和创新环境的共生演化机理,本章结合秦丽娟(2017)的相关生态系统演化机理研究,令 $N = X/K_1$,$P = Y/K_2$,代入模型(8.2)得到

$$
\frac{\mathrm{d}N}{\mathrm{d}t} = r_1 N(1-N) + c_1 NP
$$

$$
\frac{\mathrm{d}P}{\mathrm{d}t} = r_2 P(1-P) + c_2 NP
\tag{8.3}
$$

式中,$c_1 = \alpha_{12} r_1 K_2/K_1$,$c_2 = \alpha_{21} r_2 K_1/K_2$。因此,模型(8.2)和模型(8.3)在无量纲下等价,下文的研究与分析均以模型(8.3)为基础。

参考 Lewis 等(1993)的观点,引入 Allee 效应的最典型种群模型,得到

$$
\frac{\mathrm{d}x}{\mathrm{d}t} = Rx(x-a)(b-x)
\tag{8.4}
$$

式中，x 表示物种的种群大小（密度）；参数 R、a、b 均为正数，$a < b$，a 表示 Allee 阈值，b 是稳定时的种群密度。

在模型（8.3）中将不同强度的 Allee 效应引入人才资源子系统中，得到

$$\begin{cases} \dfrac{\mathrm{d}N}{\mathrm{d}t} = f(N,P) = r_1 N(1-N)(N-a_1) + c_1 NP \\ \dfrac{\mathrm{d}P}{\mathrm{d}t} = g(N,P) = r_2 P(1-P) + c_2 NP \end{cases} \tag{8.5}$$

式中，a_1 表示人才资源子系统的 Allee 阈值，$0 < a_1 < 1$，随着该值的增大，人才资源受 Allee 效应的影响程度会逐渐增大；也就是说，只有继续提高规模，才能取得人才资源效益。

第二节　国家级新区人才资源与创新环境共生演化模型平衡点及稳定条件分析

一、共生演化模型平衡点分析

基于相关理论，国家级新区人才资源和创新环境的共生演化机理往往由平衡点的稳定性所决定，复合系统的演化方向和趋势受到参数变化的影响，基于此，探讨复合系统平衡点和稳定性具有重要意义。

分别令模型（8.5）中的 $\dfrac{\mathrm{d}N}{\mathrm{d}t} = 0$，$\dfrac{\mathrm{d}P}{\mathrm{d}t} = 0$，得到以下方程组

$$\frac{\mathrm{d}N}{\mathrm{d}t} = f(N,P) = r_1 N(1-N)(N-a_1) + c_1 NP = 0$$

$$\frac{\mathrm{d}P}{\mathrm{d}t} = g(N,P) = r_2 P(1-P) + c_2 NP = 0 \tag{8.6}$$

对方程组求解，得出以下四个边界平衡点：$P_1(0,0)$、$P_2(a_1,0)$、$P_3(1,0)$、$P_4(0,1)$。

（一）讨论边界平衡点的稳定性

基于微分方程稳定性定理，边界平衡点 $P_i(i=1,2,3,4)$ 的雅克比矩阵为：

$$\boldsymbol{A} = \begin{bmatrix} f_N & f_P \\ g_N & g_P \end{bmatrix}$$

$$= \begin{bmatrix} -3r_1N^2 + 2(r_1 + a_1r_1)N + c_1P - a_1r_1 & c_1N \\ c_2P & -2r_2P + c_2N + r_2 \end{bmatrix}_{P_i} \tag{8.7}$$

边界平衡点 $P_i(i=1,2,3,4)$ 的雅克比矩阵为

$$p = -(f_N + g_P)|_{P_i}$$
$$q = \det J = f_N g_P - f_P g_N |_{P_i} \tag{8.8}$$

系统在第一象限内的零等倾线被称为内部平衡点,两个系统的种群密度均不等于0。对国家级新区人才资源与创新环境复合系统共生演化模型而言,将方程组(8.6)的零等倾线分别用 L_1 和 L_2 表示,即为

$$L_1 : r_1(1-N)(N-a_1) + c_1P = 0$$
$$L_2 : r_2(1-P) + c_2N = 0 \tag{8.9}$$

模型(8.5)的内部平衡点是指曲线 L_1 与直线 L_2 在第一象限的交点。通过计算可知模型(8.5)的内部平衡点满足

$$N_2 - [a_1 + 1 + (c_1c_2)/(r_1r_2)]N + a_1 - c_1/r_1 = 0$$
$$P = 1 + (c_2/r_2)N \tag{8.10}$$

求解方程(8.10),当 $a_1 < c_1/r_1$ 时,方程有两个实根,表明复合系统有两个内部平衡点 $P_5(N_1{}^*, P_1{}^*)$, $P_6(N_2{}^*, P_2{}^*)$,两点可以表示为

$$N_i{}^* = (a_1 + 1 + (c_1c_2)/(r_1r_2) \pm \sqrt{\Delta})/2 \quad (i=1,2)$$
$$P^* = 1 + (c_2/r_2)N_i{}^* \tag{8.11}$$

式中, $N_1{}^* < N_2{}^*$, $\Delta = [a_1 + 1 + (c_1c_2)/(r_1r_2)]^2 - 4(a_1 - c_1/r_1)$;当 $a_1 \geqslant c_1/r_1$ 时,方程(8.11)有一个实根,表明复合系统只有唯一的内部平衡点 $P_6(N_2{}^*, P_2{}^*)$。

（二）讨论系统内部平衡点的稳定性

基于微分方程稳定性原理,在 $P_i(i=5,6)$ 处将 $f(N,P)$ 和 $g(N,P)$ 做 Taylor 展开,通过只取一次项的方法,得出平衡点 $P_i(i=5,6)$ 的雅克比矩阵,即

$$\boldsymbol{J} = \begin{bmatrix} f_N & f_p \\ g_N & g_p \end{bmatrix} = \begin{bmatrix} r_1(a_1+1)N - 2r_1N^2 & c_1N \\ c_2P & -r_2P \end{bmatrix}_{P_i} \tag{8.12}$$

平衡点 $P_i(i=5,6)$ 处的特征系数满足

$$p = -(f_N + g_P)|_{P_i}$$

$$q = \det J = f_N g_P - f_P g_N |_{P_i} \tag{8.13}$$

结合微分方程稳定性原理,对各个内外部平衡点的特征系数进行计算和归类总结,结果详见表 8.1。

表 8.1 遭受"Allee 效应"模型平衡点的类型

平衡点	p	q	稳定条件	平衡点类型
$P_1(0,0)$	$a_1 r_1 - r_2$	$-a_1 r_1 r_2$	不稳定	鞍点
$P_2(a_1,0)$	$r_1 a_1{}^2 - a_1 r_1 - c_2 a_1 - r_2$	$a_1 r_1 (1-a_1)(c_2 a_1 + r_2)$	不稳定	结点
$P_3(1,0)$	$-(a_1-1)r_1 - c_2 - r_2$	$r_1(a_1-1)(c_2+r_2)$	不稳定	鞍点
$P_4(0,1)$	$c_1 + a_1 r_1 + r_2$	$r_2(a_1 r_1 - c_1)$	$a_1 > c_1/r_1$	稳定结点
$P_4(0,1)$	$c_1 + a_1 r_1 + r_2$	$r_2(a_1 r_1 - c_1)$	$a_1 > c_1/r_1$	不稳定鞍点
$P_5(N_1{}^*,P_1{}^*)$	$N_1{}^*(c_1 c_2/r_2 - r_1\sqrt{\Delta} + r_2 P_1{}^*)$	$-N_1{}^* P_1{}^* r_1 r_2 \sqrt{\Delta}$	不稳定	不稳定鞍点
$P_6(N_2{}^*,P_2{}^*)$	$N_2{}^*(c_1 c_2/r_2 + r_1\sqrt{\Delta} + r_2 P_2{}^*)$	$N_2{}^* P_2{}^* r_1 r_2 \sqrt{\Delta}$	$a_1 \leqslant c_1/r_1$	稳定结点

二、共生演化模型的稳定条件分析

分析共生演化模型的稳定性是研究国家级新区人才资源和创新环境共生演化机理的首要条件。根据表 8.1,在国家级新区人才资源和创新环境共生演化模型中,P_1、P_2、P_3 三个平衡点的稳定性都较低,代表二者在复合系统中互惠共生,未发生过度抢占彼此资源的情况,双方都获得了最大化的效益。这一现象也符合现实情况,即区域创新环境未获得效益的情况并不会发生,双方会相互促进,实现和谐共生。在第一象限内,国家级新区人才资源和创新环境共生演化模型的稳定点是 P_6,代表二者子系统之间互相促进、和谐共生的性质。国家级新区人才资源和创新环境在不断交互影响的过程中,一方面人才资源在改善创新环境、促进经济发展、提高文化水平等方面具有重要作用,另一方面区域创新环境的改善有利于吸引更多的人才资源,二者在共生演化过程中协同发

展,逐步趋向系统的稳定结点 P_6。

基于以上结果可以看出,人才资源子系统在发生 Allee 效应后,人才资源数量的提高就会受到限制,在 Allee 效应影响下,国家级新区人才资源和创新环境的共生演化模型表现出较高的稳定性,双方效益的提升都受到该效应的限制。然而,共生演化模型在一定程度上又可能被强大的 Allee 效应过度干扰,导致复合系统稳定性遭到破坏。

由图 8.1 可知,在 Allee 效应较弱时,即 $a_1 \leqslant c_1/r_1$,共生演化模型共产生 P_5 和 P_6 两个平衡点,而稳定点是 P_6。如果系统的初始值在第一象限内,会不断向 P_6 靠近。国家级新区人才资源和创新环境的共生作用较强,二者之间和谐共生,双方均促进对方效益的提升,Allee 效应对二者复合系统产生的作用较弱。

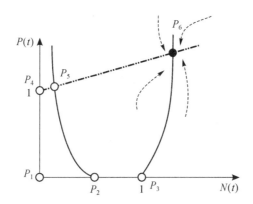

图 8.1 Allee 效应较弱时模型(8.5)在 $N-P$ 坐标系下的动态行为

注:用实心点表示平衡点局部稳定,空心点表示平衡点不稳定。零等倾线用双实线代表,从初始值引出的各个轨迹线用虚线代表(方向用箭头代表)。

由图 8.2 可知,在 Allee 效应较强时,即 $a_1 > c_1/r_1$,共生演化模型共产生两个稳定点,即 $P_4(0,1)$ 和 $P_6(N_2{}^*, P_2{}^*)$。如果人才资源子系统受 Allee 效应的作用较大,初始值将成为决定人才资源子系统稳定水平的关键参数,会产生人才资源的初始临界值,也就是 Allee 阈值。如果人才资源的初始数量较小,人才在进入区域创新环境后出现规模急剧下降的趋势,直至消失在区域创新环境中,双方未实现共生演化;如果人才资源的初始数量较大,而且高于 Allee 阈值,人才在进入区域创新环境后出现规模的不断上升,双方均促进对方效益的提升,实现和谐共生,国家级新区人才资源和创新环境共生演化模型稳定性不断提高,并不断向 P_6 靠近。

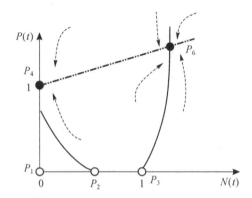

图 8.2　Allee 效应较强时模型(8.5)在 $N-P$ 坐标系下的动态行为

注:用实心点表示平衡点局部稳定,空心点表示平衡点不稳定。零等倾线用双实线代表,从初始值引出的各个轨迹线用虚线代表(方向用箭头代表)。

　　基于上述结果可以看出,Allee 效应和人才资源初始数量都会对国家级新区人才资源和创新环境共生演化模型的稳定性产生作用,二者在共生演化过程中会出现共生系数的最优值,此时双方稳定发展,效益实现最大化。

第三节　雄安新区人才资源与创新环境共生演化仿真分析

　　雄安新区的长期可持续发展,需要将创新作为战略目标,驱动各项建设发展工作顺利推进。雄安新区的创新发展需要人才、资金、技术等多种创新资源,其中人才是最重要的引领资源,带动其他创新要素不断集聚。为吸引更多的高端人才不断涌入雄安新区,需要提升雄安新区创新氛围,打造具有吸引力的创新环境。对此,雄安新区为吸纳人才,推动高新技术产业发展,实施了一系列创新环境改善措施,积极培育良好的创新生态系统,如改善生态环境、交通基础设施等创新硬环境,改善营商环境、公共服务水平、人才引进政策、教育医疗环境等创新软环境。在国家政策大力扶持和创新环境逐渐改善的基础上,雄安新区吸引了许多高新技术企业,人才资源规模进一步扩大,这能否促进区域创新环境不断完善? 和谐的共生演化关系会不会在雄安新区人才资源和创新环境之间发生?

　　要想分析雄安新区人才资源和创新环境的共生演化机理,须搜集较长时间内的原始数据资料,然而雄安新区建设初期缺乏大量时间序列数据进行预测。基于此,更为可行的办法是通过数值模拟的方式,分析在雄安新区人才资源和创新环境的复合系统中,二者相互合作实现共生演化的内在机理。本章运用Matlab 软件,基于前文建立的人才资源和区域创新环境共生演化模型,对雄安新区中二者的共生演化发展趋势进行仿真模拟,一方面可对前文构建的共生演化模型进行实践检验,另一方面可探析提高该模型稳定性的条件。

　　根据图 8.1、图 8.2,在满足假设条件的前提下,参数的设定首先需要参考相关文献,在此基础上为各个参数赋值,然后进行数值模拟。首先,对雄安新区人才资源和创新环境复合系统共生演化模型中的时间进行赋值,假定时间 t 从1 开始,将 500 个单位时间假定为仿真周期;其次,对 t 时刻人才资源效益平均增长率 (r_1) 和区域创新环境的效益平均增长率 (r_2) 进行赋值,分别为 0.04与 0.02;最后,假定人才资源 (K_1) 和区域创新环境 (K_2) 的最大效益值均为1500 个单位。

　　下面将依次探讨在雄安新区人才资源和创新环境的复合系统中,Allee 效应 (a_1)、人才资源初始规模 (N_0)、人才资源和区域创新环境共生系数 (α_{12} 和 α_{21}) 对二者共生演化模型稳定性的影响。

一、Allee 效应的强弱对雄安新区复合系统共生演化模型的影响

　　在雄安新区人才资源和创新环境复合系统中,在不同的 Allee 效应强度下,二者的共生演化模型会产生不同的稳定性。因此,本章设置三组不同强度的 Allee 效应 (a_1),从而进行比较探究:

　　(a) $c_1 = 0.012, c_2 = 0.002, N_0 = 0.15, P_0 = 0.3$

　　(b) $a_1 = 0.25, c_1 = 0.012, c_2 = 0.002, N_0 = 0.15, P_0 = 0.3$

　　(c) $a_1 = 0.75, c_1 = 0.012, c_2 = 0.002, N_0 = 0.15, P_0 = 0.3$

　　由图 8.3(a)(b)(c)可知,Allee 效应会对雄安新区人才资源和创新环境共生演化的稳定性产生较强影响,双方效益在不同 Allee 效应下存在较大差异,双方共生演化模型的稳定性在一定程度上会被 Allee 效应持续干扰。

　　由图 8.3(a)可知,$a_1 = 0$ 时,在雄安新区人才资源和创新环境复合系统中,Allee 效应不会对二者共生演化模型的稳定性产生显著影响,在一定时间

内,双方效益会逐渐稳定,二者实现和谐共生。

由图8.3(b)可知,$a_1 = 0.25$($a_1 < c_1/r_1$)时,雄安新区人才资源和创新环境之间依旧存在共生关系,Allee效应会在一定程度上影响雄安新区人才资源和创新环境共生演化的稳定性,但影响程度较低,因此双方效益逐渐达到稳定所需的时间比$a_1 = 0$时更长,这两种情况下的平衡态分别在$t > 250$和$t > 350$时形成。

由图8.3(c)可知,在雄安新区人才资源和创新环境的复合系统中,如果$a_1 = 0.75$($a_1 > c_1/r_1$),双方因Allee效应的影响而无法实现共生,二者共生演化模型的稳定性将发生显著变化,人才在进入区域创新环境后出现规模急剧下降的趋势,直至消失在区域创新环境中,双方的效益都会降低,人才资源甚至无法获得效益。

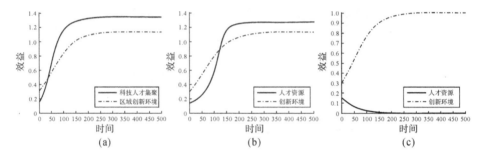

图8.3 雄安新区人才资源和创新环境共生演化模型稳定性在不同Allee效应下的演化趋势

二、人才资源初始规模对雄安新区复合系统共生演化模型的影响

在不同人才资源初始值的影响下,雄安新区人才资源和创新环境共生演化模型的稳定性会发生不同变化,对此,可通过改变相应参数值来设置两组不同强度的Allee效应(a_1)和人才初始值(N_0),从而进行比较探究。

(a) $a_1 = 0.25, c_1 = 0.012, c_2 = 0.002, N_0 = 0.15, P_0 = 0.3$

(b) $a_1 = 0.25, c_1 = 0.012, c_2 = 0.002, N_0 = 0.45, P_0 = 0.3$

(c) $a_1 = 0.75, c_1 = 0.012, c_2 = 0.002, N_0 = 0.15, P_0 = 0.3$

(d) $a_1 = 0.75, c_1 = 0.012, c_2 = 0.002, N_0 = 0.45, P_0 = 0.3$

由图8.4(a)(b)、图8.5(c)(d)可知,在不同的Allee效应下,雄安新区人才资源和创新环境复合系统中,如果人才资源初始值发生变化,会在不同程度上影响二者共生演化模型的稳定性,在 Allee 效应较强的情况下,人才资源初始值对双方效益的作用较强;在 Allee 效应较弱的情况下,人才资源初始值对双方效益的作用较弱。

由图 8.4(a)(b)可知,如果 $a_1 < c_1/r_1$,在 Allee 效应较弱时,雄安新区人才资源和创新环境共生演化模型受到的影响较小,人才资源初始规模不会对双方效益产生明显作用,但二者之间依然存在共生关系,效益会在一定时间内趋于稳定,双方效益在人才初始规模分别是 0.15、0.3 和 0.45、0.3 两种情况下的平衡态均在 $t > 300$ 时形成。这表明在 Allee 效应较弱时,雄安新区人才资源和创新环境的共生作用较强,二者之间和谐共生,双方均能促进对方效益提升,人才资源初始规模不会对这一复合系统的稳定性产生显著作用。

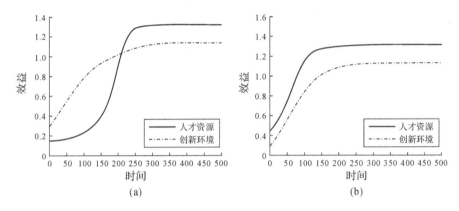

图 8.4　在 Allee 效应较弱时雄安新区人才资源和创新环境受人才资源初始规模影响的演化趋势

由图 8.5(c)(d)可知,如果 $a_1 < c_1/r_1$,在 Allee 效应较强时,雄安新区人才资源和创新环境共生演化模型会受到较大影响,人才资源初始规模会对双方效益产生显著作用,人才资源在效益达到临界值后,出现规模急剧下降的趋势,直至消失在区域创新环境中;但当人才资源效益大于临界值时,雄安新区人才资源和创新环境之间依然存在共生关系,双方均能促进对方效益增长,并在一定时间内趋于稳定。人才资源会在很大程度上受 Allee 效应的作用,雄安新区人才资源和创新环境复合系统在人才资源初始规模较小的情况下,双方收益都会急剧下降,但人才资源和创新环境之间相互促进的共生作用又会促进人才资源效益值的提升和稳定。

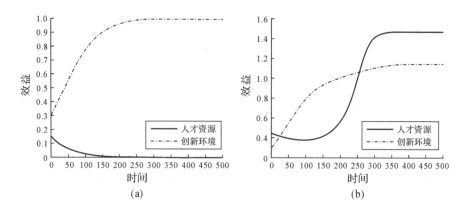

图 8.5　在 Allee 效应较强时雄安新区人才资源和创新环境
受人才资源初始规模影响的演化趋势

三、雄安新区人才资源与创新环境共生系数

c 值受共生系数（α_{12} 和 α_{21}）的作用，进而导致雄安新区人才资源和创新环境共生演化的稳定性产生相应变化。通过设定参数 c 值并观察 c 值的变化，分析在不同的共生系数下，雄安新区人才资源和创新环境的共生演化情况。由于在强 Allee 效应与弱 Allee 效应下的参数值设定不同，在不同强度的 Allee 效应（a_1）、不同大小的人才资源初始值和区域创新环境共生系数（α_{12} 和 α_{21}）下，对复合系统共生演化结果进行比较探究。

设置三组弱 Allee 效应影响下的参数：

（a）$a_1 = 0.25, c_1 = 0.012, c_2 = 0.002, N_0 = 0.45, P_0 = 0.3(0 < \alpha_{12} < 1, 0 < \alpha_{21} < 1)$

（b）$a_1 = 0.25, c_1 = 0.012, c_2 = 0.06, N_0 = 0.45, P_0 = 0.3(0 < \alpha_{12} < 1, \alpha_{21} > 1)$

（c）$a_1 = 0.25, c_1 = 0.12, c_2 = 0.002, N_0 = 0.45, P_0 = 0.3(\alpha_{12} > 1, 0 < \alpha_{21} < 1)$

设置三组强 Allee 效应影响下的参数：

（a）$a_1 = 0.75, c_1 = 0.012, c_2 = 0.002, N_0 = 0.45, P_0 = 0.3(0 < \alpha_{12} < 1, 0 < \alpha_{21} < 1)$

（b）$a_1 = 0.75, c_1 = 0.012, c_2 = 0.06, N_0 = 0.45, P_0 = 0.3(0 < \alpha_{12} < 1,$

$\alpha_{21} > 1$)

(c) $a_1 = 0.75, c_1 = 0.12, c_2 = 0.002, N_0 = 0.45, P_0 = 0.3(\alpha_{12} > 1, 0 < \alpha_{21} < 1)$

由图 8.6(a)(b)(c)可知,在雄安新区人才资源和创新环境的复合系统中,当 Allee 效应较弱时,共生演化模型受二者共生系数 α_{12} 和 α_{21} 的影响;由图 8.7(a)(b)(c)可知,当 Allee 效应较强时,雄安新区人才资源和创新环境的共生演化模型会受到二者共生系数 α_{12} 和 α_{21} 的影响。由上述分析可知,雄安新区人才资源不仅会受强 Allee 效应的影响,还会受弱 Allee 效应的影响,雄安新区人才资源和创新环境共生演化模型在两种 Allee 效应下,都会受二者共生系数的作用,而且当 $\alpha_{21} > \alpha_{12}$,也就是雄安新区人才资源对创新环境的共生系数比创新环境对人才资源的共生系数大时,双方获得最大化的效益。

如果 $a_1 < c_1/r_1$,在雄安新区人才资源和创新环境的复合系统中,当 Allee 效应较弱时($a_1 = 0.25$),共生演化模型会受二者共生系数大小的影响。由图 8.6(a)可知,如果共生系数都比 1 小($0 < \alpha_{12} < 1, 0 < \alpha_{21} < 1$),雄安新区人才资源和创新环境之间和谐共生,双方均会促进对方效益的提升和稳定,而且人才资源效益值的提升速度较快,二者的平衡态在 $t > 250$ 时形成,此时人才资源的效益值为 1.35,区域创新环境的效益值为 1.1;由图 8.6(b)可知,当雄安新区人才资源对创新环境的共生系数大于创新环境对人才资源时($0 < \alpha_{12} < 1, \alpha_{21} > 1$),雄安新区人才资源和创新环境之间也会产生互惠共生关系,双方的效益值均逐渐提升和稳定,而且区域创新环境效益值的提升速度较快,二者的平衡态在 $t > 150$ 时形成,此时人才资源的效益值为 2.2,区域创新环境的效益值为 7.5,二者的效益值均大于共生系数都小于 1 的情况;由图 8.6(c)可知,当雄安新区创新环境对人才资源的共生系数大于人才资源对创新环境的共生系数时($\alpha_{12} > 1, 0 < \alpha_{21} < 1$),雄安新区人才资源和创新环境之间仍会产生互惠共生关系,双方的效益值均逐渐提升和稳定,而且人才资源效益值的提升速度较快,二者的平衡态在 $t > 250$ 时形成,此时人才资源的效益值为 2.7,区域创新环境的效益值为 1.3。

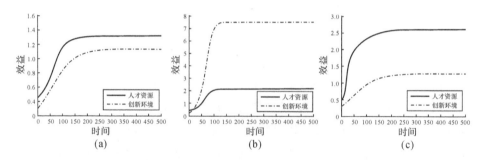

图 8.6 在 Allee 效应较弱时雄安新区人才资源和创新环境
受共生系数影响的演化趋势

如果 $a_1 > c_1/r_1$，在雄安新区人才资源和创新环境的复合系统中，当 Allee 效应较强时（$a_1 = 0.75$），共生演化模型会受二者共生系数大小的影响。由图 8.7(a)可知，如果共生系数都小于 1（$0 < \alpha_{12} < 1, 0 < \alpha_{21} < 1$），雄安新区人才资源和创新环境之间互惠共赢，共生作用使得双方均促进对方效益的逐渐提升和稳定，而且人才资源效益值的提升速度较快，二者的平衡态在 $t > 350$ 时形成，此时人才资源的效益值为 1.45，区域创新环境的效益值为 1.17；由图 8.7(b)可知，当雄安新区人才资源对创新环境的共生系数大于创新环境对人才资源时（$0 < \alpha_{12} < 1, \alpha_{21} > 1$），雄安新区人才资源和创新环境之间也会产生共生作用关系，双方的效益值均逐渐提升和稳定，而且区域创新环境效益值的提升速度较快，二者的平衡态在 $t > 150$ 时形成，此时人才资源的效益值为 2.5，区域创新环境的效益值为 8.5，二者的效益值均大于共生系数都小于 1 的情况；由图 8.7(c)可知，当雄安新区的创新环境对人才资源的共生系数大于人才资源对创新环境的共生系数时（$\alpha_{12} > 1, 0 < \alpha_{21} < 1$），雄安新区人才资源和创新环境之间仍然产生共生作用关系，双方的效益值均逐渐提升和稳定，而且人才资源效益值的提升速度较快，二者的平衡态在 $t > 250$ 时形成，此时人才资源的效益值为 2.8，区域创新环境的效益值为 1.3。

第四节　本章小结

本章回答了"国家级新区人才资源与创新环境之间的共生演化关系以及内在机理是什么"这个问题，主要通过以下路径实现：

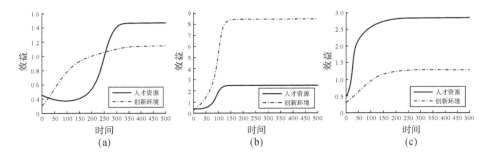

图 8.7　在 Allee 效应较强时雄安新区人才资源和创新环境
受共生系数影响的演化趋势

第一,构建国家级新区人才资源与创新环境共生演化模型。

本章首先结合演化经济的思想,将国家级新区人才资源与创新环境视为一个复合系统;然后将 Allee 效应引入两者共生关系的分析中,对共生演化模型进行进一步修正;最终建立了 Allee 效应下的国家级新区人才资源和创新环境复合系统共生演化模型,以此分析国家级新区人才资源和创新环境共生作用关系和演化发展趋势。

第二,探讨国家级新区人才资源与创新环境共生演化模型的平衡点和稳定性条件。

基于对国家级新区人才资源与创新环境共生演化模型的平衡点和稳定性条件的探讨,得出不同的 Allee 效应和人才资源初始值对国家级新区人才资源和创新环境共生演化模型稳定性的作用,并得出促进双方效益最大化的共生系数最优值。

第三,仿真分析雄安新区人才资源与创新环境共生演化发展趋势。

本章运用 Matlab 软件,基于建立的雄安新区人才资源和创新环境共生演化模型,仿真模拟雄安新区中二者的共生演化发展趋势,发现 Allee 效应会极大地影响复合系统的稳定性,干扰二者共生演化模型的稳定与发展;人才资源初始值对两者共生演化稳定性具有重大影响,复合系统的平衡态会随人才资源初始值变化而改变;人才资源与区域创新环境共生系数对复合系统稳定性具有重要影响,当人才资源对区域创新环境的共生系数大于区域创新环境对人才资源的共生系数时,雄安新区人才资源和创新环境双方的效益均会得到提升。

第九章 国家级新区人才生态位竞合关系演化博弈及应用

　　人才资源在国家级新区经济建设与发展方面起着至关重要的作用,刘兵等(2017)指出通过外部的人才集聚和内部的人才培养,可以优化国家级新区人才的结构体系。国家级新区人才的总量和结构会影响到该地区的经济增长质量,Čadil等(2014)认为如果国家级新区人才的层次低,那么就无法满足技术增长的需求,进而导致经济增速放缓。如果人才资源存量水平和人才结构这两方面与经济发展的需要不匹配,就会导致外部的人才、投资、物资等进入国家级新区并产生集聚。目前,我国大部分省市已经开始了"抢人大战",在外来人才不断流入的状态下,本地人才的培育和发展问题亟待解决。人才资源集聚将不可避免地导致竞争,但也能激励人才不断学习,人才整体素质的提升需要政策引导和支持,从而实现人才资源聚集的联合效应。此外,产业集聚和人才资源集聚之间存在着相互作用、相互依存的关系,产业集聚促进人才资源的集聚,反之亦然。李刚等(2005)认为,人才资源集聚一方面使得传统产业出现升级变革,另一方面使得国家级新区产业实现创新发展,推进国家级新区产业的不断改善。本地人才和外地人才共享国家级新区内的各种资源,有着复杂且特殊的关系。在这种情况下,为促进国家级新区的可持续发展,需要关注本地人才和外来人才在相互合作与竞争过程中的选择策略,从而采取有效措施推动双方合作共赢。雄安新区作为一个具有全新意义和历史意义的国家级新区,合理配置本地人才和外来引进人才的结构体系有着十分重要的意义。

　　为解决"如何通过国家级新区外来人才与本地人才之间的竞合关系,促进国家级新区人才优化发展?"这个问题,首先,本章分析了基于生态位的国家级新区人才竞合模式;其次,将复制动态方程应用到基于竞争性生态位的人才竞合演化博弈模型中,分析双方的稳定演化模式;再次,从重构、创新、调整、平衡四个维度为国家级新区人才生态位优化提供建议;最后,以雄安新区为例,探究雄安新区本地人才和外来人才的竞合关系,并提出相应的优化建议。

第一节　基于生态位的国家级新区人才竞合模式

一、人才之间的关系

人才群体的竞合就是人才之间的相互竞争和协作配合。当前学者们较多通过构建人才竞合理论模型来研究人才之间的关系,如殷姿(2013)基于竞合理论构建了长三角人才竞合理论模型,对人才之间竞争与合作的动因进行了分析;佟林杰等(2013)研究了环渤海地区的科技人才共享现象,并指出了人才共享的运作机理和保障机制;汪怿(2016)认为在新的趋势下我国人才面临新的挑战,并指出了面对新的形势我国人才自身的竞争优势。有关人才竞合关系的研究主要聚焦于策略选择以及如何增强人才的竞争优势,很少有研究分析和讨论人才的竞合关系和行为。作为国家级新区人才生态系统中的两个重要群体,本地人才群体和外来人才群体之间的竞争合作关系促使双方产生危机意识,如何引导他们通过合作共赢的方式实现共同的进步与发展具有重要意义。在竞争和合作的过程中,处于劣势的一方可能会被排除出国家级新区人才生态系统。其间,人才的策略选择是影响竞合关系结果的重要因素。人才之间竞合关系的表现形式不只有竞争和合作,还有共生,如表 9.1 所示。当外来人才和本地人才处于竞争关系时,竞争对双方都产生了负向作用,两者之间存在针对国家级新区内某种资源、机会的竞争关系;合作和共生对双方均是正向影响,这说明在这两种关系下,外来人才和本地人才会相互促进、共同发展,主要体现在行业互补、团队合作、价值协同等方面,达到 1+1>2 的效果,双方分享合作共赢带来额外价值。

表 9.1　国家级新区外来人才与本地人才之间的关系

关系	外来人才	本地人才	特点
竞争	收益减少	收益减少	二者相互制约,无法协调发展
合作	收益增加	收益增加	二者相互促进,实现创新增值,二者在无关系时都按原来的轨迹发展
共生	收益增加	收益增加	二者协调共生,共同发展,国家级新区人才生态系统失去任何一方都不能正常运转

二、人才生态位关系类型

本书结合刘兵等(2020)的研究,将国家级新区本地人才和外来人才之间的关系划分为完全重叠型生态位、包裹型生态位、部分重叠型生态位、相互独立型生态位四种类型。其中,完全重叠型生态位,是指外来人才和本地人才的生态位一模一样,双方发展所需要的资源完全相同,在这种情况下,竞争会非常激烈,表现为人才的流动不通畅,导致外来人才流入该国家级新区的数量不足以出现人才集聚;包裹型生态位,是指外来人才和本地人才其中一方的生态位完全包含在另一方的生态位中,包含或者被包含关系的产生完全取决于竞争优势大小;部分重叠型生态位,是指在生态空间中,外来人才和本地人才双方生态位的某些部分发生重合,进而带来二者对这部分资源的争夺;相互独立型生态位,是指本地人才和外来人才的生态位之间没有任何重叠,双方的生态位是完全独立的,在这种情况下,二者各自占据自己的生态位空间,不会发生竞争。但这种生态位关系过于理想,现实中很难存在。生态位重叠度达到百分之百和零的情况都不容易出现,所以比较常见的生态位关系是包裹型生态位和部分重叠型生态位,当属于这两种生态位类型时,本地人才和外地人才需要考虑在竞争和合作中做出选择。

第二节　基于生态位的国家级新区人才竞合博弈

一、竞合演化博弈模型构建

当外来人才和国家级新区人才生态系统中的本地人才具有相似的技术能

力、交际优势和认知水平时,部分重叠型生态位或包裹型生态位就会在双方之间形成,他们之间可能产生竞争或合作关系。演化博弈理论认为,假设规模和群体一定,博弈在双方之间不断发生,或者发生在博弈一方中随机配对的成员之间(Smith,1974)。Taylor 等(1978)在其研究中发现了复制动态方程,学界对这一方程进行了深入探索,目前该模型主要被用于分析演化博弈的稳定状态,通过群体中理性个体行为的变化情况来对群体行为进行准确表征。本书将复制动态方程应用到基于竞争性生态位的人才竞合演化博弈模型中,分析外来人才群体和国家级新区生态系统中本地人才群体的动态竞合发展情况。

（一）模型假设及构建

如果 A 是国家级新区人才生态系统中的本地人才,而 B 是外来人才,他们分别是处于竞争生态位中两类不同的人才群体。在 A 和 B 的博弈中,假设人才降低工资福利等方面的要求,那么说明他们之间是竞争关系,否则认为他们是合作关系。由图 9.1 可知,在二者是合作关系的情况下,他们的收益分别是 a 和 b。在二者是竞争关系的情况下,双方均降低工资福利要求时,他们自身因相互竞争而造成的成本为 u,因为竞争会让他们失去合作共赢的机会,无法进行知识共享;本地人才 A 降低工项福利要求时,本地人才 A 的获益为 c,因为用人单位倾向于选择人工成本低的员工,本地人才 A 可能因此得到重用,不仅可能得到发展前景等外在收益,还能因受重视而获得自我成就感等内在收益;只有外来人才 B 降低工资福利要求时,外来人才 B 的获益是 d。c 和 d 并不相同,主要原因是二者自身的技术、经验等能力不同。

如果以上结果均大于零,说明在 A 和 B 之间为竞争关系时,降低工资福利等要求所造成的成本小于双方相互合作所能获得的收益。也就是说,u 小于 c、d,并且双方都认为自身在合作中的获益较多。即在 A 看来,c > d;在 B 看来,d > c。如果 θ 是 A 选择与 B 成为竞争关系的概率,那么 1 − θ 就是 A 选择与 B 成为合作关系的概率;同样的,如果 η 是 B 选择与 A 成为竞争关系的概率,那么 1 − η 就是 B 选择与 A 成为合作关系的概率。

（二）复制动态方程

本地人才 A 选择竞争策略（a_1）和合作策略（a_2）的平均收益为

$$E(a) = \theta E(a_1) + (1-\theta)E(a_2) \tag{9.1}$$

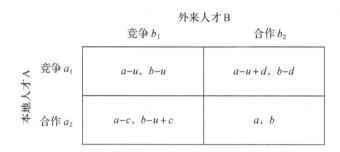

图 9.1　人才竞合收益矩阵

其中

$$E(a_1) = \eta(a-u) + (1-\eta)(a-u+d) \tag{9.2}$$

$$E(a_2) = \eta(a-c) + (1-\eta)a \tag{9.3}$$

外来人才 B 选择竞争策略（b_1）和合作策略（b_2）的平均收益为

$$E(b) = \eta E(b_1) + (1-\eta)E(b_2) \tag{9.4}$$

其中

$$E(b_1) = \theta(b-u) + (1-\theta)(b-u+c) \tag{9.5}$$

$$E(b_2) = \theta(b-d) + (1-\theta)b \tag{9.6}$$

本地人才 A 的复制动态方程为

$$F(\theta) = \frac{\mathrm{d}\theta}{\mathrm{d}t} = \theta[E(a_1) - E(a)] = \theta(1-\theta)[\eta(c-d)+d-u] \tag{9.7}$$

外来人才 B 的复制动态方程为

$$F(\eta) = \frac{\mathrm{d}\eta}{\mathrm{d}t} = \eta[E(b_1) - E(b)] = \eta(1-\eta)[\theta(d-c)+c-u] \tag{9.8}$$

基于上述方程，选择 a_1 策略时，随着时间的推移，博弈方比例的变化率为 $\frac{\mathrm{d}\theta}{\mathrm{d}t}$；选择 b_1 策略时，随着时间的推移，博弈方比例的变化率为 $\frac{\mathrm{d}\eta}{\mathrm{d}t}$。选择 a_1 和 b_1 策略的期望获益分别是 $E(a_1)$ 和 $E(b_1)$；而博弈方的平均获益为 $E(a)$ 和 $E(b)$。

通过联立方程（9.7）和（9.8），得到一组竞争性生态位人才竞合的演化博弈的复制动态方程，即

$$\begin{cases} F(\theta) = \dfrac{\mathrm{d}\theta}{\mathrm{d}t} = \theta(1-\theta)[\eta(c-d)+d-u] \\[3mm] F(\eta) = \dfrac{\mathrm{d}\eta}{\mathrm{d}t} = \eta(1-\eta)[\theta(d-c)+c-u] \end{cases} \tag{9.9}$$

二、竞合演化博弈结果分析

令方程(9.9)为零,可求得局部稳定点。

如果 $F(\theta)=0, \theta=0,1$ 或 $\eta = \dfrac{u-d}{c-d}$,那么本地人才 A 选择与外来人才 B 成为竞合关系具有稳定的状态;而如果 $F(\eta)=0, \eta=0,1$ 或 $\theta = \dfrac{u-c}{d-c}$,那么外来人才 B 选择与本地人才 A 成为竞合关系具有稳定的状态。由此获得 5 个局部均衡点,分别为 $E_1(0,0)$、$E_2(1,0)$、$E_3(0,1)$、$E_4(1,1)$、$E_5 = \left(\dfrac{u-c}{d-c}, \dfrac{u-d}{c-d}\right)$。

Friedman(1991)认为,雅可比矩阵具有一定的稳定性,因此能够用来表示演化博弈模型的稳定程度,竞争博弈模型的雅可比矩阵公式为

$$J = \begin{bmatrix} (1-2\theta)[\eta(c-d)+d-u] & \theta(1-\theta)(c-d) \\ \eta(1-\eta)(d-c) & (1-2\eta)[\theta(d-c)+c-u] \end{bmatrix} \tag{9.10}$$

雅克比矩阵的行列式和迹为

$$\begin{aligned} \det J &= (1-2\theta)(1-2\eta)[\eta(c-d)+d-u][\theta(d-c)+c-u] \\ &\quad - [\theta(1-\theta)(c-d)\eta(1-\eta)(d-c)] \\ \mathrm{tr}J &= \mathrm{et}J \\ &= (1-2\theta)[\eta(c-d)+d-u] + (1-2\eta)[\theta(d-c)+c-u] \end{aligned} \tag{9.11}$$

利用雅克比矩阵的局部稳定性,将 5 个均衡点代入行列式 $\det J$ 和迹 $\mathrm{tr}J$ 中,该竞合演化模型稳定的模式是 $\det J > 0$,$\mathrm{tr}J < 0$,由此可以得到 $E_1(0,0)$;$E_4(1,1)$ 是稳定的,而 $E_2(1,0)$、$E_3(0,1)$ 是不稳定的。另外,$E_5 = (\theta, \eta)$ 是鞍点。

基于此,竞合演化博弈模型的稳定性和均衡点都在 $M = \{(\theta,\eta) \mid 0 \leqslant \theta \leqslant 1, 1 \leqslant \eta \leqslant 1\}$ 的平面中探讨。用 Matlab 软件模拟本地人才和外来人才的竞合演化博弈过程得到双方博弈过程的动态复制相位图(见

图 9.2 和图 9.3)。其中，$E_2(1,0)$、$E_3(0,1)$、$E_5=(\theta,\eta)$ 将坐标系分为右上和左下两部分，把整个国家级新区分开。如果右上部是初始位置，本地人才 A 和外来人才 B 竞合博弈演化的稳定状态将向 $E_4(1,1)$ 趋近，即双方都选择与对方成为竞争关系；如果左下部是初始位置，本地人才 A 和外来人才 B 竞合博弈演化的稳定状态将向 $E_1(0,0)$ 趋近，即双方都选择与对方成为合作关系。据此可知，如果双方都选择同一种博弈模式，则竞争博弈演化模型是稳定的，否则任何一方改变策略，博弈模型都是不稳定的。

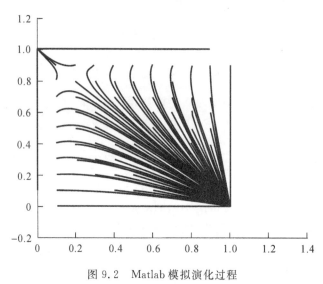

图 9.2　Matlab 模拟演化过程

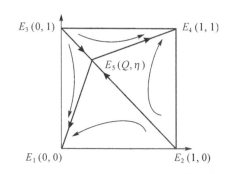

图 9.3　本地人才与外来人才博弈的动态复制相位

　　基于对本地人才和外来人才在博弈模型稳定情况下收益的比较，可以看出二者在选择与对方成为合作关系时，双方都不会产生收益损失，但是如果二者选择与对方成为竞争关系，那么他们都会产生一定收益损失。而且在双方的博弈过程中,可能会有一方采取背叛策略,从而与对方形成竞争关系。基于此,国家级新区人才生态位的重叠必然会导致人才博弈双方形成竞争关系。将人才竞争方式和博弈模型演化状态进行结合分析可以看出,本地人才和外来人才的竞争关系会产生两种情况:一种情况是二者分裂,在双方博弈竞争的过程中,强势方的生态位将弱势方的生态位完全包裹,弱势方因对各方面条件的不满,最终会选择退出国家级新区的人才生态位,选择去其他区域发展。另一种情况是二者实现共存,但是共存的方式有两种,一是其中一方将另一方覆盖,成为对方的上级;二是双方在生态位分离的情况下实现共存,此时原有的竞争平衡将被打破。

政府干预在国家级新区治理过程中发挥着关键作用。将本地人才和外来人才的演化博弈假定为静态博弈模型,博弈双方都假定为理性经济人,且该模型中的信息是完全畅通的。如果政府会对相互合作的个体分别发放资金补贴和专项补贴 g_1、g_2,人才的博弈理念可能会发生改变,发现博弈竞争不仅会带来外在的收益损失,而且双方之间无法进行知识共享,自身会失去向对方学习技能经验的机会,导致更关键的内在收益损失,最终的损失为 u;如果 d 降低,也就是说,博弈双方虽然能够通过竞争获得物质资源和发展机会,但在这个过程中可能会失去外界信任,导致 $g_1 > d-u$ 和 $g_2 > c-u$ 两种情况的同时发生。博弈双方形成合作关系所能得到的收益会高于竞争博弈的收益,在这种情况下,双方会更加倾向于选择合作共赢,而非相互背叛。由图 9.4 可知,在政府干预下,竞合演化模型中本地人才和外来人才相互合作的模式为纳什均衡,如果其中一方选择的博弈模式不改变,另一方的博弈模式也不会变化。也就是说,当本地人才选择与外来人才进行合作时,外来人才也会配合本地人才进行合作共赢,并且他们都不会改变当前的博弈模式。基于此,政府干预在引进人才和配置人才中发挥着关键作用。而且,人才的生态位观念会在发展过程中逐渐改进,这能够在本地人才和外来人才生态位重叠的情况下,减少双方在物质资源和发展机会方面的恶性竞争。

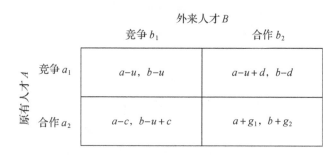

图 9.4   政府干预下的人才竞合收益矩阵

第三节　基于生态位的国家级新区人才优化发展建议

经过分析上述人才演化博弈结果可知,本地人才和外来人才由于人才生态位的重叠必然会产生竞争。合理的人才竞争能够带来国家级新区整体人才实力的提升,从而促使人才资源结构的持续优化,进一步增强地方的整体实力。但是如果人才之间的竞争程度过高,就会导致国家级新区不能实现协调稳定发展。在国家级新区加强自身建设、谋求发展的过程中,应防止外来人才和本地人才对物质资源和发展机会的过度争夺,站在人才和人才生态位的角度分析对策。第一,引导人才改变以前传统的生态位观念,降低部分人才的心理失衡感;第二,从人才生态位的自身特征角度出发,通过适当调整生态因子阈值为人才培养创造更为优良的发展环境,以促进人才自身特有优势的发挥;第三,根据不同类型人才的特征,对生态位宽度进行调整;第四,最大限度地发挥地方政府的干预作用,推动多方主体参与建设,力求达到共赢并实现共同发展,促使博弈双方最大限度地贡献自身价值,实现更大的发展。为此,政府要改变传统观念,引导国家级新区内各主体良性竞争,同时实行紧缩和拓展相配合的政策,尽可能发挥更大的有利影响,应用多项措施促进人才的合作和国家级新区的发展。

一、打破传统观念与重构人才生态位

人才在流动和集聚过程中,会受到内部因素和外部因素的共同影响。基于人才生态位视角,当人才认识到理想生态位和现实生态位之间存在较大差异时,自我需要和自身价值都将无法实现。从外来人才的视角来看,其人才生态位在现实中往往会受到排挤和制约,或者处于被完全掌握的状况,竞争是出于维护个人发展中资源优势所进行的行为选择。由于各种因素的作用,外来人才往往更偏向于选择竞争生态位模式。

站在人才的角度来看,无论是本地人才还是外来人才,都要摒弃传统认知,人才之间要想实现发展并不是只有竞争这一个方法,双方也可以选择合作,形成更有利于二者发展的全新生态位布局,发挥创新在人才发展中的有利作用,促进双方共赢局面的形成。人才生态位系统中各个群落的分布是均匀的,彼此之间相互交错构成了多元复杂的网络结构,这也是人才生态位系统稳定性相对较高的原因。基于惯性理论,外来人才在进入新的人才生态系统时,会破坏原有的生态位布局,破坏的过程会遭遇阻力,而这个阻力也将对外来人才产生排挤作用,从而对国家级新区经济建设产生抑制。所以,外来人才和本土人才都需要转变传统观念,基于自组织作用对二者的生态位进行合理重构,促进双方的知识共享和协同创新,推动国家级新区经济建设实现更加稳定持续的发展。

二、错位竞争发展与创新人才生态位

有多个维度的生态因子作用于国家级新区的人才生态位系统,外来人才和本地人才根据自身的优势,在擅长的领域不断发展,整体上实现共同发展。也就是说,双方均能够综合自身和环境两方面的因素,与对方形成不同的人才生态位,为国家级新区发展做出与自身优势相适应的贡献。

对此,外地人才在国家级新区发展过程中必须针对自身特点,如在高新技术、创造力等方面的优势,与本土人才在地缘、亲缘等方面的优势相区分,明确各自的发展位置和分工,以减少竞争,通过协同创新挖掘各类可使用的资源,为国家级新区的发展提供源源不断的动力。同时,在培养国家级新区内的本地人才时,不仅要将本地人才培养同产业转型升级相结合,还要和外部人才实现错位发展,使国家级新区内人才结构的布局更加合理,推动人才生态位形成层级不同、方向不同的发展态势。

三、压缩拓展并举与调整人才生态位

由于人才的专业化程度不同,可以从这一角度把国家级新区人才分为复合型人才和专业型人才,在生态位宽度上,这两种人才的生态位宽度并不相同,专业型人才的生态位更窄,因此对相应环境的要求也不同。在人才发展过程中,外部的环境资源有着十分重要的作用。在人才资源供给相对丰富时,专业型人才会拥有比其他人才更强的竞争优势。当科技和经济发展水平较低时,产业发展和生产方式比较单一,资源匮乏,生态位较宽的复合型人才的竞争优势强于其他人才。但是,由于资源供给不会处在充分满足和完全不够两个极端,人才之间的生态位竞争往往是复杂多变的,这就要求人才生态位具有较强的适应能力。

综上所述,对复合型人才来说,拓展生态位是有利的发展方向,通过合理利用多方资源的方式来分散局部压力。对专业型人才而言,合理压缩生态位是有利的发展方式,通过强化专业深度来加强自身竞争力。基于此,需要实行压缩和拓展并举的方式来调整不同类型的人才生态位,不要在本地人才和外来人才之间进行区分和界定,让双方在演化过程中相互协作,实现融合共生,在双方出现不良竞争时进行适当的人才生态位调整。

四、综合多元作用与平衡人才生态位

对外实行人才集聚、对内实行人才培养的"内联外引"模式,带来了丰富的高质量人才资源,并形成了国家级新区经济发展的不竭动力。为保证人才的供应,需在多层次、各领域对人才采取优惠措施。对外来人才和本地人才来说,地方政府部门作为引导主体,应与民营企业、各大高校、科研院所等加强交流合作,建立复杂的网络结构,共同对国家级新区人才生态位的平衡发挥影响,确保人才培养、留用、激励等措施的有效应用,加快对接人才链与创新创业链、产业链、资金链、政策链,构建"五链"之间环环相扣、高度渗透和融合的网状发展架构。

对于新吸纳的外来人才,应在多个主体的共同影响下,努力营造自主、开明、宽容、公平的创新环境,使该群体的生态位宽度得到保障,为他们的生活、工作和健康发展创造基础条件。同时,关注本土人才的生存与发展,要将本地人才生态位的宽度控制在合理范围内,比如出台相应政策,引导本地人才根据行业经济发展,走向独立创业道路,实现中小型民营企业的"二次创业"等,避免本地人才过度流出,破坏人才资源结构,造成人才配置效率低下等问题。此外,还需要地方政府部门、职业培训机构和中介平台,为本地人才就业、创业提供培训、教育等服务和机遇,以确保他们占有相应的生态位空间。

综上所述,国家级新区的发展离不开人才之间的创新合作,需要国家级新区内各个主体相互配合,优势互补,力求给每个人才创造平等公开的工作和成长机会,关心人才,承认他们的付出和能力,进一步增强国家级新区人才的素质品质。通过科学合理地减少人才生态位重叠,使人才生态位的结构更加合理,更适合人才发展,注重引进人才的科学性、选人的适合性、管理的针对性,优化人才结构,有效减少竞争内耗,全面激发人才的潜能。

第四节　雄安新区人才竞合关系和优化策略

雄安新区地处河北省保定市,毗邻北京和天津,其地理范围主要包括雄县、安新县和容城县三个主要地区,拥有较突出的区位优势,目前经济发展水平相对较低,但发展空间充裕。雄安新区目前的人才数量、结构、基础设施配置水平尚未达到国家发展规划要求,但将来一定会有很多各行各业的人才选择进入该国家级新区。雄安新区的本地人才和流入的外来人才之间区别较大,从生态位视角出发,进入雄安新区的外来人才竞争优势更大,可以完全包含本地人才的生态位。

雄安新区位于内陆,且本地居民大多有着安土重迁的保守传统,缺乏变革、创新、奉献等精神。在雄安新区成立时,他们一方面无法迅速适应国家规划中对雄安新区的高端定位、产业升级要求;另一方面又不乐意在服务行业中谋求发展,也不想去其他地区工作,进而出现本地人才生态位不增反减的情况,甚至大面积遭遇失业。因此,雄安新区内部的人才生态位需要人为地进行调整。

第一,充分发挥政策的主导作用,加大市场带动效应,加大政府部门对本土人才的教育、培训力度,加大政府部门专门岗位支持资金投入,帮助本土人才解决在专业知识、技能等方面的欠缺,融合雄安新区的产业发展方向,采取政府部门与职业培训机构、中介机构等合力推动本土人才再就业的全流程服务,确保他们的工作环境和生存空间,从而减少生态位压缩。目前雄安新区已经做出了积极探索,比如,雄县大力发展绿色农业,容城县侧重于服装业的发展,安新县专注打造旅游业等。对于人才培养而言,要有个性化培养措施,有针对性地对园艺师、服装设计人才和旅游管理人员,以及产业中的技术人员等进行培训,以形成本土人才全新的生态位。

第二,努力提升地方人才质量,实现人才错位发展。国家规划对雄安新区的定位是样例城市,雄安新区需要树立模范,打造建设高质量特区,其中人才的质量是极其重要的建设内容。要想吸引更多的高质量人才,并在人才引进后提供给他们平等的工作机会,促进人才和雄安新区的共同发展,必须承认人才的付出和能力,努力塑造真正的国家级新区人才品质,提升公共服务水平,完善相关基础设施建设,确保外来人才和本土人才拥有平等的生存条件和生活环境,达到求同存异的共生效果。

第三,将文化差异融合并举,以平衡人才生态位。通过形成宽容、公开、平等的社会文化氛围,最大限度地减少社会对外来人才的排挤,推动多元文化的共存和融通,特别是对境外人才的引进和接纳,并适时结合相关政策,对外来人才给予必要的保护。适当减少雄安新区外来人才和本地人才的生态位争夺,确保生态位配置更加公平有效。加强人才管理工作,通过柔性引进、开放式汇聚、有效配置、个性化管理等手段降低竞争内耗,最大限度地激发人才潜能、创新意识和创造力,推动外来人才和本地人才共同合作,促进雄安新区的建设与发展。

第五节　本章小结

通过研究,本章回答了"如何通过调整国家级新区外来人才与本地人才之间的竞合关系,促进国家级新区人才优化发展?"这个问题,具体通过以下路径实现。

第一,总结出基于生态位的国家级新区人才竞合模式。

首先,对基于生态位视角的人才建设与发展研究进行了回顾。其次,探讨了国家级新区本地人才与外来人才之间的关系,包括竞争、合作和共生三种。再次,基于人才生态位理论,将国家级新区本地人才和外来人才的生态位区分为完全重叠型生态位、包裹型生态位、部分重叠型生态位和相互独立型生态位四种类型。

第二,构建出基于生态位的国家级新区人才竞合博弈模型。

首先,形成了本地人才和外来人才的竞合演化博弈模型。本书将复制动态方程应用到基于竞争性生态位的人才竞争与合作演化博弈模型中,深入探究国家级新区中外来人才和本地人才的动态发展状况。其次,分析竞合演化博弈结果。将人才竞争方式和博弈模型演化稳定状态进行结合分析,结果表明本地人才和外来人才的竞争关系会产生分裂和共存两种情况。由政府干预下的人才竞合收益矩阵分析得知,政府干预在引进人才和配置人才中发挥着关键作用。

第三,提出基于生态位的国家级新区人才优化发展建议。

通过演化博弈模型分析人才竞合演化博弈的结果可以看出,国家级新区内的人才竞争过于激烈,这对人才本身和国家级新区的后续发展都会产生不利影响。基于此,本章从四个方面为人才生态位提出了优化建议:一是打破传统观念,重新认识国家级新区内的人才生态位;二是优势互补、错位发展,创造新的人才生态位结构;三是压缩拓展并举,调节国家级新区人才生态位;四是综合多元作用,均衡发展人才生态位。

第四,提出雄安新区人才竞合关系及优化策略。

通过对雄安新区内部人才竞合关系的分析,可以看出该国家级新区的人才生态位主要是完全包裹型,并且外来人才对本地人才的排挤现象十分显著,在当前雄安新区大量引进外来人才的现实情况下,不利于本地人才的发展。为此,基于博弈结果分析,本章提出了综合多元应用、错位竞争发展和打破传统观念等三方面建议,为优化雄安新区内部的生态位结构提供理论指导。

第十章 国家级新区人才资源重构机制分析

通过对国家级新区人才流动的预测、雄安新区高端人才引进博弈分析、人才资源与创新环境共生演化机理及国家级新区人才生态位竞合关系演化博弈分析的研究可知,国家级新区在不同时期将持续伴随人才的流动与集聚,而且会受到政治、经济、生活等多种因素的影响,尤其是创新环境因素。郝寿义等(2018)指出整个国家级新区内部人才资源存量和人才集聚规模的伴随性变化,将产生人才资源重组现象,进而实现各种创新要素的更新,重塑国家级新区的发展结构。国家级新区的建设是一项意义重大的战略布局,是通过资源整合与重组等方式,将国家级新区中存在的、未被发掘的竞争优势发挥出来,实现价值效用的最大化。通过对国家级新区的重新布局,实现产业功能布局的优化、产业集聚水平的提升以及经济发展水平的提高。近年来,国家级新区方面的研究不断深入,国家级新区创新系统、生态系统等方面的研究得到学者们的广泛关注。人才资源作为技术转移和知识流动的主要载体,将成为国家级新区创新发展的主要动力源泉。因此,国家级新区人才资源需要进行必要的重构活动,这样才能保证人才资源的竞争力和效能,否则固化的人才资源将无法适应国家级新区经济发展和产业结构转型升级的需要。

目前,国家级新区人才资源方面的研究,主要集中在人才流入、内部人才集聚、人才优化配置等方面,对国家级新区内部集聚的整体人才资源在发展过程中怎样进行规划、如何实现重组和重构等的理论研究还有待深入探讨。因此,本章将从重构角度出发,对国家级新区人才资源在重构方面的内在机制进行深入剖析,以为人才资源演化发展研究提供新的理论视角,提高人才资源配置效率,为人才治理政策制定提供决策参考。

为解决"国家级新区人才资源重构的机制是什么?"这个问题,首先,本章基于对重构相关研究的回顾,重新界定了国家级新区人才资源重构的内涵;其次,在国家级新区人才资源重构的理论模型构建中,主要从时间维度、空间维度和时空二维度的视角进行分析；再次，在时间维度和空间维度的视角下，对国家级新区的人才资源重构机制进行了深入分析；最后，以雄安新区为例，对雄安新区人才资源重构现状和机制进行了分析，验证理论研究成果的合理性。

第一节　国家级新区人才资源重构的理论模型构建

基于理论逻辑的梳理和对重构本源的追溯，通过分析国家级新区人才资源的流动与迁移、集聚与竞合、配置与治理的研究脉络，理解多学科、多层次视角下重构的内涵，结合梁林等（2021）的研究，本章将国家级新区人才资源重构界定为在外来人才集聚的驱动下，政府、企业、科研机构、高校等作用主体通过系统性、协同化的手段密切合作，在总量、结构层次、职业领域和空间分布等方面实现国家级新区人才资源的自组织和再配置。

国家级新区人才资源重构活动的开展需要满足一定的实践条件，主要包括资源要素之间关系的重构、人才资源结构的分析、发展路径的优化创新和重构主体之间关系的梳理等。本章基于对人才资源重构过程的分析，梳理重构要素间的关系结构，在对国家级新区人才资源重构理论模型的构建中，主要从时间维度、空间维度和时空二维度的视角进行分析，对国家级新区的人才资源重构机制进行了深入探索。

一、空间维度下国家级新区人才资源重构的结构复杂性

在空间维度下，国家级新区人才资源重构需要通过三种要素来实现，分别是作用主体、功能要素及环境因素。在国家级新区人才资源重构实践过程中，政府、企业和高校等重构主体分别发挥不同作用，扮演不同角色，其中既有重构发生的主导者，又有重构发展的参与者；功能要素是依附于重构主体而存在的，是在重构过程中发挥连接作用的直接相关要素，如技术、知识、信息、资金、政策等；重构环境主要指影响主体协同合作的运行环境，包括内部环境与外部环境。

许国志（2000）认为在人才资源重构实践过程中，重构主体之间具有相互配合、相互协同和系统发展的特征，彼此的界线是多孔状的。其中，在人才治理政

策制定方面,政府是主要作用主体,负责出台相应政策,促进人才的创新创业,同时通过制定相应的政策,引导大量高新技术企业加速向国家级新区涌入,搭建有利于实现国家级新区人才资源高效流动和集聚的公共服务平台,针对性解决重构主体之间的矛盾和困难,在各主体之间起纽带作用。企业是重构中提供活力的主体,起到消费人才资源的作用,人才主要在企业平台中展现自身技术和才能。企业既能依托资本和环境要素进行人才培养和自主创新研发,又能与高校、科研机构等多个主体进行更具创造性的新技术研发与实验合作。高校是提供人才资源的主体,承担着人才培养、知识输出和技术创新的重要生产作用。科研机构是人才资源的消费和提供主体,既是人才进行创新研究的重要平台,又为培养人才资源提供更加优质的创新环境,为企业创造新的技术与服务,同时也有利于人才自身价值的提升。

对国家级新区人才资源重构的环境因素分析,主要从外部、内部两个角度展开。其中,国家级新区所处的宏观大环境,被称为外部环境;内部环境主要是指国家级新区内部的综合环境,具体包括市场环境、社会文化环境、产业环境、金融与中介机构服务环境等。金融与中介机构虽然在重构活动中扮演着不可或缺的参与角色,既是作用主体,又构成了内部环境。但是,金融与中介机构不具备作用主体须满足的相关条件,不能对重构客体进行改造,对人才资源产生的作用没有直接的实质效果,主要是在人才资源重构的实践活动中起支撑作用,连接和催化重构主体间的交流与协作。当重构客体遇到就业、创业方面的问题时,金融和中介机构及时为他们提供相应平台和咨询服务,促进重构过程中主客体之间的连接与合作。因此,本研究将金融与中介机构归为内部环境因素。

此外,技术、知识、信息、资源和政策等多种协同链条,将各个重构主体进行连接,网络整体的复杂性不断提高。从空间视角来看,国家级新区人才资源重构的三种要素之间形成了复杂的网络结构,如图 10.1 所示。

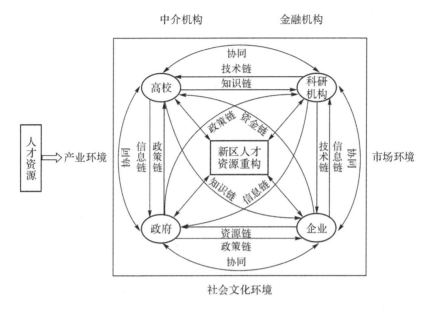

图 10.1　空间维度下国家级新区人才资源重构的复杂结构

二、时间维度下国家级新区人才资源重构的动态发展过程

在时间维度下,国家级新区人才资源重构的过程,自始至终都是连续且不间断的。不同作用主体在重构过程中发挥着自身作用,同时在重构过程中主体的数量和种类也会发生伴随性变化,发挥作用的主要路径也在不断转换。

蒋长流(2008)将国家级新区的发展过程划分为四个阶段,即孕育、成长、成熟和跃升,每个发展阶段均存在不同的微观状态。从时间维度来看,国家级新区人才资源重构的过程呈现不断上升发展的循环态势,表现为"形成人才资源系统—重构人才资源系统—形成新的人才资源系统—重构新的人才资源系统"的不断循环。在国家级新区发展和建设过程中,外部人才向国家级新区流入,带动内外部人才资源的有效融合,国家级新区内部人才资源总量发生改变,自主进行演化发展,并与外部创新环境进行耦合共生,实现了国家级新区人才资源重构的逐步产生与发展。在这个过程中,人才资源的整体质量不断提升,实现了人才的高效配置,人才资源重构再上新台阶。在发展过程中,重构的内外部环境会发生伴随性变化,不同的作用主体在重构的核心主导位置上进行流转,功能要素之间相互影响,导致内部人才资源发生根本性质变,国家级新区的发展演化进入下一个新阶段。因此,国家级新区人才资源重构活动表现为动态上升的周期循环过程。

混沌理论被发现后得到不断推广,越来越多的学者开始重视混沌学,社会科学研究中也逐渐引入混沌理论。从 Hock(1999)的研究中可以看出,如果复杂系统在发展过程中具备一定的适应性,就能依靠自身的组织能力,从边缘混沌演化发展到混沌状态。Manson 等(2006)指出国家级新区这一巨型系统具备开放、复杂、动态自组织的适应能力,能够通过不断地变化发展,进入混沌状态。自组织理论认为,混沌是有序的源头,但是有序状态在演化过程中又会逐渐转变为混沌状态;同样的,有序是混沌的源头,混沌状态在演化过程中又会逐渐转变为有序状态。因此,有序和混沌是两个相互对立的概念。在混沌理论下,时间维度上的国家级新区人才发展实践形成了更具特色的理论模式,即国家级新区人才资源重构的过程呈现不断上升发展的循环态势,表现为"有序状态—混沌状态—有序状态—新的混沌状态—新的有序状态"的动态循环,如图 10.2 所示。

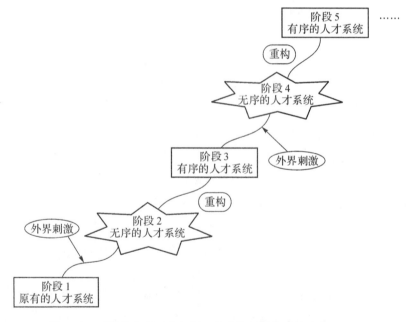

图 10.2 时间维度下国家级新区人才资源重构的动态发展过程

三、时空二维度下国家级新区人才资源重构的理论模型

在国家级新区人才资源的重构过程中,信息、资源、技术等在人才资源和外部环境之间发生着频繁的交流活动,这些交流活动是在时空二维度下发生的,是一个复杂且有机的过程。同时在国家级新区的人才资源重构过程中,重构主体始终起着参与和促进系统发展的作用。在系统的自组织和自演化过程中发生着伴随性变化,如作用主体数量变动、功能要素改变等,使得系统整体的功能实现优化和升级。以上述分析为基础,从时空二维度出发,对国家级新区人才资源重构进行理论模型的构建,如图 10.3 所示。

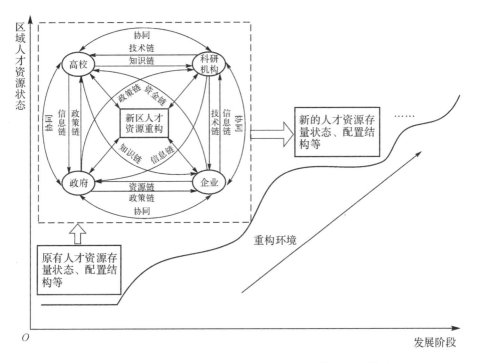

图 10.3　时空二维度下国家级新区人才资源重构的理论模型

第二节　国家级新区人才资源重构机制

在实践中,国家级新区为了实现人才资源重构,必须引导重构主体之间进行多种形式的合作,确保彼此之间的交流是通畅的,合作有多种形式,包括横向、纵向和网络化,从而形成结构复杂的有机系统。在时空二维度下,作用主体、功能要素与环境因素之间借助协调机制,发挥自组织、耦合共生和网络驱动作用,推动国家级新区人才资源不断创新升级,进而促进国家级新区经济高效稳定发展。

一、空间维度下协调机制与耦合作用机制

(一)协调机制引导国家级新区人才资源更新与重组

在国家级新区人才资源重构的过程中需要进行相应的制度配合和市场调整,前者指制度调节机制,后者指市场调节机制。在制度调节机制发挥作用的过程中,政府扮演着必不可少的重要角色,政府的宏观政策制度引导人才资源重构活动的整体方向,解决市场调节失灵造成的问题。在市场调节机制中,企业这一重构主体起决定性作用。在市场经济下,国家级新区在发展过程中会出现非均衡状态,此时人才资源重构会逐渐发挥出自身力量,进行自我调节,在人才市场中筛选出合适的人才来填补需求缺口,并促进人才之间的知识共享,达到满足时代需求、优化人才资源配置、推动知识增值的效果。

(二)耦合作用强化国家级新区人才资源重构系统的关系结构

裴玲玲(2018)指出,在管理学中,存在于系统内部的子系统之间会借助中介进行联系,彼此之间相互促进,从而在动态联系中形成统一整体,这个过程被称为耦合。在系统内部,耦合机制发挥作用的前提是子系统之间的合作交流,彼此之间能够相互配合、相互补充,发挥外部环境、资源要素、合作效应、价值理念等多方面的联动作用,实现多方耦合。解学梅(2013)指出,国家级新区内部的各子系统之间相互交错,彼此制约,存在着多种相互影响关系,其中人才资源强化了城市的非线性特征,既在城市中充当主体,又发挥能动作用。在国家级新区人力资源重构中,作用主体、功能要素和环境因素并非简单的线性关系,而是通过多要素之间的协同与交互,推动重构实践活动的展开。因此,重构可以被看作一项复杂的有机系统工程。从宏观层面来看,国家级新区人才资源系统与多个系统之间都存在着结构、内容、功能和目标方面的耦合关系,包括经济系统、环境系统等。从微观层面来看,国家级新区人才资源系统内部也存在着多种耦合关系,包括不同的作用主体、不同的功能要素和不同环境内部的相互作用,还有作用主体、功能要素、环境因素两两之间的相互影响。在国家级新区内部的人才资源重构过程中,多种重构主体之间会建立越来越多的联系,相互耦合的程度会不断加深,能够加速重构效率和效益的增值。

从空间维度来看,一方面要充分发挥制度调节机制,另一方面也不能忽视市场协调机制,只有二者同时发挥作用,才能带动人才资源优化与重组活动的不断完善,为驱动国家级新区人才资源重构提供动力支持。国家级新区人才资源系统能够通过内部不同作用主体、重构要素、重构环境两两之间的耦合与依赖,以及系统与其他外部系统之间的联系,形成内外紧密连通的复杂网络结构。

二、时间维度下自组织机制与网络驱动机制

(一)自组织机制促进国家级新区人才资源系统的演进

一方面,国家级新区在自身不断发展完善的过程中,会逐渐表现出强大的自组织能力,如国家级新区人才资源重构的作用主体通过重构要素和重构环境实现自主调节和演化发展,这个过程可以不借助外部指令。另一方面,在外部多种因素不断发展变化的过程中,重构环境可能在某一临界时间点发生彻底变化,这时人才资源重构需要通过协调和耦合机制进行相应调整,而国家级新区人才资源系统的自组织能力能够有效应对这种变化。国家级新区人才资源重构活动中开放运行的系统和调节自身的能力是产生自组织的关键,在重构环境发生变化时,作用主体进行必要的自我调整,从而推动人才资源系统实现高效、优质演化。其中,政府通过适时的功能更新和角色转变来发挥自我调节功能,通过引导和激励措施促进重构主体之间相互协同;企业通过顺应市场趋势来发挥自我调节功能,根据内外部环境变化进行企业战略调整,通过筛选合适的人

才类型来更新国家级新区人才资源、优化人才配置效率,进行科学的人才资源整合;高校和科研机构通过顺应市场需求变化针对性地培养人才和共享成果的方式,发挥自我调节功能,与企业共同培养所需的专业型、创新型和领军型等人才。

（二）网络驱动机制加速国家级新区人才资源重构的升级

网络驱动机制为国家级新区人才资源实践活动提供了最根本的动力支持。国家级新区进行人才资源重构活动具有重要的实践目的,就是推动人才资源结构优化调整、人才资源整体升级演化,以及国家级新区产业结构的合理布局、经济的可持续发展等。国家级新区人才资源重构主要是通过将企业、高校、科研机构和政府等作用主体的知识、资金和政策等功能要素连接,复杂多变的网络结构由此形成,表现出开放、动态、合作和共享的特征。网络中各节点之间相互沟通、相互协作,形成紧密复杂的结构,从而增强缓冲内外部环境不确定性的能力。在国家级新区建设过程中,各个作用主体的数量随着国家级新区的不断发展而逐渐增加,网络结构复杂性不断加强,上下游产业链的稳定性越来越高,人才资源系统整体链条的协调性稳步提升。在国家级新区人才资源重构活动中,人才资源优化配置程度的提高和范围的增大,带来人才的高效更新与完善。

从时间维度来看,在国家级新区的建设和发展过程中,人才资源重构由混沌状态向有序状态演化需要作用主体、功能要素与环境因素之间的自组织,作用主体与功能要素之间相互联系形成的网络驱动作用,促进人才资源的数量和质量重构、结构重构和空间格局重构等与国家级新区发展格局的适应与共生。通过对时空二维度下国家级新区人才资源重构实践的分析,得出其重构机制,如图10.4所示。

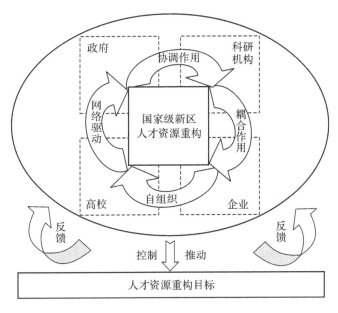

图 10.4 国家级新区人才资源重构机制

第三节 雄安新区人才资源重构现状与机制分析

《河北雄安新区规划纲要》中指出,在雄安新区的建设发展过程中,创新是未来的重要战略导向,要将高新技术产业投入作为关键抓手,积极利用和开发雄安新区的地理位置、文化氛围、产业结构、高新技术、人才等多种创新资源优势。雄安新区的长期可持续发展,需要高端人才的大力支持,在外来人才进入雄安新区的过程中,原有的人才结构必然发生变化,带来人才资源的重新配置,实现人才资源的不断重构,帮助雄安新区在不断集聚人才的过程中合理配置人才资源,实现人才资源系统的良性演化升级。

一、雄安新区人才资源重构现状分析

(一)网络结构较简单

政府、企业、高校和科研机构等组织,都将成为雄安新区人才资源重构活动的主体。其中,中央人民政府、北京市人民政府和河北雄安新区管理委员会等共同组成了雄安新区的政府主体;国企、央企,以及腾讯、百度和阿里巴巴等高新技术企业的率先入驻,构成了雄安新区的企业主体;清华大学、北京大学等北京高校在雄安新区分立的校区,以及筹备建设的雄安大学等,构成了雄安新区的高校主体。国内多个地区的科研所不断向雄安新区迁移,越来越多的新型科研所在雄安新区落地,这些构成了人才资源重构的科研机构主体。在雄安新区人才资源重构活动中,功能要素是依附于重构主体而存在的,并构成重构过程中发挥连接作用的直接相关要素,如技术、知识、信息、资金等。雄安新区地处河北省保定市,毗邻北京和天津,在微观环境层面具有资源优势,在宏观方面具备地理区位优势,共同构成了雄安新区人才资源重构的环境要素。其中,银行等金融机构、猎头企业、培训公司、外包服务机构等构成的绿色金融体系组成了雄安新区的微观重构环境;雄安新区已有的传统产业和后期规划的新兴产业共同构成了产业环境;现有市场环境的调节和引领作用不足,是雄安新区面临的市场环境;雄安新区经过日积月累形成的价值观念、行为偏好、社会风俗等构成了社会文化环境。

为实现人才资源的合理重构,雄安新区在多个方面都需要进一步完善,其仍处在起步发展阶段,网络结构相对简单,为实现人才资源重构活动的不断完善,需要对政府政策指导作用进行深化,加强高校和科研机构的人才培育作用,实现企业自组织集聚。在雄安新区人才资源重构活动中,需要通过知识增值、制度政策调整、信息互动、技术交流等方式,提高服务机构创新水平,优化产业结构布局,强化市场环境调节作用,提升文化氛围,推动网络结构复杂性提升,实现网络组织要素间的紧密联系。

(二)由混沌状态向有序状态过渡

雄安新区目前正处于国家级新区发展进程中的起步建设阶段,正在进行初步的产业转型,但尚未取得明显成效。基于此,雄安新区需要通过完善基础服务设施建设来推动人才管理工作的实施与调整,保障雄安新区人才资源重构活动的顺利开展。

《河北雄安新区规划纲要》从产业布局、环境建设、发展方向和理念等方面进行了明确规划。调查显示,相关高新技术企业在雄安新区的落地拓展了雄安新兴产业的空间,吸引了大量人才向雄安新区集聚和流动,包括企业转移人员、派遣的政府工作人员、考察机构人员等。雄安新区在产业创新驱动和政府政策的指引下,逐渐对原有的人才布局进行调整,实现本地人才和外来人才有效融合,构建全新的人才结构布局。雄安新区人才资源系统通过不断地演化发展,逐渐从混沌状态向有序状态过渡,多种作用主体之间彼此连接、相互配合,各项人才资源重构活动有序开展。

二、时空二维度下雄安新区人才资源重构机制

雄安新区在人才引进过程中出台了多项福利政策,发挥制度调节机制,推动人才资源重构活动的有效实施。由于雄安新区的地理位置、创新资源等独特优势,越来越多的企业向雄安新区迁移,这些新加入的企业将成为雄安新区发挥市场调节机制的主要力量,但目前其市场调节水平相对较低。雄安新区未来的主导企业是高端高新技术企业,这些核心作用主体将对区块链、人工智能等高新技术进行有效融合,实现人才治理机制的创新发展,将成为雄安新区人才资源重构和更新的关键调节机制。

雄安新区社会、经济等多个系统内部的各子系统之间实现耦合共生,强调环境因素、功能要素、重构主体之间的相互合作,促进雄安新区的长期可持续发展。如北京市人民政府、河北雄安新区管理委员会和新成立企业等的多方面、多层次的耦合关系,需要通过不断地调整优化来促进雄安新区重构活动的有序推进。

雄安新区正在逐步推动人才需求和管理体系的构建,人才资源重构活动的主导地位还未形成,自组织作用未得到充分发挥。雄安新区还处在起步阶段,自组织作用相较于他组织作用依旧较弱,政府在人才资源重构实践活动中仍发挥着主要引导作用,即外部驱动因素在重构活动中发挥主要作用,这在人才优惠政策制定、社会保障制度实施、产业转型升级等方面都有所体现。

发挥网络驱动机制,促进重构主体相互紧密连接,不断提高整体网络的复杂性,推动雄安新区人才资源重构活动的展开,实现人才资源系统不断演化发展。在雄安新区人才资源重构过程中,随着作用主体数量和复杂性的不断增加,功能要素越来越完善,整体网络的复杂性越来越高。在雄安新区人才资源重构活动中,重构主体之间形成的紧密复杂网络结构是由上下游联动的产业链条与相关作用主体构成的。

第四节　本章小结

通过研究,本章回答了"国家级新区人才资源重构的机制是什么?"这个问题,具体通过以下路径实现。

第一,界定国家级新区人才资源重构的内涵。

国家级新区人才资源重构是指在外来人才集聚的驱动下,国家级新区的人才资源在总量、机构层次、职业领域、空间分布等方面依靠政府、企业、科研机构、高校等作用主体,通过系统性、协同化的手段密切合作实现自组织和再配置。

第二,构建国家级新区人才资源重构理论模型。

从空间维度来看,国家级新区人才资源重构具有复杂结构,由作用主体、功能要素及环境因素三部分构成。政府、企业、高校及科研机构等作用主体之间的界线是多孔状的;功能要素包括技术、知识、信息、资金、政策等;环境因素包括内部环境与外部环境。

从时间维度来看,国家级新区人才重构是一个在周期循环中实现动态上升的过程。由于作用主体的种类和数量在重构的不同阶段不断发生变化,导致在重构过程中发挥主导作用的主体也在不断发生转换,作用路径也在不断更新。

根据上述结果,从时间和空间两个维度,本章构建了国家级新区人才资源重构的理论模型,信息、资源、技术等在人才资源和外部环境之间发生着频繁的交流互动,形成一个复杂动态的有机系统。

第三,分维度梳理国家级新区的人才资源重构机制。

从空间维度来看,在国家级新区人才资源重构活动中,制度协调和市场调节机制发挥着不同的作用,但都在推动人才资源更新与重组中承担重要任务。在国家级新区人才资源重构活动中,人才资源系统与外部其他系统之间形成的耦合机制,对重构系统的关系结构起加强作用,协调机制与耦合作用的协同发展,共同促进了国家级新区人才资源重构的有效实施。

从时间维度来看,国家级新区在自身不断发展完善的过程中,会逐渐产生自组织能力,人才资源重构的作用主体通过功能要素和环境因素来自主调节和演化发展,实现了从混沌到有序的状态跨越。基于网络驱动作用,人才资源重构主体和功能要素之间彼此连接,实现耦合共生,使得国家级新区的人才资源重构效率得到提升,自组织与网络驱动同时发挥作用,共同推动国家级新区人才资源重构实践的实现。

第四,分析雄安新区人才资源重构现状与重构机制。

将雄安新区作为典型案例,借鉴国家级新区人才资源重构机制对其人才资源重构现状进行分析。研究结果表明,在雄安新区人才资源重构活动中,网络结构较为简单,正在从混沌状态向有序状态转变。同时,在时间和空间两个维度下,系统剖析了雄安新区在人才资源重构方面的内在机制。通过研究典型案例,从实践角度佐证了理论研究的合理性。

第十一章　国家级新区人才资源重构中多元主体及关系识别

　　前文关于国家级新区人才资源重构机制的理论研究,为本章剖析国家级新区人才资源重构中多元主体及关系识别提供了依据。曾红颖等(2018)指出,在实践中,已经有部分国家级新区依赖不同的发展路径,探索并形成了人才资源重构模式和集聚机制。日本筑波以政府理论推动为主导,在人才资源重构过程中逐渐发挥出市场力量。而美国硅谷的人才、企业和高校等多种作用主体均通过自组织将作用发挥出来,其中市场在人才资源重构实践活动中发挥主导作用。由此可见,多种作用主体在国家级新区人才资源重构活动中需要形成合力,共同驱动重构实践的开展。本章将以雄安新区为例,对其人才资源重构中多元主体及关系进行较为深入的探索,其中多元主体主要是指雄安新区人才资源重构过程中发挥作用的多个主体。

　　雄安新区人才资源重构中的一个关键问题是分析多元主体的类别及彼此之间的关系结构。社会网络分析方法为这一问题的解决提供了可选项。刘军(2004)指出社会网络分析是探究各个社会主体相互作用的常用方法,各作用主体被称作节点,包括个体、组织、城市、国家等;连线被称为不同作用主体之间形成的关系结构,包括信息交流、知识共享、合作交易等。魏巍等(2009)认为社会网络是社会交往中形成的资源依赖关系结构,社会网络的主体主要包括社会中的各种个体、团体和组织。目前,社会网络分析方法得到了广泛应用,包括刘国巍(2015)的产学研合作关系研究、霍明等(2016)的社会治理主体研究、马海涛(2017)进行的城市创新网络研究等,而且应用该方法进行的主体关系结构研究已经取得一定成果。因此,将社会网络分析方法应用于分析人才资源重构中多元主体的关系结构是可行的。

　　为探究"国家级新区人才资源重构中多元作用主体有哪些、关系结构如何、主体之间的传导路径是什么"这一问题,本章以雄安新区为例,首先,运用八爪鱼数据采集器,识别人才资源重构中的多元主体;其次,运用社会网络分析方法,分析人才资源重构中多元主体的关系。

第一节 研究方法与数据来源

一、数据来源与采集

雄安新区创立之后,政策规划、产业布局、城市建设、机构创建、技术创新、机制改革、制度制定、民生工作、就业创业等重点项目有序推进。这些工作的顺利开展,成为夯实雄安新区这座未来之城建设发展根基的最原始工具。雄安新区涉及范围广、管理机构多、受重视度高,从起步阶段到一体化发展阶段,重构活动始终贯穿其中。目前雄安新区仍处于起步阶段,可用数据较少,主要来自广受社会大众、企业人士和政府机构关注的微信公众号。

本章在利用系统编程语言进行网页数据搜集时,使用的是由深圳视界信息技术有限公司开发的八爪鱼采集器,统计了搜狗微信公众号数据库中的相关文章。尽管有学者认为学术研究中较少使用这种方法(刘兵等,2019),但也有学者认为该方法适用于商业领域的研究(石善冲等,2018)。雄安新区相关信息获取难度较高,因此这种方法还是适用的。2014年6月9日,搜狗搜索与微信公众号建立合作关系,为自动提取微信公众号文章内容创造了机会。搜狗微信公众号数据库具备的优点主要有二:一方面,雄安新区成立至今所经历的时间较短,相关数据较为缺乏,基于互联网大数据,运用爬虫软件进行雄安新区相关数据获取,可为研究提供新视角。另一方面,该数据库受众范围广。《2015微信生活白皮书》中报告,平均每天有约5.7亿人在微信上进行社交和工作(徐宝达等,2017),这在一定程度上说明了微信公众号的强大影响力,将其作为数据源具有较高的可行性。本章将关键词设定为"雄安新区""雄安人才""雄安 人才""雄县人才""容城人才""安新县人才"等,以2017年4月1日至2018年4月1日为样本区间,最终检索出11392篇样本文章。

二、数据处理与矩阵构建

在雄安新区人才资源重构实践中,企业、高校、科研机构和政府等多元主体,彼此之间通过信息交流、资金流动、团队合作等方式形成正式或非正式的关系结构,多元主体之间相互合作、相互协同、相互监督,达到稳定平衡状态,从而构成了多元复杂的网络结构。刘军(2004)指出,将多元主体之间的多重关系视为特定的网络结构,是社会网络分析方法的经典之处。目前,Ucinet是众多社会网络分析软件中应用较为广泛的工具之一,该软件具备运算能力强、综合性高和兼容性强等特点,在处理多种复杂关系的数据方面具有一定优势。

对提取到的11392篇样本数据中的重复文章、招聘广告、数据缺失的文章进行剔除,最终获得可用于分析的有效研究数据7917篇。基于微图系列人工智能算法,可以对文本的关键词、关系、意见等进行识别、识读和提取,从而提炼出雄安新区人才重构中的关键多元作用主体。但是,作用主体之间关系结构的提炼,不能仅仅依据关键词出现的次数。基于人工智能算法进行数据分析,由人工计算各主体之间的相关系数值,将平均数作为分水岭,大于平均数的赋值1,低于平均数的赋值0,构成二值关联矩阵,但与现实情况相比,本书的关系节点相对有限。具体的数据分析步骤如下:

第一,通过微图系列人工智能算法对所有数据信息源实行探索性分类,并把关键词分为形容词、动词、地名、企业名和词语等五大类型,从而识别出不同类型下关键词和核心关键词的出现频数。

第二,系统自动识别的类别与人工划分相结合,运用公司名和名词的组合对多元主体进行识别。

第三,根据智能计算的动态分析结论,由人工计算各主体相互之间的相关系数值,将平均数当作分水岭,大于平均数的赋值1,低于平均数的赋值0,构成(12 * 12)二值关联矩阵,从而成为探索多元主体间网络关系结构的原始数据。

第四,使用Ucinet6.0软件测算网络中心性和网络密度,运用NetDraw软件绘制网络成员间关系图。

第二节　雄安新区人才资源重构中多元主体识别

通过上述分析方法,本章从 7917 篇有效文章中,共识别出 8902 个关键词和 1605 个核心关键词,详见表 11.1。

表 11.1　分类关键词统计情况　　　　　　（单位:个）

类别	关键词	核心关键词
名词、公司名与地名组合	826	119
公司名与名词组合	4436	828
地名与公司名组合	778	97
地名与名词组合	4957	874
地名	555	71
公司名	221	39
名词	4402	810

本章基于研究的便利性,将具有重要研究价值的名词、公司名、地名及重要组合等检索结果进行归纳整合,如政府涵盖了党中央、省委、国务院等检索结果;科研机构涵盖了研究院、研究中心等检索结果;高校涵盖了大学、高校等检索结果。

一、关联地区的识别

统计得到的相应城市或地区,如图 11.1、图 11.2 所示。在雄安新区人才资源重构中,北京、河北、保定、雄县、安新县、天津、白洋淀、深圳、石家庄、上海、广州、杭州、江苏、中关村、硅谷等占比均较大,这些城市中部分属于较为发达的地区,另一部分属于毗邻雄安新区的城市。一部分区域可能与雄安新区的发展相关,如北京、河北、天津等;另一部分区域可能与雄安新区的发展路径较为相似,能够为其提供借鉴经验,如深圳、硅谷、中关村等。

图 11.1　地名词云图

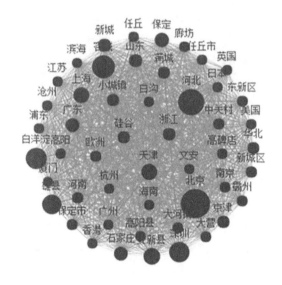

图 11.2　地名关系网

二、多元主体的识别

根据雄安新区人才资源重构多元主体分析结果(见图 11.3、图 11.4),权重与其他结果相比明显较高的名词是"政府部门""科研机构""高校""企业""金融中心(金融机构)""中介机构""服务中心(服务机构)""个人""公众"等。

在雄安新区人才资源重构主体构成方面,不同的作用主体发挥作用的层次和范围是不同的。据此,将多元主体共划分为区域、组织和个体三个层次。例如市场主要在宏观层面发挥作用;社区主要是指人才生活的社区和因工作交流所需形成的集聚性虚拟社区等；服务机构主要包括进行人才服务的组织，如人才服务和交流中心、管理咨询服务企业、培训公司等，如图 11.5 所示。

除区域层次的作用主体外，在雄安新区人才资源重构的主体中，组织层次的多种作用主体也会发挥相应作用。如图 11.6、图 11.7 所示，银行、综合医院（包括儿科、妇产科等）、执法局、教育局、阿里、百度、京东、中铁、公安局、建设局、实验室、便利店、酒店、博物馆、工厂等组织层面的作用主体参与到雄安新区人才资源重构活动中。

图 11.3　公司名与名词综合词云图

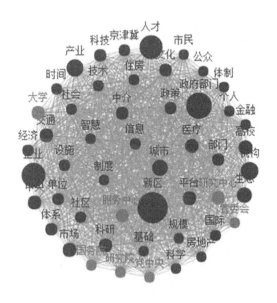

图 11.4　公司名与名词综合关系网

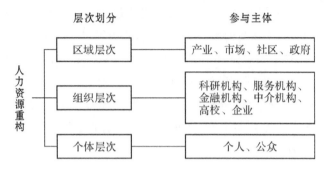

图 11.5　不同层次的主体

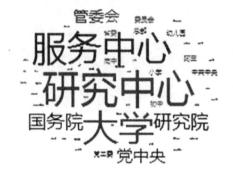

图 11.6　公司名词云图

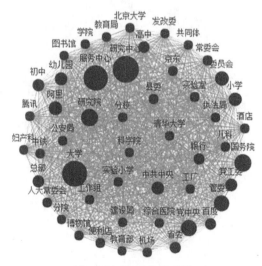

图 11.7　公司名关系网

第三节　雄安新区人才资源重构中多元主体关系分析

通过 Ucinet6.0 对雄安新区人才资源重构多元主体之间的关系网络进行社会网络分析。网络主体间相互连接的频繁程度可用网络密度来表示,这一结果的数值越大,说明各主体之间的联系越频繁。刘军(2004)指出主体是否在网络中占据统治地位,其他成员是否以该主体为中心进行相互连接,反映了这一主体的中心度。雄安新区人才资源重构整体网络分析结果(见表 11.2)显示,雄安新区人才资源重构多元主体网络整体中心度为 21.82%,网络中心度较小,与完全中心化网络结构的近似程度不足 1/3,并没有表现出其他主体都向某一主体靠近的趋势;人才资源重构多元主体网络整体密度为 81.82%,表明重构实践活动中,重构主体间相互连接并形成合作的比例略高于八成,协同水平较高;人才资源重构多元主体网络整体集中度为 38.57%,集中水平较低;在80.9%的程度上治理主体之间接近于直接联系的完全网络。多元主体在雄安新区人才资源重构过程中相互促进、协调合作,网络内部各主体间形成了紧密的联系。雄安新区人才资源重构多元主体间的网络关系如图 11.8 所示。

表 11.2　整体网络分析结果

网络中心度/%	网络密度/%	网络集中度	平均距离	基于距离的凝聚力指数/%
21.82	81.82	38.57	1.182	80.9

一、网络密度与网络集中度分析

网络密度表示参与主体之间相互协同和连接的紧密程度,表示网络的松散度。网络系统成员间的联络越紧密,则网络系统的协调程度就越高,整体网络系统的密度也越大,网络系统对成员的影响就越大。刘军(2004)指出,网络系统密度是以网络系统中不同主体之间实际具有的最大联系数在理论上最可能具有的联系数中所占的比例来计量的。集中度则用网络系统中各网络节点核心度指数的标准差来描述,网络系统集聚度越高,表示核心指标越离散。

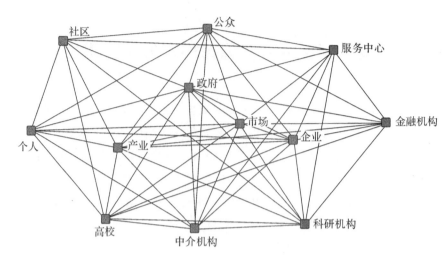

图 11.8　多元主体网络关系

（一）网络整体密度高且集中度较低

根据表 11.2,网络总体密度较高,但集中度偏低,表明该网络中多元作用主体间的资源交流频繁,合作互动紧密,信息沟通顺畅,虽然相互之间的联系可能较多,但相互之间仍可能有一定的抑制作用,这也会对彼此的繁荣发展产生较大程度的影响。另外,网络的集中度偏低,说明多元主体间的合作程度比较高,其他成员对核心节点的依赖程度不高,不会因核心节点的损坏而崩溃,带来整体网络关系的崩溃瓦解。雄安新区的建设与发展通过创新管理模式形成了独特的市民服务中心,将企业、政府各部门,以及有关机关和科研机构的办公地集聚在同一个园区。这既在一定程度上提升了企业与科研机构在政府办事的效率,又给多元主体间的沟通与协作带来了便利,还可以增加雄安新区人才资源重构中多元主体整体网络密度。

（二）网络平均距离低且凝聚力较强

网络平均距离代表了成员间相互联系的频繁度。根据表 11.2,在雄安新区人才资源重构过程中,整体网络中的各重构主体之间的距离,通过取平均值的方法得到的结果是 1.182,说明在重构活动中,某个主体和另一个主体之间形成合作关系并产生协同作用平均需要经历的节点不少于 2 个。另外,在对重构主体之间距离进行测算的基础上,得到了凝聚力指数的测度结果,即

80.9%；也就是说，与实现绝对完全连接的网络相比，雄安新区重构主体之间相互连接的比例约为其4/5，说明重构主体之间的联系紧密，连接顺畅，网络整体凝聚力强。

（三）个体中心网络密度的对比分析

Barnes(1954)认为个体中心网络密度的计算中，考虑的是接触者之间的多种关系结构，而核心节点及其相关接触者并不考虑在内。如表11.3所示，网络密度处于最高水平而平均距离却处于最低水平的主体包括金融机构和个体，这表示它们的相关接触者之间的直接联系较为频繁。主要原因是，在雄安新区的人才资源重构活动中，与金融机构联系密切，发生直接联系的是企业、高校、科研机构等人才资源的生产者和消费者，如企业需要从金融机构中贷款，个体会通过金融机构进行存款、取款等，在这些过程中金融机构将与这些主体发生贷、存、取等多种关系，而个体、高等院校、企业组织、科研院所等作用主体之间的联系往往是直接进行的，不需要其他任何作用主体的中介作用，为人才的管理、配置、流动和集聚等工作创造了良好的网络式发展结构；人才与企业、高校和科研机构等主体之间形成了雇用、合作和培养等关系结构，与产业集聚活动共生演化、耦合协同，而企业、高校和科研机构之间通过人才交流、知识增值、合作共享等方式进行跨组织的创新型产学研合作，促进彼此创新能力的不断提升，实现价值增值和资源共享，在多种创新要素的配合下，进行创新协同，完成创新发展的目标。通过数据分析结果可知，与高校相比，企业的网络密度处于较高水平，说明企业引导了雄安新区的多数创新合作，促进产学研之间形成紧密的联系网络，实现了创新发展。

在雄安新区成立之后，许多知名企业和重点高校不断向雄安新区迁移，这一系列举措带动外来人才逐渐流入雄安新区。基于人才的连接，产学研合作模式不断创新，多种重构主体之间相互合作、创新协同，不断寻求技术上的突破，为产学研与其他主体的合作创造更多有利条件，逐步将"政用产学研"的模式运用到雄安新区的协同发展工作中，比如创建一园多校、建立虚拟大学的科技园等。

表11.3　个体中心网络密度

序号	主体	个体网规模	关系总数	最大可能的点对数	密度	平均距离
1	政府	11.00	86.00	110.00	78.18	1.22
2	企业	10.00	74.00	90.00	82.22	1.18
3	高校	9.00	58.00	72.00	80.56	1.19
4	产业	10.00	72.00	90.00	80.00	1.20
5	金融机构	8.00	48.00	56.00	85.71	1.14
6	科研机构	9.00	58.00	72.00	80.56	1.19
7	市场	10.00	74.00	90.00	82.22	1.18
8	中介机构	9.00	60.00	72.00	83.33	1.17
9	服务中心	8.00	44.00	56.00	78.57	1.21
10	社区	7.00	30.00	42.00	71.43	1.29
11	公众	9.00	56.00	72.00	77.78	1.22
12	个人	8.00	48.00	56.00	85.71	1.14

二、网络中心性分析

在网络系统中,成员地位与权力的大小也被称作网络中心性,大致分为四类,包括接近中心性、点度中心性、特征向量中心性,还有中间中心性。网络结构中,一个成员和其余成员间的相似程度用接近中心性描述;一个成员和其余成员间的联系程度用点度中心性描述;中间中心性体现网络中某个成员的重要程度,计算方式是途经该成员的最短路径条数。

(一)多元主体间地位和权力对比分析

多元主体的点度中心性用"直接关系"进行测算,不考虑"间接关系"。雄安新区人才资源重构多元主体的点度中心性测算结果详见表11.4。政府的点度中心性最高,数值为11.000,说明政府在雄安新区人才资源重构中扮演着重要角色,在网络中发挥着最大的影响作用,具有绝对的掌控权,在网络中处于中心地位,和其他作用主体之间的连接无须通过任何中介,进而推动各主体之间的交流合作;市场的点度中心性稍低于政府,说明市场的主体作用没有得到激发;

对于社区来说,其点度中心性比其他作用主体都低,对整体网络的掌控权最小,影响力最低,说明雄安新区目前的社区建设仍存在较大的进步空间,需要进行长期改善。

表11.4　主体的网络中心性

序号	主体	点度中心性	中间中心性	接近中心性
1	政府	11.000	1.714	11.000
2	企业	10.000	1.119	12.000
3	高校	9.000	1.030	13.000
4	产业	10.000	1.280	12.000
5	金融机构	8.000	0.518	14.000
6	科研机构	9.000	0.988	13.000
7	市场	10.000	1.119	12.000
8	中介机构	9.000	0.827	13.000
9	服务中心	8.000	0.845	14.000
10	社区	7.000	0.827	15.000
11	公众	9.000	1.179	13.000
12	个人	8.000	0.554	14.000

（二）多元主体间的中介作用对比分析

雄安新区人才资源重构多元主体网络中间中心性的测算结果详见表11.4。对政府来说,其中间中心性比其他作用主体都高,测度结果为1.714,这也说明了在人才资源重构实践活动中,雄安新区的政府扮演着不可或缺的重要作用,充当媒介者,引导和控制资源流动的能力强于其他主体,在多元作用主体网络中,地方政府在较多的协同合作关系中扮演了重要的中介角色。结合刘军(2014)的研究,以本书所界定的多元作用主体层级为基础,政府在多元作用主体中扮演着多种重要角色,在各个层级的多元主体间依次充当着"当事人""调解员""代表人""守门人""联络员"等角色。雄安新区人才资源重构主体的行业中,活跃程度和中心化程度较高的还有金融服务行业,而其中间中心性程度最低,中介作用最小。

（三）多元主体间的依赖程度对比分析

接近中心性强调便捷路径,用网络中其余成员的数量与某一成员和其余成员之间捷径间距之和的比值来表示,结果越大,说明接近中心性越低。雄安新区人才资源重构多元主体网络接近中心性的测算结果详见表11.4。社区的接近中心性测度结果最小,处于最低水平,社区与网络中核心主体的差距最大,信息传播活动较多地依赖于其他主体。说明目前雄安新区还没有形成独特的人才创新型社区,在社区建设方面仍存在一定的不足。此外,在雄安新区人才资源重构中,与其他网络主体相比,服务中心、金融机构和人才对其他主体的中介作用较强,在网络中发挥的作用较小。说明目前雄安新区仍处于起步阶段,相关部门配置的资金还未完全到位,金融机构的作用没有得到充分发挥,可能存在融资贷款不便等多种问题,而且人才服务中心的各方面功能还需不断完善。就人才自身而言,目前人才向雄安新区的流入意愿不强,这可能与产业链条不完善,市场调节作用未得到有效发挥;社区基础服务设施不完善,雄安新区的竞争优势未得到高端人才重视;流入成本因地缘、机缘和亲缘而较高,该地区在生活水平、工作发展前景等方面不符合高端人才的需求等因素有关。

由图11.9—图11.11可知,在雄安新区人才资源重构实践活动中,多元重构主体构成的网络系统内部,同一节点不同中心性的区别,以及不同节点的同一中心性的区别。而且不同作用主体在网络中都建立了联系,反映出各成员间连接程度较高,整个网络协调度也较高。

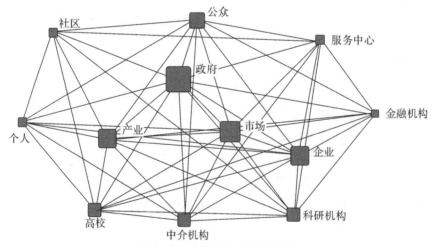

图 11.9　多元主体点度中心性

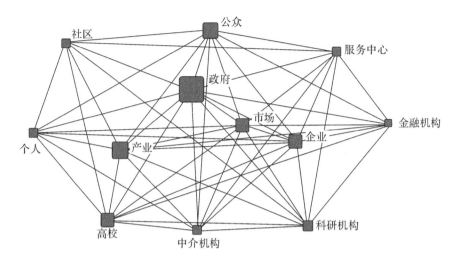

图 11.10　多元主体中间中心性

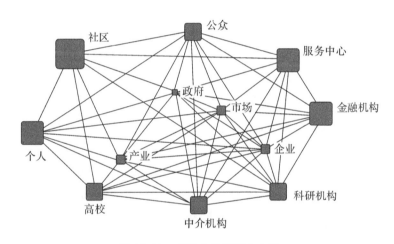

图 11.11　多元主体接近中心性

第四节　本章小结

通过研究,本章回答了"国家级新区人才资源重构中多元主体有哪些? 关系结构如何? 主体之间的传导路径是什么?"等问题,具体通过以下路径实现。

第一,识别雄安新区人才资源重构中的多元主体及其关系。

检索得到的雄安新区人才资源重构实践活动中,多元主体根据所处层次划分为三个层次,分别是区域、组织和个体。重构主体间彼此连接,构成的交互关系网的密度相对较高,集中度水平相对较低,网络作用主体间呈现完全连接状态,总体稳定性和凝聚力较强,但网络的中心势相对处于较低水平,多元主体间的交互合作程度较高。

在雄安新区人才资源重构活动中,多元主体发挥着不同程度的作用。大多数位于区域层级的主体发挥较强的作用,在网络中处于中心地位;位于组织层级的作用主体发挥的作用弱于区域层次;位于个体层级的作用主体发挥最弱的作用,在网络中处于边缘地位。

从个体网络关系来看,与其他作用主体相比,在金融机构和个人网络中,网络成员之间多发生直接性关系,二者的网络密度是最大的,其平均间距是最短的。

第二,分析雄安新区人才资源重构中多元主体的网络中心性。

多元主体中点度中心性最强的是政府,在网络中占据绝对优势地位,掌控着资源分配权力。然而,在政府领导下,市场的主体作用未得到充分激发,而且人才社区建设也有待完善。

从多元主体的中介角色分析中,得出地方政府担当起了网络中介力量中最强的媒介者,同时扮演着多种重要角色,成为联络多元主体的"黄金中介",而地方金融的中介力量相对较低,金融链条尚不健全,并未表现出活跃性特性。

从依附程度数据的分析结果来看,对于社区来说,接近中心性测度结果的数值最小,说明其与网络的核心主体之间的连接需要跨越较长的距离,必须依赖其他作用主体才能实现相互联系;对于服务中心、金融机构和个体来说,接近中心性的测度结果也较低,说明这些主体仍需不断完善,共同协作,促进雄安新区不断发展。

通过上述结论,在雄安新区人才资源重构机制分析中提出的多元主体间错综复杂的网络关系在现实中必然存在,即多元主体的确定是进行雄安新区人才资源重构的基础和关键,能够为重构实现路径研究提供依据。

第十二章 国家级新区人才资源重构实现路径及仿真实验

通过前文对国家级新区人才资源重构机制的理论研究，及以雄安新区为例，对其人才资源重构机制和人才资源重构中多元主体识别的实践检验，本章将对国家级新区人才资源重构实现路径进行较为深入的探索。人才资源是流动性和带动性最强的战略资源，在我国创新驱动发展战略和创新型国家建设中发挥着重要支撑作用。特别是雄安新区的设立，是我国向创新驱动增长方向迈进的伟大尝试。刘佳骏（2018）指出雄安新区原有的产业格局作为发展的固有范式必然被打破，未来雄安新区的产业结构将在创新发展的过程中，实现更新重组，不断优化升级；张贵（2019）认为创新型城市的构建有利于雄安新区成为新的经济增长极 。而人才是雄安新区推动产业空间调整、实施创新驱动发展战略的基础和关键。2021 年 3 月 2 日，雄安新区在《关于加快集聚支撑疏解创新创业人才的实施方案》中率先布局了围绕"人才、人气、人聚"的战略，优先发展人才，疏通政产学研间的人才流动渠道。当人才流动到一定程度时，会在雄安新区内部发生人才集聚，但是人才过度集聚或者无效集聚都会带来负向效应，而且集聚在雄安新区内部的人才会不断进行重组，人才资源重构活动将伴随雄安新区的整个发展过程。王金营等（2019）指出原有人力资源的重新整合在雄安新区人力资本配置中的重要性；吴智育（2019）基于雄安新区的转型发展和本籍人力资源的特性，提出了本籍人力资源再培育的有效途径。由此可见，人才资源重构是雄安新区设立的必然要求，也是国家级新区面临的突出现实问题之一。

重构（refactor）一词最早出现在计算机 Smalltalk 的研究中，目前在多个研究领域得到广泛应用，包括资源重构、空间重构、网络重构等。然而，在区域人才资源方面，现有研究主要沿着"人才流动—人才集聚—人才配置"的脉络展开，仅初步涉及重构思想，尚未对"区域内部人才资源重构如何实现？"的问题展开深入探讨,产学研合作为解决这一问题提供了新视角。人才资源重构因其过程复杂性、知识观念持久性、思维方式不断迭变等特征,造成人才集聚效应的漫长性和人才资源的短缺性。而产学研合作是推动科技创新的新模式,集成政府、企业和学校多方资源,优化人才资源在系统内的流通路径,成为国家级新区实现人才培养、平衡人才资源分布、加快产学研人才资源整合的重要途径。

为回答"国家级新区人才资源如何实现重构"这个问题,本章以雄安新区人才资源重构中的产学研合作过程为研究对象,首先,分析了产学研合作方式、产学研合作与区域创新发展的关系、人才资源重构对产学研合作的重要作用;其次,建立了雄安新区人才资源重构对产学研合作效益影响系统模型;最后,运用Vensim PLE 对雄安新区基于产学研合作的人才资源重构模型进行了仿真实验。

第一节　基于产学研合作的国家级新区人才资源重构分析

一、产学研合作模式分析

产学研合作是指各主体基于资金和技术等资源的流动,实现跨组织合作,在教育、经济、科技和产业之间紧密合作,形成有效互动,推动各主体之间协同合作和良性互动关系的形成。陈恒等(2018)认为成功的产学研合作需要具有内在驱动力。江俊桦等(2014)指出在产学研合作过程中必然会发生知识的转移和转化,知识流在高校、科研机构和企业间的转移存在着互动和反馈。Tartari 等(2012)认为,对学术自由的限制影响了高校与企业合作的意愿,取得额外资源的动机则影响了双方合作的强度。原毅军等(2013)认为产学研技术联盟的稳定性受信任、投机行为、利益分配合理度等因素的较强影响。

二、产学研合作对区域创新发展的作用

产学研合作是高新技术产业发展成长的关键步骤,能够有效推动高校、科

研机构与企业之间的协同合作,充分发挥各自的创新研发能力。姚艳虹等(2015)认为产学研合作通过整合创新网络内知识、技术、资金等资源产生复杂的非线性协同作用,实现了单个主体无法形成的规模经济。多种动力因素在产学研合作中发挥驱动作用,Veugelers 等(2005)认为,企业和高校的合作过程中,双方之间不会发生新技术和新产品的利益抢占和独占现象,而是对其他创新活动进行补充。产学研合作效益是产学研合作各方主体能够保持长期稳定合作的基础,是产学研合作的开端和初始动力。周媛等(2012)指出产学研合作效益包括两部分:第一部分是产学研合作的主体所独占的,其余合作方无法享有的收益。产学研合作有助于企业自主研发水平的提升,使其在市场中具备强大的竞争优势,实现利润的不断增加。高校则通过科研成果的转化补充了科研经费,为团队的发展提供经济支持。第二部分则是参与产学研合作的各方主体共享的效益。从长远来看,随着合作力度的加大和经验的积累,产学研合作在产业技术升级、技术环境改善及宏观经济效益提升等方面也将起到不可忽视的作用。

雄安新区目前正处于起步阶段,各项工作正在开发建设过程中,在这一时期可以为高校、研究所和企业的产学研合作提供更好的机会和平台。2018 年 8 月,国际一流产学研联合体"雄安新区绿色技术集成创新中心"由国内外多个科研机构和企业共同发起成立。该中心将通过全方位、多领域的合作,以及先进技术和政策的指导,帮助雄安新区构建更利于其发展的外部环境。随后成立的浙江大学雄安发展中心则将汇聚学科、人才等智力资源,成为浙江大学推动新时代国家级新区创新战略实施、助力雄安新区稳定高质量建设、实现产学研协同合作的重要战略性环节。

三、人才资源重构对产学研合作的重要作用

王雪原等(2007)指出我国的高校和科研机构具备基础资源优势,储备了大量的高科技人才和高精尖设备,但其中有相当一部分未能及时、有效地配置到企业科技创新活动中,未能发挥其应有的作用,从而造成了人才资源的浪费。技术水平、管理经验、品牌效应和市场感知是我国多数企业的核心优势,但其科技创新能力较弱,企业需要通过引进外部高技术人才来为其创新发展提供科技保障。研发合作的推进离不开人才资源的有力保障,需要合作各方根据自身的

资源优势,在不同研发阶段投入充足的人才资源。周正等(2013)指出为了打破各主体间的壁垒,实现投入资源的最大效益,必须进行有效的人才资源重构。

第二节 雄安新区人才资源重构系统动力学模型构建

一、因果关系分析

因果关系分析是构建系统动力学模型的基础,能够从微观上分析产学研合作过程中各行为主体之间进行人才资源重构的内在关联。根据产学研合作中的人才资源重构的基本流程,以及各行为主体的活动,本部分将从人才资源重构方面和产学研合作方面进行因果关系分析。

(一)人才资源重构因果关系分析

人才是产学研合作在战略性新兴产业发展中发挥作用的基础和关键。雄安新区创新驱动发展战略的实施将受到人才数量和质量两方面的影响,人才资源通过外部引进和内部培育两方面进行优化与升级,实现人才资源重构活动的顺利开展。其中,内部培育是产学研合作过程中实现人才资源重构的重要途径,能够提升内部人才资源的创新创造潜力和综合能力,帮助科技创新人才在良好的环境条件中创造出更多有利于雄安新区发展的资源。高等院校、科研院所和各类培训机构承担着人才生产和培养的重要工作。其中,人才生产的主要单位是高等院校,为人才输送知识、技能等。高等院校根据各学科培养方向,与企业进行交流合作,了解企业的用人需求,并为企业提供合适的高质量人才,推动研发、生产和销售过程的顺利开展。在产学研合作过程中,高校在其中扮演着为企业输出人才的角色,是实现研发、生产与市场对接的关键节点,这一作用主要表现在高校与企业联合培养人才、联合研发新产品的过程中。科研院所与高校系统相独立,其核心业务是科学研究。它们既具备人才培养的功能,能够为企业和社会提供优质的科技人才,又能够促进人才自身综合能力的提高。培训机构则是各级各类技能培训场所,能够补充目前高校技能培训能力的不足。

外来人才在推动人才资源重构活动顺利开展的过程中起重要作用,雄安新区也需要不断增强自身的人才竞争优势,带动人才、资金、技术等创新要素的快速涌入,其中人才是最重要的创新力量,人才认知水平的提升能够推动雄安新区创新水平的提高。雄安新区人才环境较大程度地影响着人才流入意愿,如舒适的自然生活环境能够吸引外来人才,而完善的创业环境又能减少创业风险,促进人才的创业行为。白少君等(2011)指出以信息技术为支撑的互联网将导致人才资源的跨省和跨国竞争成为"零距离竞争",畅通的信息渠道优化了人才资源重构信息的流通,减少因为信息不畅造成的损失,促进人才资源的完整性和效用最大化。

一方面,经济水平的提高会带来更多的人才需求,越来越多的产学研主体入驻雄安新区,带动人才不断涌入;另一方面,人才进行创新创造活动,促进更多产学研合作的发生,提高各方效益,产学研合作主体会引进更多人才。这个过程会产生反馈循环,推动人才资源重构不断演化发展。人才资源重构部分因果关系,如图 12.1 所示。

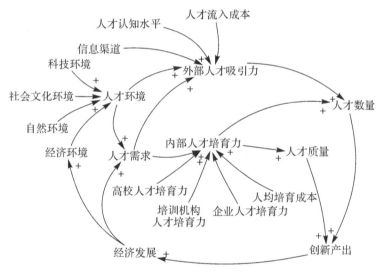

图 12.1　人才资源重构因果关系

(二)产学研合作创新过程因果关系分析

产学研合作创新建立在各方资源优势互补的基础上,各主体间在这一过程中进行知识交流共享、收益共享等活动,并为适应外部环境而产生一系列变化。在产学研主体相互配合、协同合作的过程中,高校、科研机构和企业作为主要作用主体,扮演着重要角色。因高校和科研机构的功能相似,本部分结合赵杨等 (2011)的研究,基于研究的便利性,学研层面的研究样本以高校为代表。

由于产品的研发和生产过程都需要大量的资金投入,在产学研合作过程中,企业和高校投入都是合作过程中的重要环节,并受其合作意志的影响。企业的合作意愿来自自身研发水平与市场创新需求的不匹配,以及通过产学研合作获得收益。企业合作意愿与企业产学研投入呈正相关关系,当企业倾向于和高校建立合作关系时,自然会增加在产学研中的投入,比如胡军燕等(2011)提到的人才、资金、技术、基础设施等,进而提高以专利、论文和著作数量等为成果的产学研合作创新能力,带来产学研合作效益的提高。而雄安新区经济效益是整个产学研协同创新运行的核心,决定产学研合作整体的最终产出。雄安新区创新水平的提高将进一步促使高校和企业在产学研合作中提高投入,是一个正向影响的过程。但是,企业通过产学研合作,研发能力不断提升,拥有的自主研发成果不断增多,从而对高校的技术依赖程度减小,合作意愿降低,会产生一个负反馈过程。政府为鼓励产学研合作实施的财政资助、税收和信贷优惠政策,以及促进人才合作交流、自由流动的政策,帮助产学研合作在良好的政治和法律氛围中高效推进,形成激励产学研合作健康运行和发展的环境基础。产学研合作创新过程因果关系,如图 12.2 所示。

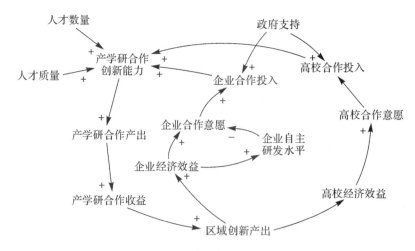

图 12.2　产学研合作创新过程因果关系

二、系统流图模型构建

本书根据数据的可获得性和可操作性,运用系统动力学分析工具 Vensim,构建了雄安新区基于产学研合作的人才资源重构系统,如图 12.3 所示。

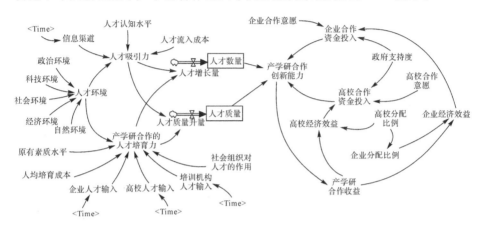

图 12.3　雄安新区人才资源重构对产学研合作效益影响系统流图

三、主要方程设计

系统模型共包含 31 个变量,其中包含 3 个速率变量、3 个状态变量、25 个辅助变量。本部分将基于系统与现实相符的原则,在已有研究的基础上,对系统模型变量之间的关系系数进行相应设置。系统模型中的定性指标无法直接获得相应数据,本部分通过借鉴已有文献,并咨询产学研相关专家,最终确定了模型中的定性数据。限于篇幅,在此仅对重要变量进行说明。

本部分假设人才初始值为雄安新区 2017 年 6 月末常住人口总量的 1/10,并基于合理性原则,为方便运算,将单位设定为百万人,则有

$$人才数量 = \text{INTEG}(人才增长量, 0.104) \tag{12.1}$$

本部分按照不同等级对人才结构进行划分,分别是高、中、低三种,人才质量用高等级人才在雄安新区人才总量中所占比例表示,假定在雄安新区人才总量中,高等级人才占 1/10,因此在雄安新区的起步阶段,人才质量的初始数值为 0.1,则有

$$人才质量＝INTEG(人才质量提升量, 0.1) \tag{12.2}$$

社会环境、科技环境、经济环境、自然环境和政治环境的系数来自笔者利用新榜有数大数据手机平台对与雄安新区相关公众号文章进行的内容分析,并得到人才环境五个要素的相关系数,分别为 0.16、0.2、0.24、0.08 和 0.3,则有

$$人才环境＝社会环境^{0.16}×科技环境^{0.2}×经济环境^{0.24}×自然环境^{0.08}$$
$$×政治环境^{0.3} \tag{12.3}$$

借鉴李乃文等(2011)的研究,假定人才吸引力函数是固定投入比例的柯布一道格拉斯生产函数, μ 为技术系数, X_1、X_2 和 X_3 分别代表(人才认知水平一人才流入成本)、信息渠道和人才环境三个要素, k_1、k_2 和 k_3 分别代表这三个要素的弹性系数,且 $\mu > 0, 0 < k < 1$,则有

$$人才吸引力 ＝ \mu X_1{}^{k_1} X_2{}^{k_2} X_3{}^{k_3} \tag{12.4}$$

表函数在系统动力学建模中经常被用来表示两变量间的特殊非线性关系,因此,本书借助表函数赋值相应的辅助变量。本书的系统动力学模型中涉及的辅助变量包括企业人才数量和高校人才数量,则有

$$信息渠道＝WITHLOOKUP(Time, ([(0,0)-(10,1)], (0,0.6),$$
$$(10,1))) \tag{12.5}$$

$$企业人才输入＝WITHLOOKUP(Time, ([(0,0)-(60,0.3)],$$
$$(0,0), (12,0.08), (24,0.15), (60,0.3)))$$

$$高校人才输入＝WITHLOOKUP(Time, ([(0,0)-(60,0.65)],$$
$$(0,0), (30,0.27), (60,0.65))) \tag{12.6}$$

高校在产学研合作中的利益分配比例为 a,则企业的分配比例是 $1-a$,则有

$$高校经济收益＝a×产学研合作效益$$
$$企业经济收益＝(1-a)×产学研合作效益 \tag{12.7}$$

将产学研的政府支持度作为辅助变量,将其取值设定为[0,1]之间的随机变量,其值表示为 RANDOMNORMAL($\{min\}$, $\{max\}$, $\{mean\}$, $\{stdev\}$, $\{seed\}$)的随机函数,则有

$$政府支持度＝RANDOMNORMAL(0.1, 0.8, 0.01, 0.6) \tag{12.8}$$

第三节　雄安新区人才资源重构
系统动力学模型仿真实验

一、初始值选取与参数设计

在雄安新区人才资源重构过程中,不仅会增加人才数量,还会提升人才的使用效率和质量,但无法有效获得这些表征数据,而且相较于选择参数,系统动力学方法将模型构建的正确性放在更重要的位置。鉴于此,本部分以模型的一致性、适应性和有效性作为检验标准,以理论检验为主要目的,对模型进行仿真实验。

在系统流图的基础上,利用 Vensim PLE 对雄安新区基于产学研合作的人才资源重构模型进行仿真。构建系统动力学模型需要对状态变量及常量进行赋值。为了更好地利用系统模拟现实,本部分分别模拟"年"步长、"季度"步长、"月"步长三种情况,得出"年"步长与实际情况的匹配度最高,因此将其作为最终的仿真步长,时间区间取 2018—2026 年,共计 8 年。通过咨询相关专家并结合目前雄安新区的发展现状,确定人均培育成本是 0.01 万元,原有素质水平是 0.1。为简化模型的参数估计,有必要将企业合作意愿、高校合作意愿等随时间变化不显著的参数取值为常数值。

二、仿真方案的设计与结果分析

本部分以雄安新区为例,研究人才资源重构现状对产学研合作的影响作用,以及调整后达到最佳载体条件下的人才资源重构效果。

（一）高校角色仿真方案设计

王建新(2014)指出高校的主要功能是培养人才,帮助满足企业的人才需求。在产学研合作过程中,高校和企业之间相辅相成,相互合作,共同促进对方效益的提升,高校根据各学科培养方向,与企业进行交流合作,了解企业的用人需求,并为企业提供专业对口的高质量人才,推动研发、生产和销售过程的顺利开展。为分析产学研合作过程中,人才培养受高校和企业人才输入变化的影响,假定高校人才输入和企业人才输入分别同比例增加,保持其他参数不变,人才资源重构过程中的人才数量和产学研合作效益的变化结果如图12.4、图12.5所示。

现阶段高校人才投入和企业人才投入对基于产学研合作的人才资源重构影响强度不同,前者产生的影响更为显著。随着高校、企业人才输入的提高,人才数量对产学研合作效益提升的影响更为显著。企业提高人才输入对产学研合作效益的影响有一定的滞后性,而高校人才输入的强度变化对人才培养的影响效果更为明显。这说明在产学研合作中,人才资源重构的效果更多地受到高校人才输入的影响。

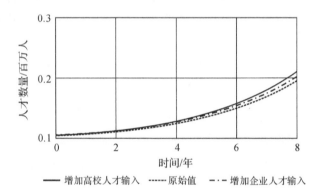

图 12.4 企业人才输入和高校人才输入调整对人才数量的影响变化趋势

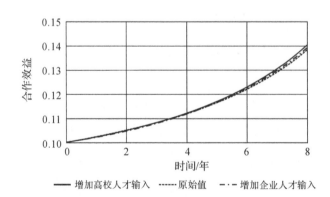

图 12.5 企业人才输入和高校人才输入调整对产学研合作效益的影响变化趋势

(二)企业角色仿真方案设计

与高校输出人才的功能相对应,企业扮演着接收和使用人才的角色,并通过高科技人才进行技术研发和创新发展,促进人才和企业共同利益的提升,推动产业结构调整。在 SD 模型中,基于企业追求利益最大化的目标,为研究企业和高校的投入变化与产学研合作中人才资源重构是否相关,假定企业和高校合作意愿分别同比例增加,其结果的对比情况如图 12.6 所示。

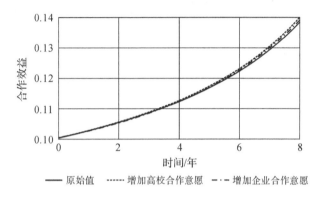

图 12.6　企业合作意愿和高校合作意愿调整对产学研合作效益的影响变化趋势

从图 12.6 可知,在人才资源重构初期,企业合作意愿和高校合作意愿对产学研合作效益的影响不显著。但随着产学研合作活动的展开,高校合作意愿的提高对产学研合作效益提升的影响更为显著。企业提高产学研合作意愿对收益产生的影响有一定的滞后性,而高校产学研合作意愿变化对收益产生的影响更为明显。这表明在产学研合作中,合作效益更多地受到高校投入的影响。

产学研合作成效受诸多因素影响,通过 Richardson 等(2007)的研究结果可以得出,利益分配的公平程度会对产学研合作过程中的绩效产生重要影响。可见,利益分配方式是决定产学研各主体能否实现长期稳定合作关系的重要因素。为此,本部分分别选择了高校分配比例为 0.5、0.3、0.4 和 0.6 四种情形进行模拟,得到产学研合作效益变化趋势,如图 12.7 所示。

对比不同利益分配比例,产学研合作效益没有产生显著改变,这与通常认为的观点有所不同,直观上提高某一方的利益分配份额必然会带来产学研合作效益的变化,这说明从总体上来看,产学研合作效益与利益分配比例并不相关。利益分配比例为 0.3 和利益分配比例为 0.6 的产学研合作效益并没有明显区别,合作效益曲线形状没有明显变化,这说明在高校与企业的合作交流过程中,提高利益分配比例对双方收益不会产生明显的利好现象。在雄安新区产学研合作发展初期,企业为追求自身利益的最大化,会将合作收益作为关注重心,而高校和科研院所则更重视自身发展,期望通过合作实现知识增值,在科学研究方面取得进展,对经济效益的关注较少,参与产学研合作的动机受到经济因素的影响较小。

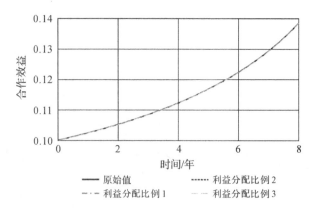

图 12.7 利益分配比例调整对产学研合作效益的影响变化趋势

(三)政府角色仿真方案设计

在产学研合作中,政府扮演着"调解员""引领人""联络员"等多种角色。目前雄安新区市场经济尚不完善,政府在产学研合作中发挥着不可或缺的作用。本部分试图通过改变政府支持度来评估政府在产学研合作和人才资源重构中的影响程度。假定政府支持度分别增加 10%、20% 和 30%,不同政府重视水平对产学研合作效益的影响如图 12.8 所示。

由图 12.8 可知,当政府支持度增加 10% 时,产学研合作效益上升的幅度最大。而当政府支持度分别增加 20%、30% 时,产学研合作效益的上升幅度不如 10% 明显。该仿真结果表明,政府支持度对人才资源重构过程中的产学研合作效益增长的影响存在拐点,政府支持度的影响作用存在由强到弱的转折。在产学研合作过程中,政府的投入在达到一定临界值后,会出现边际效益递减的现象,因此政府投入不是越多越好,应该设置合理的投入范围,避免资金的浪费和人员工作效率低下。

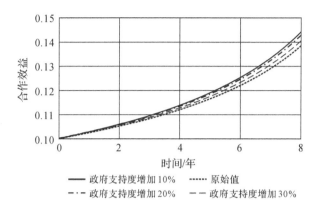

图 12.8　政府支持度调整对产学研合作效益的影响变化趋势

第四节　本章小结

通过研究,本章回答了"国家级新区人才资源如何重构?"这个问题,具体通过以下路径实现。

第一,基于产学研合作,对国家级新区人才资源重构进行了理论分析。

基于已有文献,产学研合作是指各主体基于资金和技术等资源的流动,实现跨组织合作,在教育、经济、科技和产业之间紧密合作,形成有效互动,推动各主体之间协同合作和良性互动关系的形成。

产学研合作、区域创新发展和人才资源重构三者存在密切关系,产学研合作是高新技术产业发展成长的关键步骤,能够有效推动高校、科研机构与企业之间的协同合作,充分发挥各自的创新研发能力。为了突破产学研合作各主体间壁垒,实现投入资源的最大效益,必须进行有效的人才资源重构。

第二,构建了雄安新区人才资源重构系统动力学模型。

通过对人才资源重构因果关系和产学研合作创新过程因果关系的分析,借助系统动力学软件 Vensim,本章构建了雄安新区基于产学研合作的人才资源重构系统动力学模型,揭示了产学研合作中的人才资源重构协同演化机理,并对模型方程进行了设计。

第三,对雄安新区人才资源重构系统动力学模型进行了仿真及分析。

运用 Vensim PLE 对雄安新区基于产学研合作的人才资源重构模型进行

了仿真,得出高校人才投入对产学研人才培养具有立竿见影的正向影响,利益分配比例与产学研合作效益之间不存在明显的相关性,政府支持在人才资源重构中地位突出,但也不是越多越好。

第十三章　国家级新区人才资源重构分阶段治理策略及应用

由前文可知,国家级新区的发展具有显著的阶段性特征,是一个不断发展演进的动态过程。在国家级新区不同的发展阶段,各种要素的无序集聚,对国家级新区人才合理流动、人才资源的更新与重组造成了巨大冲击。如何实现人才资源重构成为当时亟待解决的热点问题。动态匹配治理群簇为攻克上述窘境提供了一个新思路。治理群簇是一系列治理理论体系的统称,其所囊括的不同类型的理论可以用来解决各个阶段的国家级新区治理难题。在国家级新区的不同发展阶段选择不同的治理理论作为指导,能够针对性解决各阶段遇到的现实难题。因此,基于前文划分的国家级新区的四个发展阶段,根据治理理念,分阶段设计雄安新区人才资源重构治理策略。

为回答"如何结合国家级新区演进的阶段性特征需求及动态匹配治理思路,制定出有效人才资源重构治理策略?"这个问题,首先,本章在已有研究的基础上,分别探讨了国家级新区不同发展阶段应用治理理论的可行性,在此基础上,提炼出不同阶段的治理策略;其次,以雄安新区为例,针对性地提出雄安新区人才资源重构治理策略。

第一节　国家级新区人才资源重构分阶段动态治理理念

一、关于治理群簇应用于国家级新区人才重构治理的探索尝试

李维安等(2014)推进了治理理论的发展,且推进了其在政策方面的应用,

然而其多数成果主要是通过聚焦于单个理论的体系取得的。王诗宗(2010)认为目前治理理论的相关研究仍处于完善阶段,暂未达成统一的学科范式,导致该理论在国家级新区人才资源重构治理领域应用的研究寥寥可数。从狭隘角度片面地解释治理群簇理论,很难深层次掌握该理论的适用范围和准则,甚至会降低将其置于中国情境下进行创新的概率。鉴于以上缺口,本章以动态匹配适合理论为行动指南,基于国家级新区演进发展呈现出的阶段性特征,力求施展治理群簇在国家级新区人才资源重构治理方面的优势。

国家级新区演进发展呈现出阶段性特征,与生命体的进化相似。根据前文划分的四个发展阶段,分别探讨不同阶段应用治理理论的可行性。

第一,起步阶段——单边政府的"强制"。该阶段,人才资源是单一的,只有通过政府强制管控才能达到较好的人才资源重构治理效果。科层治理的优势与解决该阶段的问题相契合。它是一种分层负责的治理模式,具有一定权威,并运用规则对权力进行划分,在设置约束机制的同时,也采取了激励机制。但它忽略了市场在资源配置中的作用。

第二,协同发展阶段——双边政府之间的"竞合互动"。该阶段,人才之间未能相互共享,而只有不同治理主体之间共享资源,实现优势互补,才能取得较好的人才资源重构治理效果。协同治理的优势与解决该阶段的问题相契合。它注重多元治理主体间的合作与整合,但难以避免主体间发生矛盾,进而降低治理效率。

第三,成熟阶段——国家级新区内部的"网络化"。该阶段,人才资源重构呈现出更加灵活的趋势,只有最大限度地发挥多元主体的自组织功能,才能取得有效治理效果。网络治理的优势与解决该阶段的问题相契合。李维安等(2014)认为网络治理注重对资源拥有者的结构和制度设计,关注了社会力量,但放大了外部因素对政府开展相关工作的影响。

第四,一体化融合阶段——复杂治理问题的"整合"。该阶段,人才资源重构呈现出自主性,只有将不同治理主体进行整合,才能取得最佳治理效果。整体性治理的优势与解决该阶段的问题相契合。它注重在不同层级间进行协调,但却面临着水平管理或垂直管理的矛盾。

二、人才资源重构分阶段治理策略提出

(一)起步阶段

该阶段,国家级新区各个方面的发展初见雏形,如果要促进企业与人才资源重构,必须依靠政府进行干预。而 Maroy(2012)认为科层治理是一种分层治理模式,强调政府的行政干预力量,适合指导起步阶段。其间,政府要善于发挥各项政策的效用,大力向企业宣传各项政策,并起到吸引人才的作用,实现人才资源重构。

(二)协同发展阶段

该阶段,国家级新区各项工作逐步实施,需要大力吸引人才,此时市场力量开始发挥作用,需要弱化政府权力,实现协作。Newig 等(2018)认为协同治理强调多元主体之间的协同与合作,适合指导协同发展阶段。通过资源的有效配置与整合,实现市场与政府的互补,达到集聚人才的效用,促进人才资源重构。

(三)成熟阶段

该阶段,国家级新区各项工作开展顺利,不同类型的人才都最大化发挥了自己的效用,此时人才集聚的形式逐渐复杂,人才资源自组织能力显现。Chatfield 等(2018)认为网络化治理注重多元主体之间的联合,比如政府、市场及社会力量共同联合,以实现公共价值,能最大限度地激发多元治理主体的自组织功能,在此基础上修订和实施公共政策,适合指导成熟阶段的实践。

(四)一体化融合阶段

该阶段,国家级新区各项工作开始步入常规化,此时人才资源重构具有一定的自主性。而整体性治理强调解决跨层次人才资源流动的治理困境,适合指导一体化融合阶段。Leat 等(2002)认为整体性治理人才资源重构问题时,要抓住三个导向:预防、公众需求及结果。对此,要善于运用新一代信息技术,以促进人才治理工作的信约、责任感和制度化。

第二节 雄安新区人才资源重构治理策略

本部分主要以上述理论分析为行动指南,分析雄安新区在四个发展阶段的人才资源重构治理策略。基于国家级新区分阶段人才资源重构治理策略,本部分提炼出雄安新区人才资源重构的治理框架(见图13.1)。

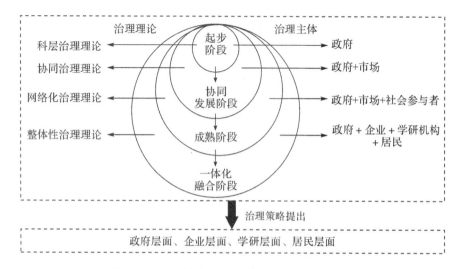

图13.1 雄安新区人才资源重构分阶段治理框架

一、雄安新区起步发展阶段的人才资源重构治理策略

"科层组织"最早是由马克斯·韦伯于20世纪初提出的,经过不断演化发展形成了科层治理理论。科层治理是指一种依靠政府强制管控并分层负责的治理模式,其治理形态是政府内部的功能化与专业化,具有权力分工明确、自上而下式发布指令、等级森严、奉行专业化与技术化、追求合理性、注重效率等特征,并且实施了约束和激励两个治理机制(曾凡军,2010;曾凡军等,2010)。科层治理具有其特定的结构优势,强调政府强力规制,非常适合于线性管理。在线性管理下实施科层治理,能够提高治理效率,实现社会稳定。

由雄安新区未来人口趋势预测结果可知,雄安新区2017年的人口规模达到109.80万人,增长量还未达到1万人。2018年后,越来越多的外来人口不断流入雄安新区。2021年人口规模的预测值为155.41万人,比2017年增长了45.61万人,该阶段雄安新区人口增长的平均幅度为8.31%。由雄安新区人才预测结果可知,2019—2022年雄安新区人口将分别达到107.53万人、111.93万人、118.46万人和127.24万人。由雄安新区高端人才引进的博弈结果分析,高端人才前往雄安新区的积极性与其丰富多样的物质激励、软实力程度和户籍管理政策紧密相关。由国家级新区人才生态化竞合关系的演化博弈分析结果可知,雄安新区外来人才竞争优势明显,本地人才生态位被挤占。

总之,在起步阶段,雄安新区存在城乡人口规模小、人口增速慢、人才流入慢、外来人才与本地人才生态位存在重叠等问题。为此,该阶段,为了更好地实现人才资源重构,助推雄安新区获得竞争优势,关键在于政府强制规制。因此,科层治理理念与雄安新区在该阶段治理实践相契合,通过依赖自上而下的指令传达,一步步推进政策的顺利推行。此外,还需要企业、学研机构和居民的协调配合。具体来说有如下治理策略。

（一）政府层面

该阶段,政府应提供精细化的服务。

首先,政府强力规制。政府需依据科层治理要求,以集体约束力为规则,以排斥性条款为基础。一方面要为人才提供周到的服务,增强其归属感,以实现人才资源存量的提升;另一方面要发挥权力对周边政府的主导及规制作用。

其次,创新政府管理模式,建设服务型政府。以为群众办实事为使命,以人民群众为中心,做好“店小二”角色。此外,设置专项调研机制,切实掌握大众最真切的需求,并提供针对性服务以解决问题,同时认真听取大众给予的评价,以营造良好风气。

最后,积极引进高端人才。制定多元化物质奖励方法,不局限于单纯的工资水平,还包括项目津贴、股权、分红、重大贡献奖励等;加强雄安新区软实力建设,提升医疗、交通等公共服务水平,提升创新能力,塑造良好的文化氛围等;制定宽松的户籍管理制度政策,放宽人才准入门槛,为不同的人才提供“量体裁衣”式服务,加大吸纳人才力度,以实现人才资源重构。

（二）企业层面

该阶段,雄安新区企业需密切配合。

首先,企业要积极响应号召,积极践行绿色发展理念,将绿色环保作为首要考虑因素,坚决禁止破坏生态和污染环境的一切违法行为,发现污染物排放不达标的企业及时上报,为雄安新区人民创造一个绿色家园,提升居民幸福感。

其次,企业要遵循规制程序,做好污染治理和环境监测。借助大数据等新兴技术及时发现污染源头,从根源上做好污染防控。此外,为切实有效地实现污染治理,建造绿色城市,为居民提供一个舒适健康的环境,吸引更多人才流入,可以建立专人负责管控制度,对出现问题的环节,实施责任问责制。

(三)学研层面

该阶段,人才资源要素是雄安新区发展最关键的要素之一,高校、科研机构在产学研合作中作为人才培养方和知识创造方起到关键作用。

首先,创新产业—学校—研究机构相连接的新模式。设立一批设施完善的实验室或研究中心,将重点置于应用研究方面,通过各主体的共同努力建设属于自己的研究院。同时,可采取"虚拟大学"等组织形式,联合实力较强的双一流院校,提升基础研究的水平。

其次,打造领军人才资源集聚高地。将起步阶段的人才重点定位于高精尖人才引进。借鉴深圳经验及对海外、省外人才引进和保障制度,制定人才引进的一系列优惠政策,如给予租房补贴、解决子女入学问题、提供高质量的医疗保障等,化解高端人才疑虑,实现高端人才资源流入,促进人才资源结构的完整性,加速实现人才资源重构。

最后,高校和科研机构要注重人才培养。由于该阶段企业对人才的需求更高端,专业化要求相对较高,因此,高校和科研机构要注重人才的培养,制定明确的人才培养目标,减少创新型人才培养环节中出现风险的概率。

(四)居民层面

该阶段,雄安新区要重视雄安本地居民的再就业问题。

首先,雄安新区政府应积极支持这部分人的转岗就业。在雄安新区规划过程中,一些新的工作岗位随之产生。此时,居民可以通过一些平台发布的就业信息,参与招聘活动,从而获得再就业机会。此外,为加大雄安新区各类企业对本地居民的招聘力度,政府需加大对相关企业的激励和补助力度。

其次,本地居民应积极提升自身技能水平。大力改造传统产业,促进其转型升级,并不是短时间内可以完成的,而是存在一定的持续期,意味着改造前的一些岗位不会立即消失,因此,本地居民应主动提升自身技能水平,比如通过网上查阅相关资料进行自学或去专业的培训机构进行培训等,以适应未来岗位的新需求。

最后,本地居民应提升心理韧性。尽管雄安新区规划,可能导致一部分人"丢饭碗",但居民应避免过度陷入焦虑、恐慌情绪而影响正常的生活和工作。居民应积极主动去适应变化的环境,直面现状,保持良好心态,也可进行职业转换,通过分析当前形势,找寻创业契机,以解决当下困境。

二、雄安新区协同发展阶段的人才资源重构治理策略

协同治理理论是一个融合了协同论和治理理论相关知识的交叉理论。目前,该理论已广泛应用于社会治理、政府、物流、医院、公共文化服务等领域。奥斯特罗姆(2012)认为协同治理注重多元主体共同治理,注重公共与私人体制相结合,注重资源整合,并且弱化了政府权力,以提高其他治理主体的地位,最终达到协同共治的效果。协同治理理论强调四个基本要点:一是序参量能支配子系统,促使其发挥自组织作用;二是多元主体共同治理;三是治理资源协同增效;四是治理方式的权变性。协同治理强调多元主体间的整合、协作和分工、遵循共同愿景,有利于实现资源的有效配置和职能的互补互惠。

而由雄安新区未来人口趋势预测结果可知,2022年雄安新区的人口预测数值为165.37万人,而2032年将飞速增至570.10万人,该阶段雄安新区的人口增长平均幅度接近起步阶段的3倍,高达22.25%。由雄安新区人才预测结果可知,2023—2027年雄安新区人口分别为131.85万人、137.02万人、142.60万人、148.58万人和154.98万人。2027年人口总数为154.98万人,相比2016年增加了4.31%。由雄安新区人才资源重构实现路径仿真分析结果可知,高校人才投入对基于产学研合作的人才重构影响强度大于企业人才投入;政府支持度对人才重构过程中的产学研合作效益增长的影响存在拐点,并不是越多越好;企业相比于高校与科研机构,更注重产学研合作带来的经济效益。

总之,在雄安新区协同发展阶段,人口总量增速、人才流入呈现迅猛增长的趋势,要注重高校的人才引进力,且政府的投入要控制在合理区间。为此,该阶段,治理主体要从单中心治理转向多中心治理,强调政府部门之间的优势互补。

因此,协同治理的思想非常适合指导雄安新区在该阶段的治理实践,依靠政府和市场,加强对人才的吸引力,提升人才资源存量,实现人才资源重构。此外,此阶段人才资源重构仍需政府、企业、学研、居民的相互配合。具体来说有如下治理策略。

(一)政府层面

该阶段,政府规制创新是协同治理的前提。

首先,要考虑多元主体结构。协同治理体系不是原有模式的翻新或延展,这种协同治理理念破除了"以自我为中心"的藩篱,冲开了零散化管理的束缚,走出了一味分权的误区。为此,雄安新区在设计过程中要遵循系统观形成治理思路,并且多元主体间要注重沟通、相互信任、互惠互利,避免不良竞争及非合作行为。

其次,强调协同治理的功能性。雄安新区需借助周边城市的力量发挥协同作用。此外,雄安新区要在协同治理理念的指导下,克服利己主义,克服自身利益最大化的障碍,求同存异,精诚合作,破解北京、天津和河北三地政府的"孤岛"现象。

最后,以政策合力推动创新驱动发展,辅以必要的舆论引导。依托高校及科研院所,深化"人才＋项目＋平台"的多主体合作,强化主体间的资源依赖,不断提升我国产学研水平。此外,政府作为"企业—高校—研究机构"之间的协调者,要提供必要的支持,如技术、数据和政策咨询等,扩大优质人才资源供给。

(二)企业层面

该阶段,治理的关键在于企业自我规制。

首先,雄安新区企业要积极参与市场竞争机制的建设,时刻牢记使命和责任,自觉抵制生态污染,自觉制定或遵守更严格的生产标准和准则,坚持创新、绿色、环保的理念,并自觉参与到公共事业建设中,为雄安新区的管理和绿化建言献策。

其次,加强科技资源的开放共享,建立良好的沟通平台和信任机制。信任会促进产学研合作中的沟通,成员之间的信任程度越高,知识转移和经验分享就越顺畅。主体之间在组织文化、制度方面相似度越高,其沟通就越顺利。良好的沟通机制促进了主体之间的知识融合与互补、资源共享,减少了文化差异而导致的矛盾,有利于不同人才之间的协调配合。

最后,企业信息透明。企业可借助信息网络技术,搭建标准化的信息平台,以实时掌握企业每天在能源消耗及排污方面的情况,约束和监督企业行为。如在白洋淀生态修复治理过程中,要将该地治理信息在信息平台进行公开,如公开污染物排放量、涉及的污染区间等信息。此外,监管部门要及时给予反馈,形成一定的信息网络,从而督促企业切实实现自我规制。

（三）学研层面

该阶段,协同治理的关键是高校和科研机构间应加强人才合作与资源共享,完善人才激励评价机制。

首先,学研间应积极进行人才资源共享。高校和科研机构间要积极寻求合作,共同攻关前沿技术难题,比如共享教育资源、共享实习基地、共同开展人才培训等。此外,学研间也可以建立协同创新联盟,联合申报、联合研发承担重点项目,从而促进人才需求共享、促进人才间交流合作,以促进人才资源集聚。

其次,完善人才评价激励机制。坚持人才的实绩导向,破除唯论文、唯职称、唯学历等问题,不断提高人才工作的科学化、规范化和制度化水平。此外,建立以创新价值、能力、贡献为导向的人才评价体系,为科技人才潜心研究和创新营造良好环境,同时为科技人才大力施展才华创造广阔舞台,以吸引人才资源聚集。

（四）居民层面

该阶段,雄安新区要想实现和谐稳定的治理,需要居民高度配合和支持。

首先,当地居民要一致认同政府实施的举措,如积极监督企业非法排放污染物、民间非法占用耕地等情况。在此基础上,积极配合,大力支持建设美好雄安。

其次,居民应该积极关怀外来人才。居民在享受政府提供的优质服务时,也应该积极关怀外来人才,为他们提供力所能及的帮助,让外来人才切实感受到他们也是新区的一分子,以更好更快地融入当地生活,提高外来人才的居住意愿。

三、雄安新区成熟阶段的人才资源重构治理策略

网络化治理的概念最早出现于 Johnson 等(1994)发表的"Sharing Power：Public Government and Private Markets"一文中。戈德史密斯等(2008)认为，网络化治理是一种极力依靠同伴关系，能够平衡种类繁多的、创新的商业关系的一种治理模式。西方学者认为网络化治理概念的核心是多元主体互动的治理过程。在此基础上，国内学者陈振明(2005)最早将其界定为是由政府及非政府部门的相关主体相互协作、共同承担事务的过程，其目的是提升公共利益。国内多数学者都认可该观点。随后，又有一些学者对其进行了界定，但核心聚焦于多元化的治理主体、共同协作、共享资源等方面。网络化治理是在政治权威指导下，遵循共同愿景，实现共同价值，以信任为中介的协作治理结构。孙玉栋等(2020)认为，它具有能够适应充满不确定性风险的环境，符合当今社会需求，且能发挥治理主体合力，促使各方实现利益最大化的优势。

本书第四章从一个更全面综合的角度反映了国家级新区人才资源的发展态势，其他国家级新区的发展态势及预警结果，对于处于成熟阶段的雄安新区人才资源重构具有一定的启示。如由国家级新区人才资源韧性监测体系权重计算结果可知，国家级新区人才资源韧性监测体系中的缓冲性维度所占指标权重最高。因此，未来雄安新区应注重与人才资源相关联的各种资源的储备。由国家级新区人才资源韧性预警结果可知，处于常规监测状态的国家级新区包括浦东新区、西海岸新区、南沙新区、两江新区、天府新区，说明这些国家级新区人才资源发展态势良好，具备一定抵御冲击的能力；处于密切关注状态的国家级新区包括滨海新区、福州新区、湘江新区、西咸新区、兰州新区，这些国家级新区在外部冲击下能够凭借自己的力量恢复到原状；处于亮牌警告状态的国家级新区包括金普新区、哈尔滨新区、江北新区、舟山群岛新区、贵安新区、滇中新区，这些国家级新区在外部冲击下无法凭借自己的力量恢复到原来的状态。此外，由雄安新区未来人口趋势预测结果可知，2033 年雄安新区的人口预测数值为608.90 万人，到 21 世纪中叶将成为超大城市，人口突破 1200 万人，该阶段雄安新区的人口增长平均幅度降至 6.0%，平均人口增幅仅为上一时期的 1/3，下降了 16.25 个百分点。

总之，雄安新区成熟阶段，人口总量已达到一定规模，不同类型人才集聚的

方式不同,且都发挥了最大效用。但为避免雄安新区出现人才资源系统失灵的情况,雄安新区应借鉴其他国家级新区人才资源系统发展态势,加强监测,制定预防人才资源系统失灵预案,充分发挥多元主体间的协同作用,促进雄安新区人才优化发展。为此,网络治理理论与雄安新区在该阶段的治理实践相契合,充分发挥政府、市场和社会参与者的合力,加强对人才的吸引力。具体来说有如下治理策略。

（一）政府层面

该阶段,作为雄安新区人才队伍公共服务平台的构建者,政府对雄安新区人才建设的相关流程应加强监督,充分发挥统筹规划和协调的作用。

首先,优化政府的自组织能力。雄安新区的治理过程虽然强调了市场、社会参与者等多个主体的参与,但并未削弱政府的自治能力。政府应确立雄安新区各治理主体在市场开发领域的责任和平等地位,完善各种机制和制度,协调多个治理主体之间的关系,分工合作,推动雄安新区建设。同时,通过优惠政策积极吸引市场和社会利益相关者的广泛参与,确保雄安新区人才资源的有效集聚,为人才资源重构提供支撑。

其次,强化制度治理。人才的优化发展离不开完善的制度体系。政府在制度体系建设方面责无旁贷。因此,为保障雄安新区人才健康发展,政府既要不断建设完善各项制度,又要带头遵守这些制度。

最后,要积极培育社会组织的力量,增强非政府治理主体的作用,增强公民的主体意识,不断规范各主体边界,实现治理主体多元利益统一,以更好地实现人才资源重构。

（二）企业层面

该阶段,企业应该加强自身优势,吸引和留住人才。

首先,企业应该制定科学的人才薪酬体系。在竞争日益激烈的当下,薪酬无疑是企业留住和吸引人才的利器。企业在建立薪酬体系时,要从整体角度进行研究,不仅要考虑企业内部的公平,还要考虑整个行业的竞争力。此外,企业还应该注意人才引入差异性,优先考虑企业的核心人才和核心岗位,以鼓励核心员工在核心岗位上努力工作,发挥自己的价值。

其次,企业要建立安全的人才资源治理制度。为避免企业留不住及用不好人才现象的发生,企业应该建立相应的监管制度,如人才资源相关政策定期修正制度、高端人才引进制度、人才退出制度等,以增强企业人才资源风险监测意识,防止企业人才外流、高端人才断档等问题的出现,促进人才优化发展。

（三）学研层面

该阶段,人才资源作为雄安发展的重要因素,具有提升创新能力、增强研发水平和提升综合实力的关键作用。

首先,要打造人才资源竞争优势。以高校及科研机构为依托,建设高质量的研究中心及示范区。落实京津冀人才一体化发展规划,打破人才资源体制机制的障碍,积极探索建立科技资源共享及人才合作开发流动机制。

其次,要注重新技术研发。抓住新一代信息技术革命的契机,高效利用人才,发挥人才优势,积极助推人工智能产业链上的基础层和技术层的发展,进而实现科技进步。

最后,高校和科研机构需要在人才的职业发展、技能培训等方面应用推广科技创新成果;优化雄安新区技术创新平台、产学研合作平台等人才载体的创新环境;完善人才信息数据库、人才信息服务网站等人才信息服务平台建设,不断增强社会技术创新和进步对人才资源重构的促进作用。

（四）居民层面

该阶段,雄安新区发展逐步深入,居民公众意识提高,一定程度上可分担政府的行政职能,以社会化力量管理社会事务。

首先,居民应积极参与治理。对于雄安新区居民参与治理不能流于形式或表面,而是要让大众切实参与到治理中,真正为雄安新区发展贡献力量,从而助推人才资源重构。

其次,雄安新区社会治理过程中,居民应注重在事情发生前、事情发生中和事情发生后的全过程参与,并充分发挥自身在各个环节的监管作用。此外,居民通过走访和座谈等方式积极参与社会治理并建言献策,与政府管理形成合力。

最后,构建居民参与雄安新区治理网上平台,方便居民参与雄安新区治理。居民可通过网络平台参与政策制定、监督政策执行、进行举报投诉,降低政府公共开支,畅通居民与政府的沟通渠道,实现多元主体共治。

四、雄安新区一体化人才融合阶段的人才资源重构治理策略

整体性治理是在 20 世纪 90 年代初兴起的。Pollitt(2003)指出整体性治理是实现横向与纵向协调的一系列思想和行动,旨在避免政策之间的冲突、发挥稀缺资源效用、最大化协同作用,以及为大众提供全方位的服务。整体性治理特别注重新一代信息技术在治理方面的重要作用。此外,整体性治理注重协调、整合、信任三大机制的综合运用。协调机制目的在于化解各治理主体之间的矛盾。Leat 等(2002)认为整合机制强调跨层及跨界的整合,信任机制则是强调信任关系的建立。总的来说,整体性治理是以公众需求为价值理念,注重政府与社会横向协调和内部纵向协同,为大众提供全方位服务。

由雄安新区人口趋势预测结果可知,其 2052 年人口规模预计为 1328 万人,2055 年将达到 1505 万人,该阶段的人口平均增长率为 3.34%,人口增长速度与成熟阶段相比略有放缓。雄安新区在 21 世纪中叶的人口将超过 1300 万人,可能会存在“大城市病”等问题,带来基础设施建设压力和交通拥挤等问题。因此,该阶段需防止出现“大城市”病。且借鉴处于密切关注状态的滨海新区等及处于亮牌警告状态的舟山群岛新区等预警结果,雄安新区也需制定相应措施以增强人才资源抵御冲击的能力。

总之,该时期雄安新区人口规模庞大但增长速度有所放缓。为了避免雄安新区出现人才资源抗风险能力弱的问题,雄安新区建设过程中应逐步提高外来人口的门槛,不断提升人口素质,引进高端人才,同时解决人才资源重构的跨层次治理问题,并借鉴其他国家级新区发展经验,制定促进雄安新区人才合理流动的举措。为此,整体性治理的理念非常适合指导雄安新区该阶段的治理实践,以预防、居民需求和结果为导向,利用大数据等新兴技术,实现人才治理的规范化和制度化,需要政府、企业、学研和居民等协同配合。具体来说有如下治理策略。

(一)政府方面

该阶段,跨层次治理是一种有效的治理方式。但跨层次治理具有成本高、过程复杂的特征,且不同层级间资源禀赋、治理能力存在差异,因此,在跨层次治理过程中应整合层级间的资源要素,建立资源共享机制。

首先,建立人才资源的互补与整合机制。为加强人才之间协同及优势互补的效果,可以在不同层级间建立统一调配和使用人才资源的机制。此外,充分发挥信息网络优势,以简化流程,提高办事效率。

其次,充分利用大数据技术。将大数据技术作为整体性治理的手段,为服务对象提供无缝隙服务。大数据具有智能分析的功能,能将跨域及跨级的数据进行智能匹配,通过对匹配后的数据进行分析,可以清晰地看到数据的变化趋势,找到数据之间的关联。在观测到数据变化趋势及数据之间关联的基础上,建立科学的人口预测及统计体系。通过信息化的管理实现跨域跨级间人口信息的整合与共享,可以加速实现人才资源更新,更好地促进人才资源重构。

(二)企业层面

该阶段,企业人才培育及可持续发展能力扮演着重要角色。

首先,企业要拓展人才发展空间。积极与其他知名高校建立合作关系,采取学习培训、进修或者参加项目研究的方式帮助企业人才吸收新知识、习得新技能、及时获取新的企业动态。同时,各项设施都比较完备的企业也可考虑设置自己的研发机构,比如建立高层次人才重构站等,既能满足企业对培养人才和发展人才的需要,又有助于吸引和留住人才,避免人才流失。

其次,企业要提高可持续发展的能力。企业在发展过程中,以往的人才可能无法满足新阶段企业发展的需求,高端人才的引进是必然趋势,他们能够帮助企业实现腾笼换鸟式的蜕变,为企业发展注入新鲜血液。而高端人才往往更注重自我发展的需要,更希望在自己的领域做出一些成绩。高端人才密切关注企业的发展现状、能否帮助自己实现高层次需要及企业未来可持续发展的能力。因此,企业要提高自身优势,做大做实,积极承接与高端人才需求相匹配的重大项目,配备完善的基础设施,建立合理的人才引进政策,从而对高端人才形成吸引和集聚效应,实现人才资源优化。

(三)学研层面

该阶段,高校和科研机构在集聚人才方面也发挥着重要作用。

一是,应建立科技人才激励机制。对于培养科技人才的高校和科研机构,要赋予其更多的自主权。注重前沿科技人才的培育,完善支撑机制,在经费支持方面,可以实施列出一系列清单的方式;在人才引进方面,推行柔性、高效的准则,给予人才充分的自主权,如允许其兼职等。

二是,将国际化人才引进的重要性提升到雄安新区建设战略的高度。为逐步实现中央批复雄安新区总体建设规划的宏伟蓝图,雄安新区应该注重国际化人才的培养,以高校和科研机构为重要平台,以跨国企业为基础,以海外培训或就业为重要手段。

（四）居民层面

该阶段,雄安新区要建成高质量高水平的现代化城市,成为京津冀世界级城市群的重要一极,要注重处理居民间多元且复杂的社会关系,避免矛盾激化。

首先,要合理处理本地居民与新迁居民之间的社会关系,二者之间关系的恰当处理,直接影响雄安新区人才资源嵌入,并影响雄安新区各项制度的实施效果。

其次,本地居民要提升自身素质,以包容的心态接纳不同风俗习惯的外来人员搬迁至雄安新区,积极帮助外来人员适应新环境,为其提供力所能及的帮助,营造和谐宜居的生活环境,让迁入居民有一种“离土不离乡”的感受,真正融入这个新的大家庭中,从而实现雄安新区人才资源重构。

最后,新迁居民一方面要注重自我素养的提升,养成良好的道德习惯,将自身优秀特质与雄安新区的文化相关联,发挥文化的力量;另一方面要适应雄安新区向高层次发展的需求,提升人才资源竞争力,增强其抵御外部冲击的能力。

第三节　本章小结

通过研究,本章回答了“如何结合国家级新区发展的阶段性特征需求及动态匹配治理的思路,设计出人才资源重构治理策略”这一问题,具体通过以下路径实现。

第一,梳理国家级新区人才资源重构分阶段治理理念。

首先,国家级新区发展过程可分为起步、协同发展、成熟和一体化融合四个阶段。基于发展阶段划分,探讨了治理理论应用于不同阶段的可行性。具体来说,起步阶段宜采用单边政府的“强制”方式;协同发展阶段采用双边政府之间的“竞合互动”方式;成熟阶段采用国家级新区内部的“网络化”方式;一体化融合阶段采用复杂治理问题的"整体化"方式。其次,在此基础上,提出了各个阶段的人才资源重构治理策略。起步阶段选取科层治理理念指导该阶段治理实践;协同发展阶段选取协同治理理论指导该阶段治理实践;成熟阶段选取网络化治理指导该阶段治理实践;一体化融合阶段选取整体性治理理念指导该阶段治理实践。该章节治理理念的可行性为量化治理方案的提出奠定了理论基础。

第二,提出雄安新区不同发展阶段人才重构治理策略。

根据雄安新区人口及人才预测结果、高端人才引进影响因素、人才资源与创新环境的共生演化、人才生态位演化博弈分析及人才资源重构实现路径的结果,总结了雄安新区各个发展阶段存在的问题,并结合分阶段治理理念,从政府层面、企业层面、学研层面和居民层面提出了雄安新区人才资源重构的分阶段治理策略。

参考文献

【中文文献】

[1] 埃莉诺·奥斯特罗姆，2012. 公共事物的治理之道：集体行动制度的演进[M]. 余逊达，陈旭东，译. 上海：上海译文出版社.

[2] 白少君，王欢，安立仁，2011. 西安市科技人才资源开发战略研究[J]. 科技进步与对策 (23)：156-160.

[3] 布劳，梅耶，2001. 现代社会中的科层制[M]. 马戎，时宪民，邱泽奇，译. 上海：学林出版社.

[4] Christensen T L, Greid P, 张丽娜，等，2006. 后新公共管理改革：作为一种新趋势的整体政府[J]. 中国行政管理 (9)：83-90.

[5] 蔡建明，郭华，汪德根，2012. 国外弹性城市研究述评[J]. 地理科学进展，31(10)：1245-1255.

[6] 曹威麟，王艺洁，刘志迎，2016. 人才环境与人才成长预期对集聚意愿的影响研究[J]. 中国人力资源开发 (19)：64-70.

[7] 晁恒，马学广，李贵，2015. 尺度重构视角下国家战略区域的空间生产策略：基于国家级新区的探讨[J]. 经济地理，35(5)：1-8.

[8] 陈安明，2007. 基于人才结构的区域人才效能综合评价[J]. 重庆大学学报 (自然科学版) (8)：149-152,159.

[9] 陈桂香，洪林，吴刚，2021. 整体性治理：我国高校大数据技术社会风险的防范[J]. 教育学术月刊 (5)：72-77.

[10] 陈恒，初国刚，侯建，2018. 基于系统动力学的产学研合作培养创新人才动力机制研究[J]. 管理学报，15(4)：548-556.

[11] 陈红霞，李国平，2009. 1985～2007 年京津冀区域市场一体化水平测度

与过程分析[J]. 地理研究, 28(6): 1476-1483.

[12] 陈杰, 刘佐菁, 陈敏, 等, 2018. 人才环境感知对海外高层次人才流动意愿的影响实证: 以广东省为例[J]. 科技管理研究, 38(1): 163-169.

[13] 陈劲, 黄淑芳, 2014. 企业技术创新体系演化研究[J]. 管理工程学报, 28(4): 219-227,218.

[14] 陈明星, 郭莎莎, 陆大道, 2018. 新型城镇化背景下京津冀城市群流动人口特征与格局[J]. 地理科学进展, 37(3): 363-372.

[15] 陈剩勇, 于兰兰, 2012. 网络化治理: 一种新的公共治理模式[J]. 政治学研究 (2): 108-119.

[16] 陈潭, 2016. 大数据驱动社会治理的创新转向[J]. 行政论坛, 23(6): 1-5.

[17] 陈雄辉, 王传兴, 2011. 基于生态位的技术创新人才竞争力模型分析[J]. 自然辩证法研究, 27(8): 77-82.

[18] 陈玉梅, 李康晨, 2017. 国外公共管理视角下韧性城市研究进展与实践探析[J]. 中国行政管理, 1.

[19] 陈振明, 2003. 公共管理学: 一种不同于传统行政学的研究途径[M]. 北京: 中国人民大学出版社.

[20] 陈振明, 2005. 公共管理学[M]. 北京: 中国人民大学出版社.

[21] 程乾, 方琳, 2015. 生态位视角下长三角文化旅游创意产业竞争力评价模型构建及实证[J]. 经济地理, 35(7): 183-189.

[22] 邓睦军, 龚勤林, 2017. 区域经济新常态的空间特征与政策取向[J]. 云南财经大学学报, 33(4): 15-23.

[23] 董南, 杨小唤, 蔡红艳, 2016. 人口数据空间化研究进展[J]. 地球信息科学学报, 18(10): 1295-1304.

[24] 段海燕, 肖依静, 丁哲, 等, 2017. 区域人口、经济、能源环境协调发展情景预测研究[J]. 人口学刊, 39(2): 47-56.

[25] 封笑笑, 杨哲, 2017. 区域创新环境影响创新能力的理论与实证探究[J]. 税务与经济 (2): 30-34.

[26] 冯海燕, 2021. 企业逆境增长的秘密: 韧性: 新冠肺炎疫情时期的案例[J]. 经营与管理 (5): 55-59.

[27] 冯子标, 焦斌龙, 2004. 人力资本参与企业收益分配: 一个分析框架及其

实现条件[J]. 管理世界 (3)：143-144.

[28] 符文颖，李郇，2013. 后危机时代的区域弹性与集群转型：基于珠江三角洲东西两岸电子企业的对比分析[J]. 南方经济 (2)：67-77.

[29] 高建华，2010. 区域公共管理视域下的整体性治理：跨界治理的一个分析框架[J]. 中国行政管理 (11)：77-81.

[30] 戈德史密斯，埃格斯，2008. 网络化治理：公共部门的新形态[M]. 孙迎春，译. 北京：北京大学出版社.

[31] 格里·斯托克，华夏风，1999. 作为理论的治理：五个论点[J]. 国际社会科学杂志(中文版) (1)：19-30.

[32] 关艳蓉，凌斌和，2007. 我国经济转型期人才配置机制问题研究[J]. 理论导刊 (5)：49-51.

[33] 桂学斌，2005. 生态位在人力资源市场竞争中的应用研究[D]. 长沙：中南大学.

[34] 桂昭明，2010. 改进完善人才流动配置机制的路径[J]. 中国人才 (11)：22-23.

[35] 郭本海，李军强，刘思峰，2015. 县域间土地供给竞合关系演化博弈模型[J]. 中国管理科学，23(12)：77-85.

[36] 郭佳良，2020. 公共行政中的"烫手山芋"：基于"棘手问题"缘起、内涵与应对策略的研究述评[J]. 公共行政评论，13(4)：185-203,211-212.

[37] 郭露，徐诗情，2016. 基于超效率 DEA 的工业生态效率：以中部六省 2003—2013 年数据为例[J]. 经济地理，36(6)：116-121,58.

[38] 郭鑫鑫，杨河清，2018. 中国省际人才分布影响因素的实证研究[J]. 人口与经济 (3)：47-55.

[39] 韩枫，2016. 城镇流动人口社会保障参保率的影响因素研究：基于京津冀流动人口动态监测数据的分析[J]. 人口学刊，38(1)：61-67.

[40] 韩兆柱，2018. 京津冀生态治理的府际合作路径研究：以网络化治理为视角[J]. 人民论坛·学术前沿 (18)：75-85.

[41] 韩兆柱，赵洁，2020. 新冠肺炎疫情应对中慈善组织公信力缺失的网络化治理研究[J]. 学习论坛 (10)：75-83.

[42] 郝寿义，曹清峰，2018. 国家级新区在区域协同发展中的作用：再论国家级新区[J]. 南开学报(哲学社会科学版) (2)：1-7.

[43] 何植民,齐明山,2009. 网络化治理:公共管理现代发展的新趋势[J]. 甘肃理论学刊(3):110-114.

[44] 侯爱军,夏恩君,陈丹丹,等,2015. 基于供需视角的我国区域人才流动研究[J]. 科技进步与对策(9):141-145.

[45] 胡海波,2021. 理解整体性政府数据治理:政府与社会的互动[J]. 情报杂志(3):153-161.

[46] 胡军燕,朱桂龙,马莹莹,2011. 开放式创新下产学研合作影响因素的系统动力学分析[J]. 科学学与科学技术管理(8):49-57.

[47] 胡象明,唐波勇,2010. 整体性治理:公共管理的新范式[J]. 华中师范大学学报(人文社会科学版)(1):11-15.

[48] 胡霄,李红波,李智,等,2021. 河北省县域乡村韧性测度及时空演变[J]. 地理与地理信息科学(3):89-96.

[49] 胡晓辉,杜德斌,2012. 城市科技竞争力的生态位评价研究:以浙江省11市为例[J]. 科技进步与对策,29(12):36-40.

[50] 黄大路,2009. 试论中国特色人才学理论体系[J]. 人才开发(2):53-55.

[51] 黄江明,丁玲,崔争艳,2016. 企业生态位构筑商业生态竞争优势:宇通和北汽案例比较[J]. 管理评论,28(5):220-231.

[52] 黄浪,吴超,王秉,2016. 系统安全韧性的塑造与评估建模[J]. 中国安全生产科学技术(12):15-21.

[53] 黄梅,吴国蔚,2008. 人才生态链的形成机理及对人才结构优化的作用研究[J]. 科技管理研究,28(11):189-191.

[54] 黄俏,2009. 资源枯竭型城市的人力资本重构[J]. 理论界(5):47-49.

[55] 霍福广,1997. 社会结构新探[J]. 中国社会科学院研究生院学报(1):19-26.

[56] 霍明,赵伟,张复宏,2016. 社区信息化与农村社区协同治理研究:基于社会网络视角[J]. 情报杂志,35(5):173-179.

[57] 季小立,龚传洲,2010. 区域创新体系构建中的人才集聚机制研究[J]. 中国流通经济,24(4):73-76.

[58] 贾洪文,谢卓军,高一公,2018. 甘肃省人口预测与发展趋势分析[J]. 西北人口,39(3):118-126.

[59] 江俊桦,施琴芬,于娱,2014. 产学研合作中知识转移的系统动力学建模

与仿真[J]. 情报科学，32(8)：50-55.

[60] 蒋长流，2008. 我国高新科技园区发展中的政府规制行为研究：基于高新区发展的阶段性视角[J]. 中国科技论坛 (1)：9-12.

[61] 焦敬娟，王姣娥，金凤君，等，2016. 高速铁路对城市网络结构的影响研究：基于铁路客运班列分析[J]. 地理学报，71(2)：265-280.

[62] 解佳龙，胡树华，王利军，2016. 高新区发展阶段划分及演化路径研究[J]. 经济体制改革 (3)：107-113.

[63] 解学梅，2013. 协同创新效应运行机理研究：一个都市圈视角[J]. 科学学研究，31(12)：1907-1920.

[64] 金成晓，2002. 企业科层治理中监督机构作用机制研究[J]. 吉林大学社会科学学报 (4)：29-34.

[65] 金莹，刘艳灵，2021. 协同治理视角下公共文化云服务模式的运行逻辑与优化路径[J]. 图书馆 (2)：15-21,28.

[66] 克罗齐埃，2002. 科层现象[M]. 刘汉全,译. 上海：上海人民出版社.

[67] 劳昕，沈体雁，2016. 基于人口迁移的中国城市体系演化预测研究[J]. 人口与经济 (6)：35-47.

[68] 雷振东，刘加平，2007. 整合与重构 陕西关中乡村聚落转型研究[J]. 时代建筑 (4)：22-27.

[69] 李春浩，张向前，2016. 我国创新驱动战略对科技人才发展的需求与趋势[J]. 科技管理研究，36(15)：43-50.

[70] 李冬，2012. 基于协同治理理论的政府投资项目审计模式研究[J]. 会计研究 (9)：89-95,97.

[71] 李刚，牛芳，2005. 人才聚集与产业聚集[J]. 中国人才 (9)：27-28.

[72] 李国杰，2021. 整体性治理视域下高职院校就业工作体系的优化与重构[J]. 职业技术教育，42(8)：16-20.

[73] 李汉卿，2014. 协同治理理论探析[J]. 理论月刊 (1)：138-142.

[74] 李金磊，2017. 雄安新区怎么建? 权威人士密集发声释放信号[C]. 对接京津：雄安新区与京津冀协同发展：4.

[75] 李婧，产海兰，2018. 空间相关视角下R&D人员流动对区域创新绩效的影响[J]. 管理学报，15(3)：399-409.

[76] 李兰冰，郭琪，吕程，2017. 雄安新区与京津冀世界级城市群建设[J].

南开学报(哲学社会科学版)(4)：22-31.

[77] 李连刚,张平宇,谭俊涛,等,2019. 韧性概念演变与区域经济韧性研究进展[J]. 人文地理,34(2)：1-7.

[78] 李林英,李健,2011. 心理资本研究的兴起及其内容、视角[J]. 科技管理研究,31(22)：147-151.

[79] 李乃文,李方正,2011. 基于人才集聚载体的人才吸引力研究:以辽西北地区为例[J]. 人口与经济(6)：41-48.

[80] 李鹏,史彦虎,王桂新,等,2011. 区域安全发展与人才支撑复合系统协调性实证[J]. 中国人口·资源与环境,21(S1)：108-112.

[81] 李青,2018. 天津市人才配置效率评价及治理策略研究[D]. 天津:河北工业大学.

[82] 李群,董守义,孙立成,等,2008. 我国高层次人才发展预测与对策[J]. 系统工程理论与实践(2)：125-130.

[83] 李拓,李斌,2015. 中国跨地区人口流动的影响因素:基于286个城市面板数据的空间计量检验[J]. 中国人口科学(2)：73-83,127.

[84] 李维安,林润辉,范建红,2014. 网络治理研究前沿与述评[J]. 南开管理评论,17(5)：42-53.

[85] 李维平,2010. 关于人才定义的理论思考[J]. 经济视角(下)(12)：1-3.

[86] 李晓,张庆华,2016. 基于ARIMA模型的黑龙江创意产业人才需求预测研究[J]. 科技管理研究,36(18)：122-125.

[87] 李亚,翟国方,2017. 我国城市灾害韧性评估及其提升策略研究[J]. 规划师,33(8)：5-11.

[88] 梁林,曾建丽,刘兵,2019. 雄安新区未来人口趋势预测及政策建议[J]. 当代经济管理(7)：59-67.

[89] 梁林,刘兵,2015. 科技型中小企业如何在恰当时间获得匹配人才?——基于"聚集,培育"双轮驱动视角[J]. 科学学与科学技术管理,36(7)：167-180.

[90] 梁林,武晓洁,2020a. 治理群簇视阈下国家级新区人才流动预测及治理研究:以雄安新区为例[J]. 科技管理研究,40(17)：88-96.

[91] 梁林,赵玉帛,刘兵,2020b. 国家级新区创新生态系统韧性监测与预警研究[J]. 中国软科学(7)：92-111.

[92] 梁林，朱叶珊，刘士臣，等，2021. 区域人才资源重构的作用机理研究：以雄安新区为例[J]. 金融教育研究，34(1)：72-80.

[93] 梁社红，时勘，刘晔，等，2013. 危机救援团队的抗逆力结构及测量[J]. 电子科技大学学报：社会科学版(2)：22-27.

[94] 梁洨洁，张静，2016. 区域人才生态循环模型构建与分析[J]. 沈阳工业大学学报(社会科学版)(3)：246-250.

[95] 刘爱华，2017. 京津冀流动人口的空间集聚及其影响因素[J]. 人口与经济(6)：71-78.

[96] 刘兵，曹文蕊，梁林，2017. 京津冀人才配置关键影响因素识别及模式研究[J]. 科技进步与对策，34(19)：41-46.

[97] 刘兵，曾建丽，梁林，等，2018. 雄安新区引进高端人才的博弈分析[J]. 经济与管理，32(2)：24-31.

[98] 刘兵，梁林，李嫄，2013. 我国区域人才聚集影响因素识别及驱动模式探究[J]. 人口与经济(4)：78-88.

[99] 刘兵，朱叶珊，梁林，2019. 雄安新区人才资源重构中多元治理主体识别及治理策略研究：基于微信公众号大数据分析[J]. 中国人力资源开发，36(8)：69-79,127.

[100] 刘兵，朱叶珊，梁林，2020. 区域人才生态位竞合关系的演化博弈分析[J]. 科技管理研究，40(3)：70-77.

[101] 刘冬梅，汪波，张保银，2010. 基于生态位理论的高新区科技人才流动现象探究[J]. 软科学，24(6)：97-100.

[102] 刘凤，余靖，明翠琴，2020. 灾害情境下韧性与创业意愿的实证研究：基于汶川地震十周年调查[J]. 科学学研究，38(8)：1428-1435,1480.

[103] 刘国巍，2015. 产学研合作创新网络时空演化模型及实证研究：基于广西2000—2013年的专利数据分析[J]. 科学学与科学技术管理，36(4)：64-74.

[104] 刘佳骏，2018. 国外典型大都市区新城规划建设对雄安新区的借鉴与思考[J]. 经济纵横(1)：114-122.

[105] 刘军,2004a. 社会网络分析导论[M]. 北京：社会科学文献出版社.

[106] 刘军,2014b. 整体网分析：Ucinet 软件实用指南[M]. 上海：上海人民出版社.

[107] 刘仕宇，金福子，2021. SCP 范式下政府购买环境公共服务政策机制研究：基于多元主体协同治理的理论视角[J]. 生态经济，37(1)：185-192.

[108] 刘望保，石恩名，2016. "百度迁徙"下中国城市间的人口流动空间格局[J]. 华南师范大学学报（自然科学版），48(5)：67-73.

[109] 刘霞，向良云，2005. 网络治理结构：我国公共危机决策系统的现实选择[J]. 社会科学 (4)：34-39.

[110] 刘宣江，2016. 基于 Allee 效应的现代服务业集群演化分析[J]. 山东理工大学学报（社会科学版），32(1)：5-8.

[111] 刘英基，2015. 地方政府的社会冲突协同治理模式构建与政策建议[J]. 暨南学报（哲学社会科学版），37(3)：34-40.

[112] 刘忠艳，2016. 创新驱动发展背景下的政府人才治理：内涵，发展困境及应对策略[J]. 中国人力资源开发 (17)：78-83.

[113] 陆建芳，戴炳鑫，2012. 企业技术中心技术创新资源配置效率评价[J]. 科研管理，33(1)：19-26.

[114] 路江涌，相佩蓉，2021. 危机过程管理：如何提升组织韧性？[J]. 外国经济与管理，43(3)：3-24.

[115] 罗洪铁，2000. "人才"含义之商榷[J]. 人才开发 (7)：24-25.

[116] 罗西瑙，2001. 没有政府的治理[M]. 张胜军，刘小林，等译. 南昌：江西人民出版社.

[117] 罗兴鹏，张向前，2015. 我国"十三五"期间创新驱动战略实施与科技人才发展互动耦合研究[J]. 科技进步与对策，32(17)：145-151.

[118] 吕凤军，2013. 基于模糊数学的企业高技能人才等级评价[J]. 企业经济，32(5)：64-67.

[119] 马海龙，2007. 区域治理：内涵及理论基础探析[J]. 经济论坛 (19)：14-17.

[120] 马海涛，2017. 基于人才流动的城市网络关系构建[J]. 地理研究，36(1)：161-170.

[121] 马捷，锁利铭，2010. 区域水资源共享冲突的网络治理模式创新[J]. 公共管理学报 (2)：107-114,127-128.

[122] 孟庆松，韩文秀，2000. 复合系统协调度模型研究[J]. 天津大学学报 (4)：444-446.

[123] 南锐，2019. 共享经济背景下准公共产品供给碎片化及整体性治理：以共享单车为例[J]. 当代财经 (10)：36-45.

[124] 牛冲槐，黄娟，李秋霞，2013. 基于灰色关联投影模型的科技型人才聚集效应测度：以中部六省为例[J]. 科技进步与对策 (1)：150-154.

[125] 牛冲槐，江海洋，2008. 硅谷与中关村人才聚集效应及环境比较研究[J]. 管理学报 (3)：396-400,468.

[126] 牛冲槐，接民，张敏，等，2006. 人才聚集效应及其评判[J]. 中国软科学 (4)：118-123.

[127] 潘朝晖，刘和福，2012. 科技与管理人才流动因素的认知冲突研究：基于两个群体的比较分析[J]. 科学学与科学技术管理 (2)：146-152.

[128] 潘小娟，李兆瑞，2019. 行政韧性之探析[J]. 中国行政管理 (2)：98-101,151.

[129] 裴玲玲，2018. 科技人才集聚与高技术产业发展的互动关系[J]. 科学学研究 (5)：813-824.

[130] 彭翀，郭祖源，彭仲仁，2017. 国外社区韧性的理论与实践进展[J]. 国际城市规划，32(4)：60-66.

[131] 彭翀，袁敏航，顾朝林，等，2015. 区域弹性的理论与实践研究进展[J]. 城市规划学刊 (1)：84-92.

[132] 彭皓玥，王树恩，2008. 我国科技人才配置的效率[J]. 工业工程 (2)：17-20,28.

[133] 彭艳芝，费小燕，2011. 基于演化博弈的战略网络城市竞合分析[J]. 系统科学学报，19(3)：62-65,81.

[134] 乔花云，司林波，彭建交，等，2017. 京津冀生态环境协同治理模式研究：基于共生理论的视角[J]. 生态经济，33(6)：151-156.

[135] 秦丽娟，2017. Allee 效应、多 Allee 效应及其时空动态[D]. 兰州：甘肃农业大学.

[136] 邱安昌，王素洁，2008. 东北人才生态环境及评估研究[J]. 东疆学刊 (3)：84-89.

[137] 邱志强，2016. 从政府管理到协同治理：人才管理改革探索研究：基于苏南实践的研究[J]. 江苏社会科学 (1)：267-272.

[138] 瞿群臻，刘珊珊，2013. 港口物流业创新型研发人才集聚评价模型：基

于长三角 20 个城市实证研究[J]. 中国渔业经济，31(6)：138-144.

[139] 全钟燮，2008.公共行政的社会建构：解释与批判［M］.孙柏瑛，译.北京：中国人民大学出版社.

[140] 任亮，张海涛，魏明珠，等，2019. 基于熵权 topsis 模型的智慧城市发展水平评价研究[J]. 情报理论与实践，42(7)：113-118,125.

[141] 任腾，周忠宝，2017. 复合系统的动态协同演化分析：以保险、信贷与股票金融复合系统为例[J]. 中国管理科学，25(8)：79-88.

[142] 荣志远，2007. 甘肃省人才市场化配置机制构建[J]. 开发研究（2）：150-152.

[143] 阮前途，谢伟，许寅，等，2020. 韧性电网的概念与关键特征[J]. 中国电机工程学报，40(21)：6773-6784.

[144] 芮雪琴，李亚男，牛冲槐，2015. 科技人才聚集的区域演化对区域创新效率的影响[J]. 中国科技论坛（12）：126-131.

[145] 单宇，许晖，周连喜，等，2021. 数智赋能：危机情境下组织韧性如何形成？——基于林清轩转危为机的探索性案例研究[J]. 管理世界，37(3)：84-104,7.

[146] 商华，惠善成，郑祥成，2014. 基于生态位模型的辽宁省城市人力资源生态系统评价研究[J]. 科研管理，35(11)：156-162.

[147] 商华，王苏懿，2017. 价值链视角下企业人才生态系统评价研究[J]. 科研管理，38(1)：153-160.

[148] 邵亦文，徐江，2015. 城市韧性：基于国际文献综述的概念解析[J]. 国际城市规划，30(2)：48-54.

[149] 沈晓平，张红，潘锐焕，等，2017. 京津冀区域科技资源投入产出效率研究[J]. 情报工程，3(6)：81-89.

[150] 石善冲，朱颖楠，赵志刚，等，2018. 基于微信文本挖掘的投资者情绪与股票市场表现[J]. 系统工程理论与实践，38(6)：1404-1412.

[151] 宋本江，2011. 我国短缺性人才资源配置机制探讨[J]. 中国人力资源开发（1）：73-75.

[152] 宋鸿，陈晓玲，2006. 区域人才吸引力的定量评价与比较[J]. 中国人力资源开发（3）：26-28.

[153] 宋伟，李秀伟，修春亮，2008. 基于航空客流的中国城市层级结构分析

［J］. 地理研究（4）：917-926.

［154］宋洋，2017. 创新资源、研发投入与产品创新程度：资源的互斥效应和研发的中介效应［J］. 中国软科学（12）：154-168.

［155］苏屹，姜雪松，雷家骕，等，2016. 区域创新系统协同演进研究［J］. 中国软科学（3）：44-61.

［156］孙柏瑛，李卓青，2008. 政策网络治理：公共治理的新途径［J］. 中国行政管理（5）：106-109.

［157］孙其军，王詠，2008. 北京 CBD 人才聚集的影响因素及对策研究［J］. 人口与经济（5）：25-31.

［158］孙锐，2015. 构建具有中国特色的人才治理体系：学习习近平总书记人才工作系列重要讲话精神［J］. 行政管理改革（4）：4-8.

［159］孙锐，黄梅，2016. 人才优先发展战略背景下我国政府人才工作路径分析［J］. 中国行政管理（9）：18-22.

［160］孙阳，张落成，姚士谋，2017. 基于社会生态系统视角的长三角地级城市韧性度评价［J］. 中国人口·资源与环境（8）：151-158.

［161］孙玉栋，丁鹏程，2020. 突发公共卫生事件的网络化治理［J］. 中国特色社会主义研究（1）：26-31,37.

［162］谭俊涛，赵宏波，刘文新，等，2020. 中国区域经济韧性特征与影响因素分析［J］. 地理科学，40(2)：173-181.

［163］谭谊，彭艺，侯勇，2012. 基于创新能力差异的国家高新区发展阶段及发展策略研究［J］. 湖南社会科学（4）：141-145.

［164］汤敏，李仕明，刘斌，2019. 突发灾害背景下组织韧性及其演化：东方汽轮机有限公司应对"5.12"汶川地震与恢复重建的案例研究［J］. 技术经济，38(1)：28-37.

［165］唐朝永，牛冲槐，2015. 人才聚集系统劣质化机理研究［J］. 系统科学学报，23(2)：57-60.

［166］唐果，蔡丹丰，2010. 基于层次分析法的宁波高层次人才外流动因研究［J］. 科技管理研究，30(12)：192-194,218.

［167］田华文，2017. 从政策网络到网络化治理：一组概念辨析［J］. 北京行政学院学报（2）：49-56.

［168］佟林杰，孟卫东，2013. 环渤海区域人才共享机制的瓶颈因素及对策研

究[J]. 科技管理研究，33(21)：91-94,99.

[169] 汪怿，2016. 全球人才竞争的新趋势、新挑战及其应对[J]. 科技管理研究，36(4)：40-45,49.

[170] 汪志红，谌新民，周建波，2016. 企业视角下人才流动动因研究：来自珠三角854家企业数据[J]. 科技进步与对策，33(5)：149-155.

[171] 王承云，孙玲慧，2016. "京都、大阪、奈良学术研究型都市"建设模式研究[J]. 世界地理研究，25(3)：170-176.

[172] 王崇曦，胡蓓，2007. 产业集群环境人才吸引力评价与分析[J]. 中国行政管理(4)：50-53.

[173] 王佃利，于棋，王庆歌，2016. 尺度重构视角下国家级新区发展的行政逻辑探析[J]. 中国行政管理(8)：41-47.

[174] 王广州，2016. 中国失独妇女总量、结构及变动趋势计算机仿真研究[J]. 人口与经济(5)：1-11.

[175] 王国红，刘隽文，邢蕊，2015. 竞合视角下中小企业协同创新行为的演化博弈模型研究[J]. 中国管理科学，23(S1)：662-666.

[176] 王虹，2009. 我国人才集聚动因的实证分析[D]. 青岛：中国海洋大学.

[177] 王家庭，曹清峰，2014. 京津冀区域生态协同治理：由政府行为与市场机制引申[J]. 改革(5)：116-123.

[178] 王建新，2014. 文化创意产业产学研合作人才培养的影响因素分析：基于系统动力学视域的研究[J]. 高等工程教育研究(2)：80-84.

[179] 王姣娥，莫辉辉，金凤君. 中国航空网络空间结构的复杂性[J]. 地理学报，2009(8)：899-910.

[180] 王捷民，付军政，王建民，2012. 北京世界城市建设与高端人才发展：实践与对策[J]. 中国行政管理(3)：84-87.

[181] 王金营，贾娜，2019. 雄安新区产业发展与人力资源适应配置研究：对比硅谷启迪雄安发展[J]. 燕山大学学报(哲学社会科学版)(4)：51-60.

[182] 王进富，张耀汀，2018. 基于系统动力学的科技创新政策对区域创新能力影响机理研究[J]. 科技管理研究(8)：52-57.

[183] 王娟，李丽，赵金金，等，2015. 基于国际酒店集团布局的中国城市网络连接度研究[J]. 人文地理(1)：148-153.

[184] 王军旗，2017. 关于"城归"重构农村人力资源新结构的思考[J]. 人才资

源开发（22）：36-37.

[185] 王力立，刘波，姚引良，2015. 地方政府网络治理协同行为实证研究[J]. 北京理工大学学报（社会科学版）（1）：53-61.

[186] 王宁宁，赵宇，陈锐，2015. 基于辐射模型的城市信息空间关联复杂网络研究[J]. 经济地理（4）：76-83.

[187] 王全纲，赵永乐，2017. 全球高端人才流动和集聚的影响因素研究[J]. 科学管理研究（1）：91-94.

[188] 王诗宗，2009. 治理理论及其中国适用性[M]. 杭州：浙江大学出版社.

[189] 王诗宗，2010. 治理理论与公共行政学范式进步[J]. 中国社会科学（4）：87-100,222.

[190] 王顺. 我国城市人才环境综合评价指标体系研究[J]. 中国软科学，2004（3）：148-151.

[191] 王舜淋，张向前，2017. 基于复杂系统理论的知识型人才流动与产业集群发展动力机制研究[J]. 科技管理研究（24）：186-192.

[192] 王婷，张成，李春雨，等，2021. 基于协同治理理论的门诊医管分工合治实践与探索[J]. 中国医院管理（7）：47-51.

[193] 王文宾，2009. 演化博弈论研究的现状与展望[J]. 统计与决策（3）：158-161.

[194] 王文刚，孙桂平，张文忠，等，2017. 京津冀区域流动人口家庭化迁移的特征与影响机理[J]. 中国人口·资源与环境（1）：137-145.

[195] 王仙雅，慕静，2011. 物流产业集群与外环境的协同演化及仿真[J]. 统计与决策（4）：167-169.

[196] 王昕旭，2015. 基于博弈论视角的科技人才引进管理与流失预防研究[J]. 财经理论研究（1）：99-104.

[197] 王新心，2018. 区域人才协作开发活动的生态位建构[J]. 山西农业大学学报（社会科学版）（3）：23-30.

[198] 王雪原，王宏起，2007. 基于产学研联盟的科技创新资源优化配置方式[J]. 中国科技论坛（11）：3-7.

[199] 王永，王振宏，2013. 大学生的心理韧性及其与积极情绪、幸福感的关系[J]. 心理发展与教育（1）：94-100.

[200] 王勇，蔡娟，2019. 企业组织韧性量表发展及其信效度验证[J]. 统计与

决策(5):178-181.

[201] 王玉梅,罗公利,林双,2013. 基于 BP 人工神经网络方法的组织知识创新与创新人才素质提高协同发展评价[J]. 科技进步与对策(9):148-152.

[202] 韦伯,1997. 经济与社会(上卷)[M]. 林荣远,译.北京:商务印书馆.

[203] 魏浩,王宸,毛日昇,2012. 国际间人才流动及其影响因素的实证分析[J]. 管理世界(1):33-45.

[204] 魏巍,刘仲林,2009. 跨学科研究的社会网络分析方法[J]. 科学学与科学技术管理(7):25-28.

[205] 温婷,林静,蔡建明,等,2016. 城市舒适性:中国城市竞争力评估的新视角及实证研判[J]. 地理研究(2):214-226.

[206] 翁清雄,杨书春,曹威麟,2014. 区域环境对人才承诺与根植意愿的影响[J]. 科研管理(6):154-160.

[207] 吴存凤,叶金松,2007. 科技人才的流动管理浅析:库克曲线的启示[J]. 技术与创新管理(5):64-66.

[208] 吴坚,2011. 宏观人才资源治理结构的实证分析[J]. 商业时代(6):94-95.

[209] 吴健生,岳新欣,秦维,2017. 基于生态系统服务价值重构的生态安全格局构建:以重庆两江新区为例[J]. 地理研究(3):429-440.

[210] 吴绍波,顾新,2014. 战略性新兴产业创新生态系统协同创新的治理模式选择研究[J]. 研究与发展管理(1):13-21.

[211] 吴庭禄,李莉,陈珍启,等,2016. 内陆开放背景下重庆主城区空间重构及其驱动机制[J]. 城市发展研究(10):36-45.

[212] 吴智育,2019. 雄安新区本籍人力资源开发的对策建议[J]. 人才资源开发(19):16-17.

[213] 武剑,戴潇,严良,2015. 矿产资源密集型区域可持续发展的协同演化[J]. 中国人口·资源与环境(11):136-142.

[214] 西宝,陈瑜,姜照华,2016. 技术协同治理框架与机制:基于"价值—结构—过程—关系"视角[J]. 科学学研究(11):1615-1624,1735.

[215] 夏建刚,邹海燕,2003. 人才概念内涵探析[J]. 中国人才(4):22-24.

[216] 项高悦,沈甦,沈永健,2016. 团队心理资本的形成机制及相关开发研究[J]. 领导科学(8):45-48.

[217] 肖余春，李姗丹，2014. 国外弹性理论新进展：团队弹性理论研究综述[J]. 科技进步与对策(14)：155-160.

[218] 谢炳庚，陈永林，李晓青，2015. 基于生态位理论的"美丽中国"评价体系[J]. 经济地理(12)：36-42.

[219] 熊丽芳，甄峰，席广亮，等，2014. 我国三大经济区城市网络变化特征：基于百度信息流的实证研究[J]. 热带地理(1)：34-43.

[220] 徐宝达，赵树宽，张健，2017. 基于社会网络分析的微信公众号信息传播研究[J]. 情报杂志(1)：120-126.

[221] 徐倪妮，郭俊华，2019. 科技人才流动的宏观影响因素研究[J]. 科学学研究(3)：414-421,461.

[222] 许国志，2000. 系统科学[M]. 上海：上海科技教育出版社.

[223] 许家云，李平，王永进，2016. 跨国人才外流与中国人力资本积累：基于出国留学的视角[J]. 人口与经济(3)：91-102.

[224] 薛捷，2015. 区域创新环境对科技型小微企业创新的影响：基于双元学习的中介作用[J]. 科学学研究(5)：782-791.

[225] 杨刚强，李梦琴，孟霞，2017. 人口流动规模、财政分权与基本公共服务资源配置研究：基于286个城市面板数据空间计量检验[J]. 中国软科学(6)：49-58.

[226] 杨慷慨，2021. 成渝地区高等教育协同发展路径探索：基于整体性治理理论的视角[J]. 教师教育学报(2)：118-126.

[227] 杨文彬，2017. 论雄安新区与京津冀政府间关系的重构[J]. 天津行政学院学报(6)：72-78.

[228] 姚艳虹，周惠平，2015. 产学研协同创新中知识创造系统动力学分析[J]. 科技进步与对策(4)：110-117.

[229] 姚引良，刘波，王少军，等，2010. 地方政府网络治理多主体合作效果影响因素研究[J]. 中国软科学(1)：138-149.

[230] 叶大凤，2015. 协同治理：政策冲突治理模式的新探索[J]. 管理世界(6)：172-173.

[231] 叶姮，李贵才，李莉，等，2015. 国家级新区功能定位及发展建议：基于GRNN潜力评价方法[J]. 经济地理(2)：92-99.

[232] 叶丽，2014. 重庆市协同创新的人力资源支持体系评价与重构[D]. 重

庆:重庆理工大学.

[233] 叶敏,2018. 迈向网格化管理:流动社会背景下的科层制困境及其破解之道[J]. 南京社会科学 (4):64-71.

[234] 叶强,张俪璇,彭鹏,等,2017. 基于百度迁徙数据的长江中游城市群网络特征研究[J]. 经济地理(8):53-59.

[235] 叶忠海,2009. 叶忠海人才文选[M]. 北京:高等教育出版社.

[236] 叶忠海,2019. 巩固和发展中国人才学学派的再思考[J]. 北京教育学院学报(4):36-39.

[237] 殷凤春,2016. 沿海地区青年人才流动趋向规律研究[J]. 人民论坛(11):129-131.

[238] 殷姿. 长三角一体化进程中科技人才竞合策略研究[J]. 现代商贸工业,2013 (1):96-98.

[239] 尹俊,甄峰,王春慧,2011. 基于金融企业布局的中国城市网络格局研究[J]. 经济地理(5):754-759.

[240] 应松年,2014. 加快法治建设促进国家治理体系和治理能力现代化[J]. 中国法学 (6):40-56.

[241] 于江,魏崇辉,2015. 多元主体协同治理:国家治理现代化之逻辑理路[J]. 求实 (4):63-69.

[242] 于洋,张丽梅,陈才,2019. 我国东部地区经济—能源—环境—科技四元系统协调发展格局演变[J]. 经济地理 (7):14-21.

[243] 余中元,李波,张新时,2014. 社会生态系统及脆弱性驱动机制分析[J]. 生态学报(7):1870-1879.

[244] 俞可平,2000. 治理与善治[M]. 北京:社会科学文献出版社.

[245] 俞可平,2001. 治理和善治:一种新的政治分析框架[J]. 南京社会科学(9):40-44.

[246] 袁仕福,2012. 新经济时代需要新企业激励理论:国外研究最新进展[J]. 中南财经政法大学学报 (5):75-82,143.

[247] 原毅军,田宇,孙佳,2013. 产学研技术联盟稳定性的系统动力学建模与仿真[J]. 科学学与科学技术管理(4):3-9.

[248] 昝欣,宗鹏,吴祈宗,2007. 马尔可夫链在高校教师人才流动预测中的应用[J]. 科技进步与对策 (1):185-187.

[249] 臧雪文，司文君，2019. 多元主体协同治理的地方实践案例[J]. 国家治理（29）：22-27.

[250] 曾凡军，2010. 西方政府治理模式的系谱与趋向诠析[J]. 学术论坛，33（8）：44-47.

[251] 曾凡军，王宝成，2010. 西方政府治理图式差异较析[J]. 湖北社会科学（10）：48-51.

[252] 曾红颖，吴佳，2018. 政府与市场作用视角下人才集聚模式的国际经验与启示[J]. 中国人力资源开发，35(4)：118-125.

[253] 曾建丽，刘兵，梁林，2020. 科技人才集聚与区域创新环境共生演化及仿真研究[J]. 软科学，34(7)：14-21.

[254] 查成伟，陈万明，唐朝永，等，2014. 区域人才聚集预警模型研究：以江苏省为例[J]. 科技进步与对策，31(16)：152-156.

[255] 张波，2018. 国内高端人才研究：理论视角与最新进展[J]. 科学学研究（8）：1414-1420.

[256] 张公一，张畅，刘晚晴，2020. 化危为安：组织韧性研究述评与展望[J]. 经济管理(10)：192-208.

[257] 张贵，2019. 雄安：建设国际一流的创新型城市[J]. 前线（9）：62-64.

[258] 张红，2008. 创新型人才优化配置的管理机制[J]. 广西民族大学学报（哲学社会科学版）(S2)：61-64.

[259] 张进，陈宏，刘国栋，等，2019. 公立医院的组织韧性：一个概念框架[J]. 中国医院管理(9)：1-3.

[260] 张康之，2015. 论社会治理目标对规则的要求[J]. 行政科学论坛(5)：17-25.

[261] 张克俊，唐琼，2012. 高新区动态演化的阶段性、路径依赖性与动力学机制研究[J]. 经济体制改革（1）：47-51.

[262] 张立荣，冷向明，2008. 协同治理与我国公共危机管理模式创新：基于协同理论的视角[J]. 华中师范大学学报（人文社会科学版）(2)：11-19.

[263] 张立新，崔丽杰，2016. 基于非整秩次 Wrsr 的市域科技人才生态环境评价研究：以山东省 17 地市为例[J]. 科技管理研究（2）：83-87.

[264] 张鹏，李全喜，张健，2016. 基于生态学种群视角的供应链企业知识协同演化模型[J]. 情报科学(11)：150-153.

[265] 张平,张鹏鹏,2016. 房价、劳动力异质性与产业结构升级[J]. 当代经济科学(2):87-93,127.

[266] 张茜,顾福妹,2014. 基于城市恢复力的灾后重建规划研究[C]. 城乡治理与规划改革:2014 中国城市规划年会论文集(1 城市安全与防灾规划).

[267] 张树旺,李伟,王郅强,2016. 论中国情境下基层社会多元协同治理的实现路径:基于广东佛山市三水区白坭案例的研究[J]. 公共管理学报(2):119-127,158-159.

[268] 张同全,2008. 人才集聚效应评价指标体系研究[J]. 现代管理科学(8):83-84,104.

[269] 张秀娥,李梦莹,2020. 创业韧性的驱动因素及其对创业成功的影响研究[J]. 外国经济与管理(8):96-108.

[270] 张秀艳,徐立本,2003. 人才流动的经济学分析[J]. 吉林大学社会科学学报(5):118-123.

[271] 张岩,戚巍,魏玖长,等,2012. 经济发展方式转变与区域弹性构建:基于 DEA 理论的评估方法研究[J]. 中国科技论坛(1):81-88.

[272] 张耀军,岑俏,2014. 中国人口空间流动格局与省际流动影响因素研究[J]. 人口研究(5):54-71.

[273] 张元春,2021. 智能物流生态系统演化发展:基于多中心协同治理视角[J]. 商业经济研究(6):96-99.

[274] 张再生,2000. 人才流动态势及影响因素分析:以天津市为例[J]. 人口学刊(1):7-11.

[275] 张振华,2015. 基于灰色 GM(1,1)模型的城市人口老龄化预测[J]. 统计与决策(19):76-79.

[276] 赵春琰,郭维淋,黄泽成,等,2021. 公共卫生、医疗服务、医疗保障多体系协同机制研究:基于整体性治理理论视角[J]. 中国卫生事业管理(3):171-174.

[277] 赵富强,胡思源,陈耘,等,2021. 创业韧性对再创意愿的影响:双元学习与反事实思维的作用[J]. 科学学研究(3):1-16.

[278] 赵强强,陈洪转,俞斌,2010. 区域创新型科技人才系统结构演化模型研究[J]. 科学学与科学技术管理(3):195-199.

[279] 赵生龙,李晓方,2008. 人才资源规划与区域经济发展决策研究:以西安市为例[J]. 西北大学学报(自然科学版)(2):329-333.

[280] 赵曙明,2004. 人力资源管理研究[M]. 北京:中国人民大学出版社.

[281] 赵曙明,2011. 胜任素质、积极性、协作性的员工能力与企业人力资源体系重构[J]. 改革(6):137-140.

[282] 赵杨,张李义,2011. 研发合作中的信息资源配置系统动力学建模与仿真[J]. 现代图书情报技术(2):54-61.

[283] 郑江坤,魏天兴,郑路坤,等,2009. 坡面尺度上地貌对 α 生物多样性的影响[J]. 生态环境学报(6):2254-2259.

[284] 郑巧,肖文涛,2008. 协同治理:服务型政府的治道逻辑[J]. 中国行政管理(7):48-53.

[285] 郑姝莉,2014. 制度舒适物与高新技术人才竞争:基于人才吸引策略的分析[J]. 人文杂志(9):106-113.

[286] 钟业喜,陆玉麒,2011. 基于铁路网络的中国城市等级体系与分布格局[J]. 地理研究(5):785-794.

[287] 钟祖荣,2019. 中国人才学研究四十年回顾与未来发展的思考[J]. 中国人事科学(6):54-63.

[288] 周彬,钟林生,陈田,等,2014. 基于生态位的黑龙江省中俄界江生态旅游潜力评价[J]. 资源科学(6):1142-1151.

[289] 周桂荣,杜凯,2007. 关于重构天津滨海新区产业群落的策略研究[J]. 科技进步与对策(2):59-61.

[290] 周嘉豪,徐红,2020. 构建国家韧性:新中国治水史的政治现象学分析[J]. 天府新论(2):85-96.

[291] 周均旭,胡蓓,2010. 产业集群人才引力效应与成因分析:以佛山为例[J]. 管理评论(3):101-107.

[292] 周伟,2018. 地方政府间跨域治理碎片化:问题、根源与解决路径[J]. 行政论坛(1):74-80.

[293] 周文泳,熊晓萌,2016. 中国 10 省市区域科技软实力的制约要素与提升对策[J]. 科研管理(S1):281-288.

[294] 周元,王维才,2003. 我国高新区阶段发展的理论框架:兼论高新区"二次创业"的能力评价[J]. 经济地理(4):451-456.

[295] 周媛，魏丹，2012. 基于产学研合作创新收益与风险的研究[J]. 科技管理研究(5)：1-4.

[296] 周正，尹玲娜，蔡兵，2013. 我国产学研协同创新动力机制研究[J]. 软科学(7)：52-56.

[297] 朱宝树，2002. 上海郊区城乡一体化进程中的人口再分布和社会重构[J]. 人口研究 (6)：47-54.

[298] 朱华桂，2013. 论社区抗逆力的构成要素和指标体系[J]. 南京大学学报(哲学·人文科学·社会科学版)(5)：68-74.

[299] 朱杏珍，2002. 浅论人才集聚机制[J]. 商业研究 (15)：65-67.

[300] 朱瑜，王小霏，孙楠，等，2014. 基于战略人力资源管理视角的组织复原力研究[J]. 管理评论(12)：78-90.

[301] 诸彦含，王政，温馨，等，2020. 应激框架下组织韧性作用过程诠释[J]. 管理现代化(5)：52-55.

[302] 诸彦含，赵玉兰，周意勇，等，2019. 组织中的韧性：基于心理路径和系统路径的保护性资源建构[J]. 心理科学进展(2)：357-369.

【外文文献】

[1] Ahern J, 2011. From fail-safe to safe-to-fail：sustainability and resilience in the new urban world[J]. Landscape and Urban Planning (4)：341-343.

[2] Alexander D E, 2013. Resilience and disaster risk reduction：an etymological journey[J]. Natural Hazards and Earth System Sciences (11)：2707-2716.

[3] Alliger G M, Cerasoli C P, Tannenbaum S I et al. , 2015. Team resilience：how teams flourish under pressure [J]. Organizational Dynamics (3)：176-184.

[4] Almeida P, Kogut B, 1999. Localization of knowledge and the mobility of engineers in regional networks[J]. Management Science (7)：905-917.

[5] Andersson T, Cäker M, Tengblad S et al. , 2019. Building traits for organizational resilience through balancing organizational structures[J].

Scandinavian Journal of Management (1): 36-45.

[6] Ansoff H I, 1987. Strategic management of technology [J]. IEEE Engineering Management Review, 15(3).

[7] Ariss A A, Cascio W F, Paauwe J, 2014. Talent management: current theories and future research directions[J]. Journal of World Business, 49 (2).

[8] Arrieta O A D, Pammolli F, Petersen A M, 2017. Quantifying the negative impact of brain drain on the integration of European science[J]. Science Advances, 3(4): e1602232.

[9] Ayala J-C, Manzano G, 2014. The resilience of the entrepreneur. Influence on the success of the business: a longitudinal analysis [J]. Journal of Economic Psychology, 42: 126-135.

[10] Bank W, 2008. World development report 2009: reshaping economic geography[C]. The World Bank.

[11] Barasa E, Mbau R, Gilson L, 2018. What is resilience and how can it be nurtured? a systematic review of empirical literature on organizational resilience[J]. International Journal of Health Policy and Management (6): 491.

[12] Barbour E, 2002. Metropolitan growth planning in California, 1900-2000[C]. Public Policy Instit. of C A.

[13] Barnes J A, 1954. Class and committees in a Norwegian island parish [J]. Human Relations, 7(1): 39-58.

[14] Beaverstock J V, Smith R G, Taylor P J, 2020. "world-city network: a new metageography?": from annals of the association of American geographers (2000)[J]. The Urban Geography Reader: 63-73.

[15] Bénassy J P, Brezis E S, 2013. Brain drain and development traps[J]. Journal of Development Economics, 102: 15-22.

[16] Bennett J B, Aden C A, Broome K et al. , 2010. Team resilience for young restaurant workers: research-to-practice adaptation and assessment [J]. Journal of Occupational Health Psychology, 15 (3): 223.

[17] Bernardi C, Stark A W, 2016. Environmental, social and governance disclosure, integrated reporting, and the accuracy of analyst forecasts [J]. The British Accounting Review, 50(1): 16-31.

[18] Bina O, Vaz S G, 2011. Humans, environment and economies: from vicious relationships to virtuous responsibility [J]. Ecological Economics, 72: 170-178.

[19] Blatt R, 2009. Resilience in entrepreneurial teams: developing the capacity to pull through[J]. Frontiers of Entrepreneurship Research, 29 (11): 1.

[20] Block J, Block J, 1980. The role of ego-control and ego-resiliency in the origination of behaviour [C]. The Minnesota Symposia on Child Psychology.

[21] Bogataj D, Bogataj M, Drobne S, 2019. Interactions between flows of human resources in functional regions and flows of inventories in dynamic processes of global supply chains[J]. International journal of production economics, 209: 215-225.

[22] Borman G D, Overman L T, 2004. Academic resilience in mathematics among poor and minority students[J]. The Elementary School Journal, 104(3): 177-195.

[23] Boschma R, 2015. Towards an evolutionary perspective on regional resilience[J]. Regional Studies, 49(5): 733-751.

[24] Bouaziz F, Hachicha Z S, 2018. Strategic human resource management practices and organizational resilience [J]. Journal of Management Development.

[25] Bowers C, Kreutzer C, Cannon-Bowers J et al. , 2017. Team resilience as a second-order emergent state: a theoretical model and research directions[J]. Frontiers in Psychology(8): 14.

[26] Brakman S, Garretsen H, Van Marrewijk C, 2015. Regional resilience across europe: on urbanisation and the initial impact of the great recession[J]. Cambridge Journal of Regions, Economy and Society, 8 (2): 225-240.

［27］Branicki L J, Sullivan-Taylor B, Livschitz S R, 2018. How entrepreneurial resilience generates resilient SMEs［J］. International Journal of Entrepreneurial Behavior & Research, 24(7).

［28］Briguglio L, Cordina G, Farrugia N et al. , 2006. Conceptualizing and measuring economic resilience［J］. Building the economic resilience of small states, Malta: Islands and Small States Institute of the University of Malta and London: Commonwealth Secretariat: 265-288.

［29］Brown R, Kalafsky R V, Mawson S et al. , 2020. Shocks, uncertainty and regional resilience: the case of brexit and Scottish SMEs［J］. Local Economy, 35(7): 655-675.

［30］Bryson J M, Crosby B C, Stone M M, 2006. The design and implementation of cross-sector collaborations: propositions from the literature［J］. Public Administration Review, 66: 44-55.

［31］Bullough A, Renko M, 2013. Entrepreneurial resilience during challenging times［J］. Business Horizons, 56(3): 343-350.

［32］Bullough A, Renko M, Myatt T, 2014. Danger zone entrepreneurs: the importance of resilience and self-efficacy for entrepreneurial intentions ［J］. Entrepreneurship Theory and Practice, 38(3): 473-499.

［33］Burnard K, Bhamra R, Tsinopoulos C, 2018. Building organizational resilience: four configurations［J］. IEEE Transactions on Engineering Management, 65(3): 351-362.

［34］Burton C G, 2015. A validation of metrics for community resilience to natural hazards and disasters using the recovery from hurricane katrina as a case study［J］. Annals of the Association of American Geographers, 105(1): 67-86.

［36］Čadil J, Petkovová L, Blatná D, 2014. Human capital, economic structure and growth［J］. Procedia Economics and Finance, 12: 85-92.

［37］Castells M, 1996. The space of flows［J］. The Rise of the Network Society(1): 376-482.

［38］Chapman M T, Lines R L J, Crane M et al. , 2020. Team resilience: a scoping review of conceptual and empirical work［J］. Work & Stress, 34

（1）：57-81.

[39] Chatfield A T，Reddick C G，2018. All hands on deck to tweet ♯ sandy：networked governance of citizen coproduction in turbulent times [J]. Government Information Quarterly，35(2)：259-272.

[40] Chen L，Huang Z Y X，Zhou S，2018. The Allee effect in hosts can weaken the dilution effect of host diversity on parasitoid infections[J]. Ecological Modelling，382：43-50.

[41] Christopherson S，Michie J，Tyler P. Regional resilience：theoretical and empirical perspectives[J]. Cambridge Journal of Regions，Economy and Society，2010，3(1)：3-10.

[42] Collings D G，Mellahi K，2009. Strategic talent management：a review and research agenda[J]. Human Resource Management Review，19(4)：304-313.

[43] Cooke F L，2013. Human resource development and innovation in China [J]. Journal of Chinese Human Resource Management，4(2)：144-150.

[44] Corner P D，Singh S，Pavlovich K，2017. Entrepreneurial resilience and venture failure [J]. International Small Business Journal，35 (6)：687-708.

[45] Costantini V，Monni S，2008. Environment，human development and economic growth[J]. Ecological Economics，64(4)：867-880.

[46] Dalmazzone S，Giaccaria S，2014. Economic drivers of biological invasions：a worldwide，bio-geographic analysis [J]. Ecological Economics，105：154-165.

[47] Davies S，2011. Regional resilience in the 2008-2010 downturn：comparative evidence from european countries[J]. Cambridge Journal of Regions，Economy and Society，4(3)：369-382.

[48] Degbey W Y，Einola K，2020. Resilience in virtual teams：developing the capacity to bounce back[J]. Applied Psychology-an International Review-Psychologie Appliquee-Revue Internationale，69(4)：1301-1337.

[49] DesJardine M，Bansal P，Yang Y，2019. Bouncing back：Building resilience through social and environmental practices in the context of

the 2008 global financial crisis[J]. Journal of Management, 45(4): 1434-1460.

[50] Dhiman A, Poria S, 2018. Allee effect induced diversity in evolutionary dynamics[J]. Chaos, Solitons & Fractals, 108: 32-38.

[51] Du Z, Zhang H, Ye Y et al. , 2019. Urban shrinkage and growth: measurement and determinants of economic resilience in the Pearl River Delta[J]. Journal of Geographical Sciences, 29(8): 1331-1345.

[52] Duchek S, 2018. Entrepreneurial resilience: a biographical analysis of successful entrepreneurs [J]. International Entrepreneurship and Management Journal, 14(2): 429-455.

[53] Emerson K, Nabatchi T, Balogh S, 2012. An integrative framework for collaborative governance[J]. Journal of Public Administration Research and Theory, 22(1): 1-29.

[54] Fatoki O, 2018. The impact of entrepreneurial resilience on the success of small and medium enterprises in South Africa[J]. Sustainability, 10 (7): 2527.

[55] Feldman S, Geisler C, Silberling L, 2006. International social science journal[J] International Social Science Journal, 50(155): 1-157.

[56] Fingleton B, Garretsen H, Martin R, 2012. Recessionary shocks and regional employment: evidence on the resilience of UK regions[J]. Journal of Regional Science, 52(1): 109-133.

[57] Folke C, 2006. Resilience: the emergence of a perspective for social-ecological systems analyses[J]. Global Environmental Change, 16(3): 253-267.

[58] Freeman R B, 2006. Does globalization of the scientific/engineering workforce threaten US economic leadership? [J]. Innovation Policy and the Economy, 6: 123-157.

[59] Frenzen P D, 2008. Economic cost of guillain barré syndrome is substantial[J]. Pharmaco Economics & Outcomes News, 560(1).

[60] Friedman D, 1991. Evolutionary games in economic[J]. Econometrica: Journal of the Econometric Society: 637-666.

［61］Gao L，Zhao Z-Y，2018. System dynamics analysis of evolutionary game strategies between the government and investors based on new energy power construction public-private-partnership （ppp） project ［J］. Sustainability，10(7)：2533.

［62］Gash A A，2008. Collaborative governance in theory and practice［J］. Journal of Public Administration Research and Theory，18(4)：543-571.

［63］Giannakis E，Bruggeman A，2017. Economic crisis and regional resilience：evidence from Greece［J］. Papers in Regional Science，96(3)：451-476.

［64］Gover L，Duxbury L，2018. Inside the onion：understanding what enhances and inhibits organizational resilience［J］. Journal of Applied Behavioral Science，54(4)：477-501.

［65］Guan H，Liu W，Zhang P et al. ，2018. Analyzing industrial structure evolution of old industrial cities using evolutionary resilience theory：a case study in Shenyang of China［J］. Chinese Geographical Science，28 (3)：516-528.

［66］Guo L F，Niu C H，Wang Z K，2012. The evolutionary game analysis of the government and organization in the regional talent gathering system［J］. On Economic Problems，10(3).

［67］Ha W，Yi J，Zhang J，2016. Brain drain，brain gain，and economic growth in China［J］. China Economic Review，38：322-337.

［68］Haken H，2012. Complexity and complexity theories：do these concepts make sense? ［M］. Berlin：Springer.

［69］Hanson G H，2005. Market potential，increasing returns and geographic concentration［J］. Journal of International Economics，67 (1)：1-24.

［70］Henderson A M. The theory of social and economic organization［M］. New York：Free Press，1947.

［71］Herbane，2019. Rethinking organizational resilience and strategic renewal in smes［J］. Entrepreneurship & Regional Development，31(5-6).

[72] Hirst P. Democracy and governance, in debating governance: authority, steering, and democracy[M]. Oxford: Oxford University Press, 2000.

[73] Hock D W, 1999. Birth of the chaordic age[M]. San Francisco: Locus Publishing Company.

[74] Holling C S, 1973. Resilience and stability of ecological systems[J]. Annual Review of Ecology and Systematics, 4(1): 1-23.

[75] Hudec O, Reggiani A, Šiserová M, 2018. Resilience capacity and vulnerability: a joint analysis with reference to Slovak urban districts [J]. Cities, 73: 24-35.

[76] Index C R, 2014. City resilience framework [J]. The Rockefeller Foundation and ARUP, 928.

[77] Jian L,Zhang X, 2013. Niche analysis on creative talent of enterprise [J]. Journal of Applied Sciences, 13(16): 3215-3220.

[78] Jian, Lin, Xiangqian et al., 2013. An analysis on the stability of enterprise creative talent ecosystem [J]. Journal of Convergence Information Technology, 8(5).

[79] Jiang Q,Yong H, Ling L, 2018. The strategic thinking of Shanghai's global talent flow agglomeration from the perspective of mobile space [J]. Scientific Development (3):14-21.

[80] Jiang Y, Ritchie B W, Verreynne M L, 2019. Building tourism organizational resilience to crises and disasters: a dynamic capabilities view[J]. International Journal of Tourism Research, 21(6): 882-900.

[81] Jiang Y, Ritchie B W, Verreynne M-L, 2021. Developing disaster resilience: a processual and reflective approach [J]. Tourism Management, 87: 104374.

[82] Johnson G W, Kettl D F, 1994. Sharing power: public governance and private markets [J]. American Political Science Review, 88 (2): 232-478.

[83] Kahn W A,Barton M A, Fisher C M et al., 2018. The geography of strain: organizational resilience as a function of intergroup relations[J].

Academy of Management Review，43(3)：509-529.

[84] Kallis G，Kiparsky M，Norgaard R，2009. Collaborative governance and adaptive management：lessons from California's CALFED water program[J]. Environmental Science and Policy，12(6)：631-643.

[85] Kantur D，İşeri-Say A，2012. Organizational resilience：a conceptual integrative framework[J]. Journal of Management & Organization，18 (6)：762-773.

[86] Kerr S P，Kerr W，Özden Ç et al.，2016. Global talent flows[J]. Journal of Economic Perspectives，30(4)：83-106.

[87] Klein K J，Kozlowski S W J，2000. From micro to meso：Critical steps in conceptualizing and conducting multilevel research[J]. Organizational Research Methods，3(3)：211-236.

[88] Kossmann C M，Behagel J H，Bailey M，2016. Action and inertia in collaborative governance[J]. Marine Policy，72：21-30.

[89] Lazarus R S，1993. From psychological stress to the emotions：a history of changing outlooks[J]. Annual Review of Psychology，44(1)：1-22.

[90] Leat D，Stoker G，2002. Towards holistic governance：the new reform agenda[J]. Palgrave.

[91] Lee S J，Lee D J，Oh H S，2005. Technological forecasting at the Korean stock market：a dynamic competition analysis using Lotka-Volterra model[J]. Technological Forecasting and Social Change，72 (8)：1044-1057.

[92] Lewis M A，Kareiva P，1993. Allee dynamics and the spread of invading organisms[J]. Theoretical Population Biology，43（2）：141-158.

[93] Ling T，2002. Delivering joined-up government in the UK：dimensions，issues and problems[J]. Public Administration，80(4)：615-642.

[94] Liu C L，Shang K C，Lirn T C et al.，2018. Supply chain resilience，firm performance，and management policies in the liner shipping industry[J]. Transportation Research Part A：Policy and Practice，110：202-219.

[95] Liu X, Gong C, Liu B et al. , 2018. Hidden Markov model based signal characterization for weak light communication[J]. Journal of Lightwave Technology, 36(9): 1730-1738.

[96] Luthans F, Avey J B, Avolio B J et al. , 2006. Psychological capital development: Toward a micro-intervention [J]. Journal of Organizational Behavior, 27(3): 387-393.

[97] Luthans F, Youssef C A, 2007. Emerging positive organizational behavior[J]. Journal of Management, 33(3): 321-349.

[98] Luthar S S, Cicchetti D, Becker B, 2000. The construct of resilience: a critical evaluation and guidelines for future work [J]. Child Development, 71(3): 543-562.

[99] Lv W, Wei Y, Li X et al. , 2019. What dimension of CSR matters to organizational resilience? Evidence from China[J]. Sustainability, 11 (6): 1561.

[100] Ma Z, Xiao L, Yin J, 2018. Toward a dynamic model of organizational resilience[J]. Nankai Business Review International, 9(3).

[101] Mafabi S, Munene J, Ntayi J, 2012. Knowledge management and organisational resilience: organisational innovation as a mediator in Uganda parastatals[J]. Journal of Strategy and Management.

[102] Malecki E J, 2002. The economic Geography of the internet's infrastructure[J]. Economic geography, 78(4): 399-424.

[103] Manson S, O'Sullivan D, 2006. Complexity theory in the study of space and place[J]. Environment and Planning A, 38(4): 677-692.

[104] Maroy C, 2012. Towards post-bureaucratic modes of governance: a European perspective[J]. World Yearbook of Education: 62-79.

[105] Martin R, Sunley P, 2015. On the notion of regional economic resilience: conceptualization and explanation[J]. Journal of Economic Geography, 15(1): 1-42.

[106] Masten A S, 2001. Ordinary magic: Resilience processes in development[J]. American Psychologist, 56(3): 227.

[107] Masten A S, 2016. Resilience in developing systems: the promise of

integrated approaches［J］. European Journal of Developmental Psychology，13(3)：297-312.

[108] Maynard M T，Kennedy D M，2016. Team adaptation and resilience： what do we know and what can be applied to long-duration isolated, confined, and extreme contexts［J］. Houston，TX：National Aeronautics and Space Administration.

[109] Mayunga J S，2007. Understanding and applying the concept of community disaster resilience：a capital-based approach［J］. Summer Academy for Social Vulnerability and Resilience Building，1(1)：1-16.

[110] Mccarthy I P，Collard M，Johnson M，2017. Adaptive organizational resilience：an evolutionary perspective［J］. Current Opinion in Environmental Sustainability，28.

[111] McDermott S M，Finnoff D C，2016. Impact of repeated human introductions and the Allee effect on invasive species spread［J］. Ecological Modelling，329：100-111.

[112] Mcewen K，Boyd C M，2018. A measure of team resilience developing the resilience at work team scale［J］. Journal of Occupational and Environmental Medicine (3)：258-272.

[113] McinroyN，Longlands S，2010. Productive local economies：creating resilient places［M］. Manchester：Centre for Local Economic Strategies.

[114] Meneghel I，Martínez I M，Salanova M，2016. Job-related antecedents of team resilience and improved team performance［J］. Personnel Review，45(3)：505-522.

[115] Merton R K，1940. Bureaucratic structure and personality［J］. Social Forces (4)：560-568.

[116] Meyer，Marshall W，1985. Contents：limits to bureaucratic growth ［J］. Walter de Gruyter.

[117] Milton L P，2003. An identity perspective on the propensity of high-tech talent to unionize［J］. Journal of Labor Research，24(1)：31-53.

[118] Montoya L A，Montoya I，González O D S，2015. Lessons from

collaborative governance and sociobiology theories for reinforcing sustained cooperation: a government food security case study[J]. Public Health, 129(7): 916-931.

[119] Moore J F, 1993. Predators and prey: a new ecology of competition [J]. Harvard Business Review, 71(3): 75-86.

[120] Morales S N, Martínez L R, Gómez J A H et al. , 2019. Predictors of organizational resilience by factorial analysis[J]. International Journal of Engineering Business Management, 11: 1847979019837046.

[121] Morgan P B, Fletcher D, Sarkar M, 2013. Defining and characterizing team resilience in elite sport[J]. Psychology of Sport and Exercise, 14 (4): 549-559.

[122] Murphy K M, Shleifer A, Vishny R W, 1991. The allocation of talent: implications for growth [J]. The Quarterly Journal of Economics, 106(2): 503-530.

[123] Newig J, Challies E, Jager N W et al. , 2018. The environmental performance of participatory and collaborative governance: a framework of causal mechanisms[J]. Policy Studies Journal, 46(2): 269-297.

[124] Oketch M O. Determinants of human capital formation and economic growth of African countries [J]. Economics of Education Review, 2006, 25(5): 554-564.

[125] Oliva S, Lazzeretti L. Adaptation, adaptability and resilience: the recovery of kobe after the great hanshin earthquake of 1995 [J]. European Planning Studies, 2017, 25(1): 67-87.

[126] Olsson C A, Bond L, Burns J M et al. , 2003. Adolescent resilience: a concept analysis[J]. Journal of Adolescence, 26(1): 1-11.

[127] Ortiz-De-Mandojana N, Bansal P, 2016. The long-term benefits of organizational resilience through sustainable business practices[J]. Strategic Management Journal, 37(8): 1615-1631.

[128] Osborn, Robert C, 1957. Parkinson's law, and other studies in administration[J]. Houghton Mifflin.

[129] Ouchi W G, 1980. Markets, bureaucracies: and cians [J]. Administrative Science Quarterly, 25: 124-141.

[130] Oviatt B, 1999. Entrepreneurial intensity: sustainable advantages for individuals, organizations, and societies [J]. The Academy of Management Review, 24(3): 580-582.

[131] Palekiene O, Simanaviciene Z, Bruneckiene J, 2015. The application of resilience concept in the regional development context[J]. Procedia-Social and Behavioral Sciences, 213: 179-184.

[132] Parker H, Ameen K, 2018. The role of resilience capabilities in shaping how firms respond to disruptions[J]. Journal of Business Research, 88: 535-541.

[133] Patriarca R, Di Gravio G, Costantino F et al., 2018. An analytic framework to assess organizational resilience[J]. Safety and Health at Work, 9(3): 265-276.

[134] Peng C, Yuan M, Gu C et al., 2017. A review of the theory and practice of regional resilience[J]. Sustainable Cities and Society, 29: 86-96.

[135] Plotnikof M, 2015. Negotiating collaborative governance designs: a discursive approach[J]. The Innovation Journal, 20(3): 1.

[136] Pollitt C, 2003. Joined-up government: a survey[J]. Political Studies Review, 1(1): 34-49.

[137] Porter M E, 1990. The competitive advantage of nations[M]. New York: Free Press.

[138] Reggiani A, 2013. Network resilience for transport security: some methodological considerations[J]. Transport Policy, 28: 63-68.

[139] Reiner C, Meyer S, Sardadvar S, 2017. Urban attraction policies for international academic talent: Munich and Vienna in comparison[J]. Cities, 61: 27-35.

[140] Rhodes R, 2010. The new governance: governing without government [J]. Political Studies, 44(4): 652-667.

[141] Richardson G P, Otto P, 2008. Applications of system dynamics in

marketing[J]. Journal of Business Research, 61(11): 1099-1101.

[142] Ring P S, Ven A H V D, 1994. Developmental processes of cooperative interorganizational relationships [J]. The Academy of Management Review, 19(1): 90-118.

[143] Rizzi P, Graziano P, Dallara A, 2018. A capacity approach to territorial resilience: the case of European regions[J]. The Annals of Regional Science, 60(2): 285-328.

[144] Rutter M, 1993. Resilience: some conceptual considerations [J]. Journal of Adolescent Health.

[145] Sabahi S, Parast M M, 2020. Firm innovation and supply chain resilience: a dynamic capability perspective[J]. International Journal of Logistics Research and Applications, 23(3): 254-269.

[146] Sahebjamnia N, Torabi S A, Mansouri S A, 2018. Building organizational resilience in the face of multiple disruptions [J]. International Journal of Production Economics, 197: 63-83.

[147] Sasmal S K, 2018. Population dynamics with multiple Allee effects induced by fear factors: a mathematical study on prey-predator interactions[J]. Applied Mathematical Modelling, 64: 1-14.

[148] SchlörH, Venghaus S, Hake J-F. The few-nexus city index-measuring urban resilience[J]. Applied Energy, 2018, 210: 382-392.

[149] Schram S O, Geir H. International cooperation and arctic governance: Regime effectiveness and northern region building[J]. Environmental Science and Policy, 2007: 15-22.

[150] Sgrò C M, Lowe A J, Hoffmann A A, 2011. Building evolutionary resilience for conserving biodiversity under climate change [J]. Evolutionary Applications, 4(2): 326-337.

[151] Shao S, Yang L, 2014. Natural resource dependence, human capital accumulation, and economic growth: a combined explanation for the resource curse and the resource blessing [J]. Energy Policy, 74: 632-642.

[152] Sharma S, Sharma S K, 2016. Team resilience: scale development and

validation[J]. Vision, 20(1): 37-53.

[153] Simmie J, Martin R, 2010. The economic resilience of regions: towards an evolutionary approach[J]. Cambridge Journal of Regions, Economy and Society, 3(1): 27-43.

[154] Sincorá L A, Oliveira M P V, Zanquetto-Filho H et al., 2018. Business analytics leveraging resilience in organizational processes[J]. RAUSP Management Journal, 53: 385-403.

[155] Smith J M, 1974. The theory of games and the evolution of animal conflicts[J]. Journal of Theoretical Biology, 47(1): 209-221.

[156] Stephens J P, Heaphy E D, Carmeli A et al., 2013. Relationship quality and virtuousness: emotional carrying capacity as a source of individual and team resilience[J]. The Journal of Applied Behavioral Science, 49(1): 13-41.

[157] StorperM, 1995. The resurgence of regional economies, ten years later [J]. European Urban and Regional Studies, 2(3).

[158] Stoverink A, Kirkman B, Mistry S et al., 2020. Bouncing back together: toward a theoretical model of work team resilience[J]. The Academy of Management Review, 45: 395-422.

[159] Tang C P, Tang S Y, 2014. Managing incentive dynamics for collaborative governance in land and ecological conservation[J]. Public Administration Review, 74(2): 220-231.

[160] Tartari V, Breschi S, 2012. Set them free: scientists' evaluations of the benefits and costs of university-industry research collaboration[J]. Industrial and Corporate Change, 21(5): 1117-1147.

[161] Taylor P D, Jonker L B, 1978. Evolutionary stable strategies and game dynamics[J]. Mathematical Biosciences, 40(1-2): 145-156.

[162] Taylor P J. World city network: a global urban analysis [M]. London and New York: Routledge, 2004.

[163] Thomson A M, Perry J L, 2006. Collaboration processes: inside the black box[J]. Public Administration Review, 66: 20-32.

[164] Tisch D, Galbreath J, 2018. Building organizational resilience through

sensemaking: the case of climate change and extreme weather events [J]. Business Strategy and the Environment, 27(8).

[165] Torfing E S, 2005. Network governance and post-liberal democracy [J]. Administrative Theory & Praxis, 27(2): 197-237.

[166] Townsend A M, 2001. Network cities and the global structure of the internet[J]. American Behavioral Scientist, 44(10): 1697-1716.

[167] Tusaie K, Dyer J, 2004. Resilience: a historical review of the construct[J]. Holistic Nursing Practice, 18(1): 3-10.

[168] Van Bergeijk P A, Brakman S, Van Marrewijk C, 2017. Heterogeneous economic resilience and the great recession's world trade collapse[J]. Papers in Regional Science, 96(1): 3-12.

[169] Veugelers R, Cassiman B, 2005. R&D cooperation between firms and universities. Some empirical evidence from Belgian manufacturing[J]. International Journal of Industrial Organization, 23(5-6): 355-379.

[170] Walker J, Cooper M, 2011. Genealogies of resilience: from systems ecology to the political economy of crisis adaptation [J]. Security Dialogue, 42(2): 143-160.

[171] Wang Q, Huang W, 2014. Limit periodic travelling wave solution of a model for biological invasions[J]. Applied Mathematics Letters, 34: 13-16.

[172] Werner E E, 1993. Risk, resilience, and recovery: perspectives from the Kauai longitudinal study[J]. Development and Psychopathology, 5 (4): 503-515.

[173] Werner E E, 1995. Resilience in development[J]. Current Directions in Psychological Science, 4(3): 81-84.

[174] West B J, Patera J L, Carsten M K, 2009. Team level positivity: investigating positive psychological capacities and team level outcomes [J]. Journal of Organizational Behavior: The International Journal of Industrial, Occupational and Organizational Psychology and Behavior, 30(2): 249-267.

[175] Wicker P, Filo K, Cuskelly G, 2013. Organizational resilience of

community sport clubs impacted by natural disasters[J]. Journal of Sport Management, 27(6): 510-525.

[176] Wildavsky A B, 1988. Searching for safety[M]. New Brunswick: Transaction publishers.

[177] Wilk A S, Platt J E, 2016. Measuring physicians' trust: a scoping review with implications for public policy [J]. Social Science & Medicine, 165.

[178] Wood D J, Gray B, 1991. Toward a comprehensive theory of collaboration[J]. The Journal of Applied Behavioral Science, 27(2): 139-162.

[179] Wu L, Gao X, Xiao Y et al. , 2018. Using a novel multi-variable grey model to forecast the electricity consumption of Shandong Province in China[J]. Energy, 157: 327-335.

[180] Wu Z, Li J, Li J et al. , 2017. Pattern formations of an epidemic model with Allee effect and time delay[J]. Chaos, Solitons & Fractals, 104: 599-606.

[181] Zhang B, Wang H, Lv G, 2018. Exponential extinction of a stochastic predator-prey model with Allee effect [J]. Physica A: Statistical Mechanics and its Applications, 507: 192-204.

[182] Zhang D-L, 2013. Reflections on the team-building of science and technology innovative talent in shandong characteristic industry town [C]. The 19th International Conference on Industrial Engineering and Engineering Management: 733-742.

[183] Zhang J, Wei Y M, Li D et al. , 2018. Short term electricity load forecasting using a hybrid model[J]. Energy, 158: 774-781.

[184] Zhou Y,Guo Y, Liu Y, 2018. High-level talent flow and its influence on regional unbalanced development in China[J]. Applied Geography, 91.